Julia Friedrichs
Working Class

PIPER

Zu diesem Buch

Die Kassiererin, der Krankenpfleger, die Reinigungskraft, der Musiker: Während der Corona-Pandemie haben ihnen alle zugeklatscht, jetzt sind sie wieder vergessen. Julia Friedrichs zeigt in einer eindringlichen Reportage, wie schwer es heutzutage ist, trotz unermüdlicher engagierter Arbeit zufrieden und selbstbestimmt leben zu können, und wie sich soziale Ungleichheiten in den letzten Jahren noch verschärft haben. Eine aufrüttelnde Gesellschaftsanalyse und ein kluges Generationenbuch, das auch jungen Menschen eine Stimme gibt.

Julia Friedrichs, 1979 im westlichen Münsterland geboren, studierte Journalistik in Dortmund und Brüssel. Seitdem arbeitet sie als Autorin von Reportagen und Dokumentationen für den WDR und das ZDF sowie das Redaktionsteam der Bild- und Tonfabrik »docupy« und schreibt für die ZEIT. Sie hat mehrere hochgelobte Bücher verfasst, u. a. die Sachbuch-Bestseller »Gestatten: Elite«, »Ideale« und zuletzt im Berlin Verlag »Wir Erben«. Für ihre Arbeit erhielt sie zahlreiche Auszeichnungen, wie den Axel-Springer-Preis für junge Journalisten, den Nachwuchspreis des Deutsch-Französischen Journalistenpreises, den Dr.-Georg-Schreiber-Medienpreis sowie 2019 den Grimme-Preis. »Working Class« schaffte es 2021 auf die Shortlist des Deutschen Wirtschaftsbuchpreises.

Julia Friedrichs

WORKING CLASS

WARUM WIR ARBEIT BRAUCHEN, VON DER WIR LEBEN KÖNNEN

PIPER

Mehr über unsere Autorinnen, Autoren und Bücher:
www.piper.de

Von Julia Friedrichs liegen im Piper Verlag vor:
Working Class
Wir Erben
Gestatten: Elite

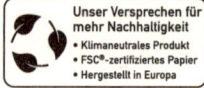

Ungekürzte Taschenbuchausgabe
ISBN 978-3-492-31904-1
Februar 2023
© Berlin Verlag in der Piper Verlag GmbH, Berlin/München 2021
Umschlaggestaltung: zero-media.net, München
Umschlagmotiv: FinePic®, München
Satz: Uhl + Massopust, Aalen
Gesetzt aus der Jenson
Litho: Lorenz & Zeller, Inning am Ammersee
Gedruckt von ScandBook in Litauen
Printed in the EU

INHALT

PROLOG

Schon vor der Pandemie gab es Tage, an denen ich mir sicher war, den Knall überhört zu haben. Den Knall, den man hört, wenn ein Band reißt, das alles zusammenhält. Wer ständig Fußball schaut wie ich, wird immer wieder Zeuge dieses Knalls. Vor zwei Jahren zum Beispiel, als bei einem Auswärtsspiel meines Teams Werder Bremen in Dortmund unser Flügelspieler Fin Bartels in der 33. Minute nach einem harmlosen Zweikampf zu Boden ging: ein unabsichtlicher Tritt in die Hacke, ein Sturz, ein Knall, hin war die Achillessehne, die Fuß an Bein bindet und ohne die kein Schritt getan, kein Ball gedribbelt, kein Tor geschossen werden kann. Als Bartels auf der Bank saß, kaum zu trösten, war klar, dass er längst wusste, dass es das für sehr, sehr lange Zeit war mit dem Fußballspielen.

Aber wie fühlt sich der Knall an, den man spürt, wenn das Band reißt, das uns alle zu dem zusammenbindet, was man recht ungenügend mit dem Wort »Gesellschaft« beschreibt? Ist er auch so laut wie ein Riss der Achillessehne? Wird hier auch sofort jeder wissen, was geschehen ist?

Fühlt es sich vielleicht so an? Berlin, Montag, U-Bahn-Linie 8, Schönleinstraße. Die Gegend, die in Immobilienanzeigen »begehrte Lage« heißt. Gleich hier um die Ecke wird etwas angeboten: drei Zimmer für eine halbe Million Euro oder der Dachgeschossrohling für 1,6 Millionen. Es ist 13.10 Uhr. Ich trete aus der Bahn und fast auf einen Mann, der von der mintfarbenen Bank kippt, den Alustreifen, aus dem er sein Crack geraucht hat, noch zwischen den Lippen.

Die Ärmsten sind jetzt fast jeden Tag da, liegen halb angezogen auf den Bänken. Längst habe ich den Kindern beibringen müssen, dass manche Menschen das Leben nur mit Drogen ertragen, diese aber das Gehirn vergiften und mancher deshalb schreit oder in die Ecke pinkelt. Die Kinder bitten trotzdem weiter um Münzen, die sie in Becher und Hände legen.

Oder so? Um die Ecke der neue Bäcker kündigt an, die ohnehin schon hohen Preise noch einmal anzuheben. Auf der Theke steht ein Begründungsschreiben. »Unsere Miete beträgt 21 Euro pro Quadratmeter und steigt jedes Jahr um drei Prozent.« 1,90 Euro kostet ein Croissant nach der Erhöhung. Bis vor zwei Jahren war hier Kasper, ein Kiezbäcker, bei dem auch die Müllwerker Pause machten: Für 2,50 Euro gab es zwei belegte Brötchen und Kaffee. Die Männer in Orange sieht man jetzt nicht mehr hier. Dafür stehen sonntags die neuen Wohlhabenden der Stadt bis raus auf den Bürgersteig.

Vielleicht aber auch ganz anders. Der Riss der Achillessehne ist eine schwere Verletzung. So etwas kommt vor, ist aber selten. Genau wie die Extreme, die mich irritieren: die Elenden und die Immobilienmillionäre. Sie gibt es. Sie mögen zahlreicher werden, sichtbarer auf jeden Fall. Aber sie sind nicht die Regel.

Als Mediziner die Sprunggelenke von Profifußballern untersuchten und mit denen jener Menschen verglichen, die nicht unter der dauerhaften Belastung des Sports gestanden hatten, fiel ihnen auf, was von außen niemand gesehen hatte: 90 Prozent der Profigelenke waren dauerhaft verändert, die Sprunggelenksbänder zudem oft »chronisch instabil«. Eine Erkrankung, die unter der Bezeichnung *soccer's ankle*, also »Fußballergelenk«, seit den 1950er-Jahren bekannt ist. Zu viele Schläge, Stöße, kleine Risse, zu viele »Mikrotraumata«, wie es die Mediziner nennen, die das Gelenk während einer Karriere aushalten muss. Zu oft gedehnt, zu oft verletzt, schafft das Band irgendwann nicht mehr das, was es tun soll: halten und stützen.

Vielleicht also versagt auch das Band, das uns zusammenhält, gar nicht für alle merklich mit einem Peitschenknall, vielleicht geschieht auch das viel, viel leiser. Vermutlich wird auch nicht der eine entscheidende Zweikampf, das eine Foul die Ursache sein, sondern die vielen, vielen Mikrotraumata, die permanenten Überdehnungen, die kleinen Risse. Ihnen gilt es nachzuspüren. Dafür aber muss man ganz genau hinsehen.

Vor der Pandemie war das ökonomische Bild dieses Landes auf den ersten Blick beeindruckend: Der Wohlstand wuchs. Die Zahl der Erwerbstätigen auch. Genau wie die Billionen auf den privaten Konten. Der Staat nahm so viele Steuergelder ein wie noch nie. Aus dem »kranken Mann Europas«, wie der britische *Economist* vor 15 Jahren titelte, war ein kraftstrotzender Adonis geworden. (Wobei der Vergleich lahmt: Bei einem mittleren Alter der Deutschen von 48 Jahren sollten wir uns vielleicht eher einen gut trainierten Sportler der Altherrenliga vorstellen.) Aber ganz und gar konnten auch seine Muskeln die Risse im Gewebe nicht verbergen.

Vor dem ersten von vielen Treffen und Gesprächen hatte Alexandra den Kaffeetisch gedeckt. Sait hatte wie immer nach dem Dienst geduscht. Christian seine Narbencreme aufgetragen. Die drei gehören zu denen, für die es keinen Namen gibt. *Working class*, sagen die Briten, präzise und stolz. *Classe populaire* die Franzosen. Und wir? Die »kleinen

Leute«? Die »einfachen Leute«? Die Mittelschicht. Ersteres ist völliger Quatsch, Letzteres viel zu ungenau.

Wäre der Begriff nicht so verbraucht, müsste man die Menschen, die ich mehr als ein Jahr lang wieder und wieder traf, »Arbeiter« nennen. Selbst wenn keiner von ihnen mehr etwas mit den überlieferten Bildern der rußverschmierten Kohlekumpel, der Malocher am Band gemein zu haben scheint. Heute schaffen Arbeiter eben nicht mehr unter Tage, nur selten in der Fabrik. Sie schleppen Pakete die Treppe hinauf oder Schmutzwäsche wieder hinunter, sie sitzen an der Supermarktkasse oder füllen auf der Fläche die Regale, sie verlegen schnelles Internet oder füllen Excel-Listen. Sie backen, mauern, kochen, putzen. Sie antworten am anderen Ende von Hotlines, bei Servicestellen, Verkaufsagenturen. Sie steuern Lkw oder Busse oder Müllwagen. Sie betreuen und bilden Kinder, pflegen Opa oder uns, wenn wir krank sind.

Die *working class* sieht anders aus als vor hundert Jahren, aber noch immer gilt: Es sind Menschen, die arbeiten, um Geld zum Leben zu haben. Ganz einfach. Menschen, die keine Unternehmensanteile halten, über keine Mietshäuser verfügen, keine Erbschaften erwarten, denen keine Windräder gehören, nicht mal Fonds für die Altersvorsorge. Menschen, für die gilt: Nettoeinkommen gleich Monatsbudget ohne Rücklagen-Netz und doppelten Familien-Vermögen-Boden.

Die US-Ökonomen Gabriel Zucman und Emanuel Saez schichten die Bevölkerung anhand ihrer Vermögen. Ganz unten die breite Arbeiterschicht, die Menschen ohne Kapital, satte 50 Prozent der US-Amerikaner. Dann die Mittelschicht (die folgenden 40 Prozent), die obere Mittelschicht (die nächsten 9 Prozent) und die Reichen (das oberste Prozent).

Folgt man diesem System, sind auch in Deutschland die meisten Menschen Arbeiter. Denn obwohl die Wirtschaft nun ein Jahrzehnt lang wuchs, die Gewinne flossen, die Aktienindizes kletterten, hat die Mehrheit in diesem Land kaum Kapital, kein Vermögen. Die Menschen sind angewiesen auf den Ertrag ihrer Hände, ihrer Köpfe Arbeit.

In einem Papier aus dem Bundesfinanzministerium, das mir für dieses Buch zugeschickt wird, heißt es trocken: »Teilt man die Haushalte in Dezile[1], so hat der Anteil am gesamten Nettohaushaltsvermögen der unteren fünf Dezile seit 1998 von 3,7 Prozent auf 1 Prozent abgenommen. Der Anteil der oberen fünf Dezile hat dagegen im Umkehrschluss von 96,3 Prozent auf 99 Prozent zugenommen.« Will heißen: Die ärmere Hälfte der Bevölkerung hatte vor zwanzig Jahren schon wenig Vermögen, inzwischen aber: fast nichts.

Bill Clinton nannte diese Menschen in einem lichten Moment *the hard working people who play by the rules*. Viele von ihnen würden besser dastehen, wenn sie Grundsicherung kassieren und ein bisschen schwarzarbeiten würden. Aber sie tun es nicht. Aus Verpflichtung, aus dem Wunsch, den Kindern Vorbild zu sein, in der Hoffnung, dass Fleiß und Anstrengung irgendwann entlohnt werden?

Sait steigt morgens um 6.30 Uhr runter in die U-Bahn und wischt den Dreck der Nacht weg. Alexandra drückt mittags ihrer jüngeren Tochter noch einen Kuss auf die Wange, um dann bis abends Klavierschüler zu unterrichten. Christian isst mittags am Schreibtisch im Büro, um es irgendwie pünktlich in den Feierabend zu schaffen. Sie alle haben schon vor

---

[1] 1. Dezil = die ärmsten 10 Prozent der Haushalte; 10. Dezil = die reichsten 10 Prozent der Haushalte.

der Pandemie von Rissen erzählt. Sie alle haben gespürt, wie die Muskelstränge wieder und wieder überdehnten.

Sait, als er Monat für Monat beim Amt die Anträge einreichte, damit der Staat den niedrigen Lohn so aufstockte, dass die vierköpfige Familie damit zumindest über die Runden kam. Christian, als er an einem Freitagnachmittag in einem Vier-Augen-Gespräch von seiner Chefin degradiert wurde und sich fragte, ob die Firma wirklich die glückliche Familie war, der er seine Arbeitsstunden zu widmen dachte. Alexandra, als ihr endgültig klar war, dass sie vermutlich nie einen Festvertrag würde erkämpfen können, dass bezahlter Urlaub oder Krankentage für sie für immer Illusion bleiben würden.

Und nicht nur sie spürten, wie das Band überstreckte: Gut drei Millionen Menschen in Deutschland verdienen weniger als 2000 Euro brutto im Monat, obwohl sie Vollzeit arbeiten, zehn Millionen bekommen weniger als 12 Euro die Stunde. Seit dem Jahr 2010 nimmt die Ungleichheit der Jahreseinkommen in Deutschland wieder zu. Besonders stark steigen Löhne und Gehälter der reichsten 10 Prozent. Das ärmste Drittel hat in den letzten drei Jahrzehnten unter dem Strich nur wenig vom Wachstum in Deutschland profitiert oder sogar verloren. Trotzdem wurden in dieser Zeit die Steuern für das obere Drittel der Einkommen gesenkt, für die untere Hälfte deutlich erhöht. Schon jetzt sind die Vermögen in Deutschland ungleicher verteilt als in den meisten Industrieländern. Aber nur in zwei Ländern Europas, Österreich und Tschechien, wird Vermögen geringer besteuert als hier.

11 Prozent der Deutschen besitzen Aktien. Vor allem ihr Vermögen wuchs. Knapp die Hälfte der Menschen hat kaum Erspartes, kaum Vorsorge für das Alter oder für die Familie. Die Generation nach den Babyboomern ist die erste

nach dem Zweiten Weltkrieg, die nicht in der Mehrheit die eigenen Eltern wirtschaftlich übertreffen wird. Vor allem bei der Altersgruppe bis 45 ist die Zahl der Menschen mit niedrigem Einkommen stark gewachsen. Mehr als ein Drittel von ihnen könnte im Alter arm sein. Auch deshalb, weil ihre Eltern sich heute in der Mehrheit gute Renten und ein relativ frühes Arbeitsende gönnen. Schon jetzt werden zwei Drittel des Sozialetats für Zuschüsse zur Rentenversicherung ausgegeben.

Weil sie aber in der Generation ihrer (westdeutschen) Eltern erlebten, wie der Aufstieg durch Arbeit noch gelang, zweifeln viele derer, die in den 1970er- und 1980er-Jahren geboren wurden, an sich selbst, wenn sie merken, dass es mit dem eigenen Emporkommen nicht klappt. Bin ich nicht innovativ und produktiv genug? Nicht ausreichend belastbar und smart? Nicht so dynamisch und beweglich, wie ich es sein müsste?

You want a hot body? You want a Bugatti?
You want a Maserati? You better work bitch

You wanna live fancy? Live in a big mansion?
Party in France?
You better work bitch

128 Mal schlägt der Bass pro Minute. Darauf hämmert uns Britney Spears die seit Generationen gelernten Botschaften noch mal neu ins Hirn. Die meisten *bitches* aber können sich anstrengen, wie sie wollen. Es fällt kein Maserati mehr ab, und schon gar keine Immobilie – weder *big* noch *small*. Dabei hat ja noch niemand das große Versprechen zurückgenommen, das dieses Land seinen Bürgern in den Nach-

kriegsjahren gegeben hat. Damals drängten etliche Verantwortliche auf eine Vergesellschaftung von Eigentum. »Wir wollen die zentrale Planung in der Wirtschaft«, sagte der damalige SPD-Vorsitzende Kurt Schumacher unmissverständlich. Auch CDU-Politiker sprachen davon, dass eine Neuordnung der Eigentumsverhältnisse »unaufhaltsames soziales Gesetz« sei. Der Wirtschaftsminister und spätere Kanzler Ludwig Erhard schlug in dieser Lage den Bürgern einen Deal vor: Vertraut auf den Markt, auf den Wettbewerb, und ihr werdet am Ende »Wohlstand für alle« ernten.

Die soziale Marktwirtschaft, das ist seitdem der Anspruch, bietet allen Bürgerinnen ein gutes Leben. Ihr Fundament ist die Arbeit. An ihr hängen: der Wohlstand des Einzelnen; die Einnahmen des Staates; die Absicherung von Krankheit und Alter. Aber offensichtlich ist: Das Versprechen bröckelt. Sich Wohlstand aus eigener Kraft zu erarbeiten ist schwieriger geworden, insbesondere für die, die heute unter 45 sind.

Warum eigentlich? Was war die Ursache? Wann fing es an? In den 1980ern, als der Finanzmarkt die Realwirtschaft erst ein- und dann überholte? In den 1990ern, als sich das Wachstum der Vermögen der Wohlhabenden von einer Linie zur aufsteigenden Kurve bog? In den 2000ern, als die niedrigen Einkommen einfroren? In den 2010ern, als das große Kapital der wenigen die Immobilienpreise in ungeahnte Höhen trieb?

Und wie wird es weitergehen? Über Jahre hinweg hatten mir Ökonomen in Interviews immer eindringlich eingebläut, eine Krise würde vor allem die Arbeiter in diesem Land hart treffen. Vermögen sei ein Airbag für die Unfälle des Lebens, hatten sie gesagt. Die Hälfte der Deutschen sei quasi kaum geschützt unterwegs. Die Ökonomen dachten dabei an die gängigen Crashs der modernen Existenz: Jobverlust, Scheidung, psychische und physische Erkrankung. Nun war es ein Virus, das den ökonomischen Totalschaden auslöste. Schon in der ersten Woche der Pandemie wurde sichtbar, wer ungeschützt gegen die Wand rauscht.

Dieses Buch erzählt den Umbruch anhand von Menschen, die dachten, dass Arbeit sie durchs Leben trägt. Ihre Stimmen hört man viel zu selten. Denn die meisten, die dieses Land regieren und lenken, die an seiner Chronik schreiben, die es deuten, die in den Talkshows diskutieren oder den Debatten im Netz im Millisekundentakt neue Twists geben, gehören nicht zur *working class*. Die Arbeiter, Angestellten und Freiberufler gehören zur ungehörten Hälfte. Dieses Buch ist ihre Geschichte.

DER SOMMER VOR CORONA

Nur in der Mitte halten

Alexandra

In Deutschland gibt es 2100 Kleinstädte. In einer von ihnen, die sich in die Talsenke eines westdeutschen Mittelgebirges duckt, steige ich aus dem Bus. Eine Stunde hat er mich vom nächsten ICE-Halt hergefahren. Viele Häuser sind in schwarze Schieferkacheln gehüllt. Der Hauptplatz, an dem die frisch getünchte orangefarbene Kirche steht, ist menschenleer. Ein Lastwagen parkt eine Gasse zu und verspricht, vom Landmarkt »Frische, die ankommt« zu liefern. Ich biege ab auf einen Fußweg, der mich in den zwei Kilometer entfernten Ortsteil der Kleinstadt führen wird. Die Bebauung lockert sich. Einfamilienhaus neben Einfamilienhaus reiht sich am Hang. Davor parken meist zwei, manchmal sogar drei Autos. An einem Strauch ein Schild: »Bitte die Hunde nicht an die Bäume pinkeln lassen.« Warum? An einem Mast der Fahrplan des Bürgerbusses. Dienstags und donnerstags hält er hier. Der Blick weitet sich über die Hügellandschaft. Der Weg biegt in den Wald. Noch ein Kilometer.

Alexandra hatte gesagt, es wäre vieles einfacher, wenn sie nicht so abgeschieden leben würden. Aber alles in allem gefiele es ihr und ihrem Mann Richard in der Siedlung. Sie kannten niemanden, als sie vor elf Jahren hierherzogen. Über ihren Wohnort hat allein eine Zahl entschieden: 200000. Das war ihre oberste Obergrenze für den Hauskauf. Zwei

Jahre lang haben sie gesucht, dann endlich etwas Passendes gefunden. Ein kleines weißes Haus, im Internet fälschlicherweise als »Bungalow« inseriert. In Wahrheit dreigeschossig gegen den Hang errichtet. Baujahr 1977, Ölheizung im Keller, grün gefliestes Bad, in allen Räumen Teppichboden. »Hotel California« nannten sie es. Der Bausparvertrag ging für die Renovierung drauf. Den Kaufpreis mussten sie voll finanzieren. Bei der Bank hieß es erst: »Keine Freiberufler.« Dann noch: »Barfrauen und Musiker machen wir nicht.« Die beiden suchten über das Internet einen Finanzmakler, der den Kredit vermittelte.

1300 Euro zahlen sie im Monat für Zinsen, Tilgung, Strom, Wasser und die Ölheizung. Zum Glück ist lange nichts kaputtgegangen. Zum Glück ließ die Bank mit sich reden, als Richard krank war und sie die Rate nicht zahlen konnten. Zum Glück fiel ihre Ölheizung unter den Bestandsschutz für Altbewohner und muss trotz Klimabedenken nicht ausgetauscht werden. Und wenn die Glückssträhne reißt?

»Müssen wir noch mehr arbeiten«, hatte Alexandra am Telefon gesagt. »Was sollen wir machen?« Das Haus soll, wenn es nicht mehr vor allem aus Krediten gebaut ist, ihr Airbag sein. Es soll sie schützen, wenn die Familie einmal wirtschaftlich gegen die Wand fährt. »Unser Leben bestimmt ein großes Gefühl der Unsicherheit«, hatte Alexandra gesagt. Damit hatten zu Beginn ihrer Laufbahn weder ihr Mann noch sie gerechnet. Wie auch? Bei zwei Studierten mit Auszeichnung. Die Musikhochschule hatte Alexandra mit der Note »Sehr gut« beendet und danach noch das Konzertexamen und die Doktorarbeit draufgesattelt. Viel mehr kann man in die eigene Bildung nicht investieren.

Alexandra, kurzes braunes Haar, öffnet die Tür in Blumenbluse. Richard ist das, was man in Süddeutschland einen »stattlichen Burschen« nennen würde. Blaues Hemd und Anzughose. Er hilft dem Gast natürlich aus der Jacke und später auch wieder hinein. Wo beim Kauf der Hotel-California-Teppich lag, glänzen jetzt die Fliesen. Über dem Sofa ein Gemälde, ein Schiff, in goldenem Rahmen gefasst. Es ist der letzte Tag der Herbstferien. Rote Wochen im Haushaltsbuch. Alexandra und Richard verdienen in den Schulferien nichts. »Du sitzt da und hast keine Einnahmen, nur Ausgaben«, sagt sie. »In den Ferien kriegen wir keinen Cent. Da machst du nicht mit ruhigem Gewissen frei.«

Dabei ist ihr Beruf einer, dessen Wert sonntags bei Empfängen stets ausgerufen wird: Kulturgut. Dienst an der Bildungsnation. Erste Reihe der »Hall of Fame« des Bürgertums. Die beiden sind Musiklehrer. Alexandra Klavier, Richard Klarinette und Saxofon. C – G – F – E, lässt sie Schüler um Schüler den »Marsch der Magneten« in der *Klavierschule für Anfänger* üben, und er, G – E – G, leitet einen um den anderen durch *Klarinette lernen mit Spaß*.

Rainer Maria Rilke preist die Musik: »Du Sprache, wo Sprachen enden.« Goethes Werther zerschmilzt, als er seine Lotte sieht, das kleine Schwesterchen neben ihr, die Puppe auf den Knien und sie, »sie spielte auf ihrem Klavier mannigfaltige Melodien«. Thomas Manns Hanno, der schwächliche Spross und Schulversager der *Buddenbrooks*, blüht auf, als ihm Organist Pfühl das Klavierspielen beibringt. Pfühl »erschien ihm wie ein großer Engel, der ihn jeden Montagnachmittag in die Arme nahm, um ihn aus aller alltäglicher Misere in das klingende Reich eines milden, süßen und trostreichen Ernstes zu führen«.

Alexandra und Richard sind Engel auf Honorarbasis.

Maximal 14,67 Stunden pro Woche dürfen sie an staatlichen Musikschulen unterrichten, damit sie sich nicht einklagen können auf eine Festanstellung. Aber weil 14,67 Stunden pro Woche niemals reichen für Haus, Auto und vier Personen, arbeiten Alexandra und Richard an sechs Musikschulen. 110 Schüler. Auch samstags. Zwei hochaktive Ich-AGs. Alexandra holt einen Zettel raus und malt auf:

Montag: Da hat sie eine neue Musikschule, erst einen Schüler. »Baustelle, muss mehr werden«, sagt sie. Richard macht »Schulklassen musizieren« in zwei Grundschulen an zwei Orten, dann drei Einzelschüler.

Dienstag: Unterrichtet sie in einer 50 000-Einwohner-Stadt, 20 Kilometer entfernt. Weil die Musikschule dort aber die Räume mit einem Gymnasium teilt, kann es erst losgehen, wenn um 16.15 Uhr die Big Band AG durch ist, sechs Schüler bis 20.15 Uhr. 25 Kilometer entfernt unterrichtet er davor noch Privatschüler, von 10.45 bis 18.45 Uhr.

Mittwoch, Logistikalarm: Gemeinsam fahren sie 55 Kilometer in eine Kleinstadt hinter dem Autobahnkreuz. Dort unterrichtet er. Sie nimmt das Auto für weitere 12 Kilometer, um in einer etwas größeren Kleinstadt Stunden zu geben. »Abends fahre ich mit dem Bus auch dorthin und lande – was meist funktioniert – zeitgleich mit Alexandras Unterrichtsende an der Haltestelle«, sagt Richard. Von dort fahren sie knapp 60 Kilometer zurück. Alexandra: »Wir arbeiten Hand in Hand. Die Absprachen müssen genau sein.«

So geht es durch die Woche. Unter Samstag macht Alexandra einen Strich und rechnet: 30 Unterrichtsstunden sie, 33 er. Genauso viel wie ein festangestellter Musikschullehrer. Aber der bekommt TVöD 9, bezahlten Urlaub, Geld bei Krankheit, natürlich. Und sie?

»Pro Stunde zwischen 21 und 27 Euro pro gegebene

45 Minuten. Sie führen für uns keine Sozialabgaben ab, keine Krankenversicherung, nichts. In den Schulferien verdienen wir nichts. Kein Urlaubsgeld, kein Weihnachtsgeld. Auch wenn wir krank werden – nichts.«

Alexandra desinfiziert sich, schon lange vor der Pandemie, die Hände vor und nach jedem Schüler und jeder Schülerin. Sie sagt: »Ich kann es mir nicht leisten, mich anzustecken. Ich fühle mich beleidigt, wenn mir die Kinder krank geschickt werden. Das kommt sehr oft vor. Einmal habe ich einer Mutter gesagt: Ihr Kind ist krank. Sie war Apothekerin, sie musste vom Intelligenzniveau her wissen, was ›krank‹ bedeutet. Die Mutter hat gesagt: ›Ja, sie war auch nicht in der Schule. Aber hier kostet es ja Geld.‹«

Richard: »Das Kind hat geglüht wie ein Backofen.«

Alexandra: »Ich sage: ›Was ist denn, wenn Ihr Kind mich ansteckt?‹ Darauf die Mutter: ›Ja, es wird schon nicht passieren.‹«

»Einmal hatten wir Sturm«, erzählt Richard. »Friederike. Die Schulen waren geschlossen. Die Sekretärin der Stadt hat uns aber gesagt: ›Ihr seid Bedienstete der Stadt. Ihr müsst kommen und unterrichten.‹ Wir sind losgefahren. Aber am Ortseingang lagen Bäume. Wir wären da nie heil angekommen. Wir sind umgedreht. Ich wollte die Stunde abrechnen. Aber abrechnen durften wir nicht.«

»Schauen Sie mal«, sagt Alexandra. An der Musikschule, an der sie dienstags unterrichtet, »fand die letzte Honorarerhöhung im Jahr 2011 statt. Da ist es von 19,43 auf 21 Euro angehoben worden.«

»Und wo war der Spritpreis damals?«, schiebt Richard nach.

Super kostete 2011 1,55 Euro, schaue ich später zu Hause nach. Rund 10 Cent mehr als heute. Spritpreiswut zielt oft ins Leere. Aber im Grundsatz hat Richard natürlich recht: Allein der Inflation wegen sind die 21 Euro von 2011 heute nur noch 18,80 Euro wert.

»Uns geht es nicht so schlecht, dass ich weinen würde«, sagt Alexandra. »Wir verdienen beide ungefähr 1600 netto im Monat.« Alexandra führt ein Haushaltsbuch. Sie sucht nach Angeboten beim Essen, bei Kleidung sowieso. »Einfach shoppen und sagen: Das Kleid gefällt mir. Das mache ich nicht«, sagt sie. Aber das sei das geringste Problem.

Richard: »Es darf bei keinem etwas passieren.«

Alexandra: »Es darf niemand krank werden.«

Richard: »Es müssen alle funktionieren.«

Wie die Eltern, so der Sohn?

Alexandra

Später, kurz vor Weihnachten, werde ich sehen, wie Alexandra unterrichtet – im Nebengebäude einer Grundschule, das muffig riecht. »Schwarzer Schimmel«, wird sie erklären. »Die Stadt hat ein Trockengerät aufgestellt. Sie können uns nicht anders unterbringen.« Ich werde auf die Raufasertapete schauen und auf den blauen Veloursteppich und merken, wie sich die Zeit dehnen kann. Ein Siebenjähriger wird kommen. Alexandra wird ihm ein Bänkchen unter die Füße stellen und sich mit ihm durch »Lasst uns froh und munter sein«, sehr leichtes Arrangement, quälen. Rechte Hand, ein Durchlauf. »Ich will nicht mehr«, wird das Kind sofort sagen. »Soll ich die ganze Zeit spielen?« »Jetzt die linke Hand.« So wird Alexandra ihn ruhig, aber bestimmt durch die nächsten 20 Minuten leiten. »Die rechte Hand geht schlafen«, wird sie sagen. Darauf er: »Mein ganzer Körper will schlafen. Nach der Schule ruhe ich mich immer aus.«

Nach ihm wird ein Mädchen in den Raum stürmen, erheblich lebendiger als ihr Vorgänger, aber spät dran. Im Hort nebenan hätte ihr niemand Bescheid gesagt, wird sie sich entschuldigen. »›Lasst uns froh und munter sein‹ kann ich auswendig«, wird sie selbstbewusst verkünden. Sie wird es nicht können. Egal. »Ich brauche nur die Noten, dann geht mir ein Licht auf«, wird sie sagen und doppelt so laut, doppelt so schwungvoll die Tasten anschlagen wie alle anderen. Und schön dazu singen wird sie auch, die zahlreichen falschen Töne übertönend.

»Wie oft hast du geübt?«, wird Alexandra fragen.

Sie wird weit ausholen: »Ich habe immer so viel zu erledigen. Ich habe dienstags Minigolf-AG, Mittwoch Handball, Donnerstag Klavier und dann noch Schwimmen, Samstag muss ich mein Zimmer aufräumen und die Katze bürsten.«

»Aber wie oft hast du geübt?«, wird Alexandra wieder fragen.

»So gut wie gar nicht«, wird das Mädchen sagen und seufzen.

»Hast du ein anstrengendes Leben oder einen schweren Tag?«, wird Alexandra fragen.

Und das Kind wird antworten: »Beides.«

»Eine Viertelstunde üben, alle zwei Tage«, wird Alexandra ihr mitgeben.

Und sie: »Ich versuche es besser zu machen.«

Thomas Manns Klavierlehrer Pfühl, der große Engel, der seinen Schüler »jeden Montag Nachmittag in die Arme nahm, um ihn aus aller alltäglicher Misere in das klingende Reich eines milden, süßen und trostreichen Ernstes zu führen«, wird dann doch relativ weit weg und ein klein wenig literarisch überhöht wirken.

An diesem Tag in den Herbstferien höre ich nur, wie Alexandra beschreibt, was ich später erleben werde. »Es ist hart, wenn ich dasitze und durchrechne, was ich mit all den Stunden in den Monaten verdiene. Aber schlimmer ist es, wenn ich mich ungerecht behandelt fühle, von den Kindern oder eigentlich den Eltern. Weil man in unserem Beruf ja nicht allein für das Geld arbeitet, will man Resultate sehen. Dann kommt das Kind und hat nicht geübt. Sagt: ›Ich habe es vergessen.‹ Einmal ist okay. Aber wenn sich das über Monate zieht? Ich versuche dann mit den Eltern zu reden. ›Sie müssen mitmachen‹, sage ich. ›Das Kind ist bei mir eine halbe Stunde pro Woche. Der Rest ist Ihre Aufgabe.‹ Dann sagen sie: ›Ja, ja, das machen wir.‹ Dann machen sie es nicht. Und ich frage mich: Warum bringt ihr mir euer Kind? Da bin ich auch manchmal sauer, weil ich denke: Ich versuche jetzt eurem Kind etwas Gutes beizubringen, und mein eigenes Kind sitzt allein zu Hause. Das tut weh.«

Alexandra und Richard haben zwei Kinder. Einen Sohn im Teenager-Alter und »die Kleine«, wie sie sie nennen, gerade in die zweite Klasse gekommen. Natalja, blondes Haar, Leggings, Röckchen, rosa Oberteil, schleicht aus ihrem Zimmer im Obergeschoss die Treppe hinunter und streift, einer Katze gleich, um den Tisch. »Möchtest du noch einen Keks?«, fragt Alexandra. Natalja nickt, nimmt den Keks vom Teller und geht still und niemals störend ihrer Wege. Erst später beim Spaziergang durch den Ortsteil springt sie und turnt und plappert. Sie weiß, was sich wann gehört. Sie ist ein ausgesprochen braves Kind.

Damit das Leben der Familie funktioniert, gibt es zwei

Pläne. Einmal Alexandras und Richards Fahrplan zu den vielen Musikschulen und Schülern. Dann den der Familie mit ebenso strengem Takt. »Wir können erst mittags anfangen zu arbeiten«, sagt Alexandra. Deshalb läuft es so, muss es so laufen, jeden Tag: »Wir holen Natalja entweder um kurz vor zwölf oder kurz vor eins von der Schule ab. Dann bringen wir sie nach Hause und gucken, was die Hausaufgaben betrifft. Sie setzt sich an die Hausaufgaben, und wir fahren weg. Eine Stunde, eineinhalb Stunden später kommt der Bruder nach Hause und macht dann das Essen warm. Das ist immer vorbereitet. Ich koche vor. Natalja hat dann schon die Hausaufgaben fertig. Ihr Bruder schaut, ob alles richtig ist, und sie legt sich schlafen. Dann schläft sie, manchmal zwei, zweieinhalb Stunden, und er macht Hausaufgaben. Spätestens um neun sind wir wieder da. Dann essen wir gemeinsam bis zehn. Für den Abend koche ich auch vor. Dann gehen die Kinder unter die Dusche, erst der Große, dann die kleine Maus. Dann gehen die beiden ins Bett. Um Viertel vor sieben muss Natalja aufstehen. Wenn sie erst nach zehn im Bett ist, braucht sie ihren Nachmittagsschlaf, der tut ihr gut.« Und Punkt.

Alexandra ist Musikerin, da lernt man, dass man ohne Disziplin nichts erreicht. Und so ist diese Tugend ihr Lebensbewältigungsinstrument geworden.

»Ich habe schon immer einen geregelten Tagesablauf für wichtig gehalten«, sagt Alexandra. »Eine Struktur. Ohne Struktur werden die Menschen bequem. Üben ist Arbeit. Kindererziehung ist Arbeit. Das wird vielen schnell zu viel.«

Natalja und ihr Bruder sind auch im Schwimmverein. Die Trainerin hat früher Titel gewonnen. Einmal hat ein Kind am Beckenrand diskutiert. Die Trainerin sofort: »Halte die Luft an! Die brauchst du im Wasser, nicht jetzt zum

Reden. « – »Normal, oder?«, fragt Alexandra. »Das Kind ist zum Schwimmen da, dann soll es ins Wasser gehen und seine Sachen erledigen. Sie hat das Kind nicht beleidigt. Aber viele Eltern waren aufgeregt: ›Da gebe ich mein Kind nicht hin. Da ist mir der Druck zu groß.‹«

»Alexandra kriegt auch oft gesagt, dass sie zu streng ist«, sagt Richard. »Ist sie das, Natalja?«

Die grinst.

»Wie streng bist du auf einer Skala von null bis zehn?«, frage ich.

»Zwischen sieben und acht«, sagt Alexandra. »Aber ich bin nicht streng. Ich bin konsequent. Wir erziehen die Kinder, ohne dass sie merken, dass sie erzogen werden. Durch unser eigenes Vorbild. Sie sehen, dass wir gut organisiert sind, und sie sehen, dass alles nur funktioniert, weil wir gut organisiert sind.« Sie schiebt nach: »Es muss alles abgetaktet sein. Wir wussten doch, wenn es mit den beiden nicht funktioniert, dann wird es nicht klappen, dass wir von unserem Beruf leben können.«

Jonas, der große Sohn, gerade 14 geworden, weiß das. Er sieht jeden Tag, wie seine Eltern ackern, damit 21 bis 27 Euro pro Schüler und Stunde für ein gutes Leben reichen. Jonas ist bei diesem ersten Treffen nicht dabei – aber präsent in jedem dritten Satz, den seine Eltern sprechen.

Als die beiden durch das Haus führten, war ihnen ein Raum besonders wichtig: das Musikzimmer. »Hier kann Jonas üben«, hatte Richard gesagt. Jeden Tag mache er das. Bis die Stücke sitzen. Als das Telefon klingelte, schreckten beide auf. »Jonas?«, fragte Richard Alexandra, die abnahm. Er ist für zwei Wochen beim Landesjugendorchester. 7,5 Stunden Proben am Tag. Ein erster Härtetest. »Die Begabungen oder die Gene, die unser Jonas hat, das würde ihm nichts nützen, wenn er nicht so fleißig wäre«, sagt Richard.

Jonas hat »Jugend musiziert« gewonnen, »Maximalpunktzahl plus mehrere Sonderpreise«. Es gibt Videos von ihm im Netz. Auf dem ältesten ist er gerade zehn Jahre alt. Er trägt ein Hemd und eine schwarze Hose, glänzende Schuhe. Er steht auf dem Parkettboden eines Veranstaltungssaals. Am Klavier sitzt Alexandra in einem Abendkleid mit weiten, seidigen Ärmeln, die sich beim ausholenden Spiel auf den Tasten zu Flügeln formen. Neben ihr, auf einem Holzstuhl, Richard, der ihre Noten blättert. Jonas spielt auswendig. Einen Satz eines Klarinetten-Konzerts in e-Moll. 7 Minuten und 48 Sekunden. Für ungeübte Ohren so gut wie fehlerfrei. Leicht und souverän wirkt das, was er tut. Sein Körper fließt im Takt. Am Ende Applaus, drei Verbeugungen.

Nun hat Jonas ihnen gesagt, er wolle Berufsmusiker werden. Ausgerechnet. Und die Eltern?

Sind hin- und hergerissen zwischen Stolz und Vorsicht. Alexandra sagt: »Wenn er nicht so begabt wäre, hätte ich sofort geantwortet: Mach das bloß nicht.« Richard sagt: »Ich glaube, dass er das Zeug hat, wirklich Großes zu erreichen, und auch den Heißhunger, nicht einer von vielen zu sein.« Alexandra: »Wir unterstützen ihn, wo wir können.«

Seit diesem Jahr ist Jonas Schülerstudent an der Musikhochschule in der Großstadt, 75 Kilometer entfernt. Der Unterricht ist samstags. In der Aufnahmeprüfung fragte die Lehrerin: »Es ist schon eine Strecke zu fahren. Wie werdet ihr das machen?« Jonas antwortete: »Meine Eltern sagen: Wenn du das möchtest, fahren wir dich bis zum Mond.« – »Ja, so ist es auch«, sagt Alexandra, »bis zum Mond.«

Am Samstag, wenn er zum Theoriekurs an der Uni muss und sie in die eine Stunde entfernte Musikschule zum Unterrichten, fährt sie ihn zum nächsten S-Bahnhof und setzt ihn in den Zug. Wenn sie ihre Stunden gegeben hat, geht sie einkaufen und wartet, bis sein Unterricht um 16 Uhr endet. Dann holt sie ihn ab. »Finanziell ist es eine große Belastung, was Jonas macht«, sagt sie. In dieser Woche hat Alexandra lange an einem Antrag an eine Stiftung geschrieben. Jonas braucht ein zweites Instrument. Neu kostet eine Klarinette knapp 10 000 Euro. »Die können wir nicht aufbringen«, sagt Alexandra. Sie wartet auf Antwort. Und überlegt, mehr Stunden zu geben. Oder sollte sie vormittags vielleicht sogar putzen gehen?

Richard hat gerade im Auftrag einer Stadt Werbeaktionen gemacht und 116 Grundschülern seine Instrumente vorgeführt. Bezahlt wurden die Vormittage nicht. Egal, Richard hatte auf Schüler gehofft. Aber statt Unterricht an der Musikschule will die Stadt nun lieber Bläser-AGs finanzieren – fünf Schüler pro Dreiviertelstunde. »Die denken: Die blöde Honorarkraft soll doch fünf auf einen Streich für 25 Euro unterrichten«, sagt Richard. »Da verhungerst du an der langen Leine.«

Wie schön wäre ein Leben mit einem Tarifvertrag für den öffentlichen Dienst: 39 Wochenstunden. Feste Entgeltstufe. 30 Tage bezahlter Urlaub im Jahr. Lohnfortzahlung im Krankheitsfall. Wenn sie so fern sind, glänzen die Segnungen des Wohlfahrtsstaates noch viel verlockender. »Aber wir kriegen keine Festanstellung«, sagt Richard. »Ich hatte an einer Musikschule einen Kollegen. Der war noch TVöD. Als er dann mit 64 Jahren in Rente ging, habe ich die Stelle übernommen, aber als Honorarkraft, nicht mehr TVöD. Die feste Stelle wurde sofort dichtgemacht.«

Alexandra, Richard und Natalja bringen mich zur Bushaltestelle an einem Ausflugslokal. Die Sommersaison ist vorüber, die Tür verrammelt, die Terrassenstühle verpackt. Einmal pro Stunde hält hier dennoch der Bus. Sie winken. »Bis Dezember!« Da werden wir uns wiedersehen.

Zu Hause greife ich in eine Holzkiste im Regal und hole meine Flöte hervor. Sie ruht seit Jahrzehnten in einem weißen Seidensäckchen. Dunkles Holz, das Tonloch an der Unterseite weiß eingefasst, am Mundstück abgenutzt. Ich spiele. »Hey Jude«, »Greensleeves«. Es klingt heiser. Die hohen Töne quietschen, und ich weiß auch nicht auf Anhieb, wie ich das Gis greife. Aber es funktioniert noch.

Ich sehe uns in der Küche unseres weiß getünchten Hauses, in der Kleinstadt im Münsterland, in der ich aufgewachsen bin. Noch gibt es Kontrollen am Grenzübergang zu den Niederlanden. 250 Meter laufe ich dorthin zu Fuß, vorbei an Häusern wie unserem in der seit dem Beginn der 1980er-Jahre verkehrsberuhigten Straße. Ich sitze am Kiefernholztisch hinten rechts vor der Kühlschranktür, auf die ich irgendwann im Advent mal Nikoläuse aus roter Folie geklebt habe, die nie jemand abgelöst hat. Mir gegenüber mein Bruder. Es ist 1988. Vor uns vielleicht etwas Aufgetautes von Bo-Frost. Meine Eltern arbeiten beide und kommen gleichzeitig mit uns von der Schule zurück. Da muss es schnell gehen mit dem Essen. Ich bin acht Jahre alt und steige nach dem Mittagessen auf mein Rad, um wie jede Woche aus der Einfamilienhaussiedlung 15 Minuten in die Innenstadt zu radeln, hin zu einem Bau aus schmutzigem Beton, im Erdgeschoss die Stadtbücherei, oben in der dritten Etage die Musikschule, meine Flötenstunde.

Bis in die 1980er-Jahre, bevor das Klavier überholte, dann noch die Geige, war die Flöte das beliebteste Musikschulinstrument in Deutschland. Ein bisschen spießig, ja, aber günstig in der Anschaffung, leicht zu lernen. Das Instrument für all diejenigen, die keinen Flügel im Salon und keinen Engel als Hauslehrer hatten. Eines der vielen Symbole der westdeutschen nivellierten Mittelschichtsgesellschaft. Ich habe Alt- und Bass- und Piccoloflöte gespielt. An Winter-Wochenenden bin ich mit der Bahn übers platte Land nach Münster gefahren, um mir dort auf dem Weihnachtsmarkt Geld für Geschenke zu erflöten. Und natürlich gibt es Fotos, auf denen ich mit dem silberfarbenen Notenständer unter dem Baum stehe und vor der Bescherung aus der Weihnachtsfibel spiele, daneben mein Bruder mit seiner hellbraunen Akustikgitarre auf dem Knie.

In meinen Block notiere ich mir eine Frage: Ist es Nostalgie, ist es die unpräzise Erinnerung, oder waren die Risse in den 1980er-Jahren seltener und weniger tief?

Mein Flötenlehrer ist leider längst gestorben. Ich rufe alte Bekannte an. Pensionierte Lehrer, die, sagen sie nach einem etwas beschämten Lachen, gerade von einer Kreuzfahrt entlang der Kanaren zurückkehren. Sie trafen dort ehemalige Kollegen, die sich für fünf Wochen auf Lanzarote wärmten. »War mein Flötenlehrer auch eine Honorarkraft?«, frage ich.

»Nein, das war eine feste Stelle«, sagen sie.

HERBST

Ein paar neue Risse

Ich gehe ins Theater. Davor noch ein Weißwein. Sprachfetzen treiben durch die Luft. Es geht um Gemälde, die man sich auf die Zehennägel spritzen lassen könne. »Dreihundert Euro, aber so fein definiert.« Später, auf der Heimfahrt, ist in der S-Bahn noch eine Doppelbank frei. Sofort ist klar, warum: Der grauhaarige Herr gegenüber, oben ganz gepflegt, ist untenrum nackt. – Ich fahre Zug. ICE Hamburg–Berlin. Ein Mann, Mitte dreißig, hellblau-weiß kariertes Hemd. Sieben fünf brutto, erzählt er seinem Gesprächspartner per Handy, werde er für sein letztes Projekt in Rechnung stellen. Dann, Heldenstory: »Ich war mit dem Sakko Samstagabend bei meiner Schneiderin. Sie hat das aufgetrennt und geändert. Am Sonntag ruft sie an: Alles fertig, achtzehn Euro fünfzig, nicht mal ein Zwanni, geil.«

Ich lese. Studien hier, Studien da. Generation-Mitte-Studie des Forschungsinstituts Allensbach zum Beispiel. Eine Mehrheit der 30- bis 59-Jährigen sagt, Deutschland sei in den letzten fünf Jahren gehetzter, aggressiver, egoistischer geworden. 75 Prozent sagen, die Menschen in unserer Gesellschaft trennt vor allem die soziale Schicht, aus der sie jeweils kommen. 44 Prozent der Befragten geht es persönlich finanziell besser als vor fünf Jahren.

Das *Handelsblatt* meldet (begeistert?): Mehr Privatiers in Deutschland. Seit der Jahrtausendwende ist die Zahl der Menschen, die überwiegend von ihrem Vermögen leben und nicht arbeiten, um 70 Prozent gestiegen.

Die Tafeln geben bekannt: Dreimal so viele Kunden wie vor 14 Jahren.

Annegret Kramp-Karrenbauer ist noch Parteivorsitzende und spricht im Online-Format der ARD »Frag selbst«. 20 Minuten 46 Sekunden sind um. Da fragt Zuschauer Christian: »Warum werden die Reichen immer reicher und die Armen immer ärmer im Land?« Ihre erste Antwort: »Das ist gefühlt so. Nicht jede Statistik gibt das her.« Ihre zweite: »Ich würde mir als CDU-Vorsitzende wünschen, dass wir mehr Menschen in die Lage versetzen, Eigentum zu bilden, Wohneigentum.«

Ich begebe mich im Internet auf eine forsche Schnellsuche. Filter: niedrigster Preis zuerst. Was wäre das günstigste bezugsfreie »Wohneigentum« in diesem Monat?

Berlin-Lichterfelde. 30 Quadratmeter, 85 000 Euro.
Frankfurter Berg. 1,5 Zimmer von 1968, 105 000 Euro.
Köln. 34 schon gut abgewohnte Quadratmeter im 19. Stock des Herkuleshochhauses, 79 000 Euro.
München Au-Haidhausen. 1-Zimmer-Wohnung (30 Quadratmeter) im 7. Stock einer Betonanlage aus dem Jahr 1972, 139 000 Euro, zuzüglich 72,05 Euro Erbbauzins im Monat.
Stadtrand Würzburg. 29 Quadratmeter, 88 000 Euro.
Hannover-Ahlem. 25 Quadratmeter, 47 500 Euro.
Püttlingen im Saarland. Heimatgemeinde von Annegret Kramp-Karrenbauer. Ergrauter Stockbungalow aus dem Jahr 1975, 3 Zimmer, 135 000 Euro.

Der »Global Wealth Report« erscheint. Darin heißt es: Die Hälfte der Deutschen hat weniger als 16 802 Euro Nettogeldvermögen. Das wird knapp, Frau Kramp-Karrenbauer.

Ich trete der Facebook-Gruppe »Musikschullehrer« bei und frage: »Was waren Ihre Hoffnungen zu Beginn der Berufslaufbahn? Was sind die Aussichten für die Zukunft?« 41 antworten innerhalb von Tagen. Viele berichten Ähnliches wie Alexandra und Richard.

Mit einer telefoniere ich. Sie lebt und unterrichtet im reichen Baden-Württemberg, wo der durchschnittliche Bruttojahreslohn bei gut 50000 Euro liegt. Höher als in den meisten anderen Bundesländern. Sie aber hat in guten Jahren nicht einmal die Hälfte, 20000 Euro brutto, 1600 im Monat, trotz Hochschulstudium, trotz 40 Arbeitsstunden in der Woche. »Mein Mann verdient gut«, sagt sie. »Er leistet sich mich. Ich verdiene ein Taschengeld.« Sie war sechzehn, als sie sich dafür entschied, Musikerin werden zu wollen. »Ich liebe meinen Beruf über alles. Ich habe mich für die Musik und gegen alles andere entschieden«, sagt sie.

Und trotzdem schmerze es, zu wissen, dass sie nur bei größter Sparsamkeit von ihrem Einkommen würde leben können. Dass acht Jahre Studium und drei Abschlüsse finanziell nicht belohnt würden. Am meisten aber täte weh, wenn Eltern sie fragten, was denn ihr eigentlicher Beruf sei. Oder wenn sie ihr Kind nur in den Musikunterricht schickten, weil geigender Nachwuchs ein Statussymbol sei. Oder wenn Eltern mit dem Anwalt drohten, weil sie bei lustlosen Kindern auf der Kündigungsfrist der Verträge beharre. »Je teurer das Auto, desto größer der Ärger«, seufzt sie.

Richard wird nach den Herbstferien krank. Er hustet, kommt im Haus kaum die Treppe hoch. Er schleppt sich zum Unterricht. Der Arzt im Ort diagnostiziert eine Erkältung, empfiehlt Gelomyrtol. Aber es wird schlechter. Richard kann keine zwei Meter gehen, ohne schwer zu atmen. Sie fahren zu einem zweiten Arzt, der eine beginnende Lungenentzündung erkennt und ein Antibiotikum verschreibt. Drei Wochen dauert es, bis Richard wieder voll unterrichten kann. Er handelt die Erlaubnis aus, die meisten Stunden nachzuholen. Nur für zwei Tage fällt das Einkommen ganz aus.

Alexandras Kolleginnen an der Dienstags-Musikschule streiken an einem Dienstagabend vor dem Rathaus. Sie trompeten. Sie trommeln. Sie zupfen die Harfe. Sie streichen das Cello. Sie halten Plakate hoch. »Familie – kann ich mir nicht leisten«. »Kein Lohn bei Krankheit, kein Lohn in den Ferien«. »Musik = brotlose Kunst«.

Alexandra ist nicht dabei. Sie unterrichtet in der Musikschule eine erwachsene Klavierschülerin und hat Sorge, dass diese sich beschweren könnte.

Arbeiter ohne Vertretung

In der Gewerkschaft sind weder Alexandra noch Richard. Auch wenn sie seit den Streiks darüber nachdenken, einzutreten. Aber über lange Jahre hatten sie nicht den Eindruck, dass sich diese für die Rechte von Soloselbstständigen wie ihnen starkmachen würden. »Wir sahen die nicht als unsere Vertreter an«, sagt Alexandra. »Wir konnten uns deshalb nicht mit der Gewerkschaft identifizieren.«

So geht es vielen. Vor allem denen, die wie Alexandra und Richard nicht dort tätig sind, wo früher ganz selbstverständlich das Herz der *working class* verortet wurde: in den großen Industriebetrieben. In den 1970er-Jahren waren die Arbeiter dort noch die größte Berufsgruppe überhaupt. In den Großbetrieben wurden Rechte erkämpft, Traditionen geschaffen. Das Bild des Arbeiters, schreibt der Historiker

Lutz Raphael in seiner Gesellschaftsgeschichte *Jenseits von Kohle und Stahl,* wurde über Jahrzehnte vom Image und der Erfahrung männlicher Industriearbeiter geprägt. »Bergleute, Stahlarbeiter und Metallfacharbeiter waren stets Leitfiguren gewerkschaftlicher Interessenvertretung und linker Politik gewesen.«

Als diese Branchen aber schrumpften und stattdessen eine viel kleinteiligere, viel stärker von Frauen und Migranten und Dienstleistungsjobs geprägte Berufswelt entstand, gelang es nicht, neue Leitfiguren zu erschaffen. Die Gruppe der Arbeiter »atomisierte«, wie es französische Soziologen beschrieben. Sie wurde unsichtbar, verlor ihre Stimme. »In den Parlamenten wurden Arbeiterinnen und Arbeiter immer mehr zu ›Exoten‹«, schreibt Raphael. »Selbst bei den Funktionären der linken Parteien und Gewerkschaften, die sich auf sie als ›ihre‹ Basis bezogen, sank der Anteil derer, die eine berufliche Vergangenheit als Arbeiterin oder Arbeiter hatten. Bemerkenswerterweise verschwanden die neuen und alten Arbeitswelten in der Industrie- oder Dienstleistungsbranche nach und nach fast vollständig aus der Berichterstattung über soziale Probleme.« Und, diese Zahlen messen den Wandel besonders eindrücklich: Auch die Gewerkschaften als Anwältinnen der Arbeiter verloren schleichend, aber stetig an Bedeutung.

In den 1980er-Jahren war die Zahl der Mitglieder im Deutschen Gewerkschaftsbund auf rund acht Millionen angestiegen, mit der Wiedervereinigung kamen noch einmal drei Millionen dazu. Dreißig Jahre später hat sich die Zahl der Menschen, die in den Gewerkschaften des DGB organisiert sind, auf rund sechs Millionen fast halbiert. Und während – bis in die 1980er-Jahre – noch drei Viertel aller Beschäftigten in Unternehmen arbeiteten, die tarifgebunden waren, sank auch diese Zahl deutlich: auf 46 Prozent. Nicht einmal mehr jeder Zweite arbeitet heute noch bei einer Firma mit Betriebsrat.

Die Gewerkschaften »versäumten es ab den Achtzigern, sich an die veränderte Arbeitswelt anzupassen und sich der prekär Beschäftigten und des neuen Dienstleistungsproletariats anzunehmen«, schreibt der Sozialhistoriker Philipp Ther. »Es ist ein Vakuum entstanden an dieser Stelle«, wird mir ein Ökonom später ins Aufnahmegerät sprechen. Er beklagt dabei, dass sich »etliche Gewerkschaftler für die randständigen Arbeiter noch nie im Kern interessiert« hätten. Und jetzt, wo sich die Zahl der »randständigen« Arbeiter vergrößert habe, sei diese Distanz noch gewachsen. »Einen gesellschaftlichen Fürsprecher, der sich für diese untere Hälfte einsetzt, sehe ich nicht«, wird er sagen. »Für Einzelgruppen ja, aber eine große Stimme, die auch gesellschaftlichen Einfluss hat, sehe ich nicht.«

Auch Sait war über Jahre nicht in der Gewerkschaft organisiert. Erst hatte er Sorge, weil die Geschäftsleitung seiner Firma dagegen war. Schließlich aber hatte der Patriarch und Inhaber des Unternehmens den Daumen gehoben. Daraufhin traf Sait einen Gewerkschaftssekretär, bei dem er das Gefühl hatte: Der meint es ernst. Und Sait hatte auch ein konkretes Anliegen, für das er Hilfe suchte: Weil sich seine Familie Flüge zu Ferienzeiten in die Türkei nicht leisten kann, fährt er stets mit dem Auto dorthin, 7000 Kilometer hin und zurück. Dafür wollte er gern Urlaubstage sammeln, um vier Wochen am Stück fahren zu können, alle zwei Jahre vielleicht. Aber seine Firma genehmigte das nie. Das sei nicht rechtens seitens der Firma, behauptete die Gewerkschaft. Also unterschrieb Sait, ganz antizyklisch, Anfang der 2010er-Jahre den Mitgliedsantrag.

»Hat die Gewerkschaft Macht, Sait?«

Er lacht. »In den 1980er-Jahren war es vielleicht so. Jetzt ist die Gewerkschaft so klein.« Er zeigt zwei Zentimeter zwischen Daumen und Zeigefinger. »Früher waren die Firmen so klein.«

»Und warum ist es so?«

»Weil die Menschen Angst haben. Wir sind froh, dass wir Arbeit haben.«

Saits Arbeit ist es seit 18 Jahren, die Berliner U-Bahnhöfe zu reinigen.

Gehen wir nach unten, unter die Straßen der Stadt

Sait

Es mag ein seltenes Bekenntnis sein, aber ich mag die Berliner U-Bahn sehr. Sie ist nicht so majestätisch wie die tief in der Erde liegende Moskauer Metro, nicht so ikonisch wie die New Yorker, nicht so kunstvoll wie die Stockholmer. Aber welch verwegene Idee, zu Beginn des 20. Jahrhunderts Tunnel unter die wachsende Stadt in den märkischen Schwemmsand zu graben, um nach London, Budapest, Glasgow und Paris zur fünften U-Bahn-Stadt Europas zu werden. Elf Kilometer lang war die allererste Strecke, gebaut von der Firma Siemens & Halske, erdacht von einem gewissen Werner von Siemens. Schon im Premierenjahr 1903 fuhren knapp 30 Millionen Passagiere. Der Fahrpreis war gestaffelt: ab 15 Pfennig in der zweiten Klasse, ab 10 Pfennig in der dritten. Das Netz wuchs schnell, schon 1913 gab es 36 Kilometer Strecke. Vom Gleisdreieck wuchsen die Linien sternförmig in die Bezirke. Neue Bahnhofskonstruktionen erlaubten, die Taktung der Züge auf 90 Sekunden herunterzutreiben. In den 1960ern bekamen die Linien Zahlen. In den 1980ern wuchs die U7 bis nach Spandau, wo sie mit einem einwöchigen U-Bahnfest begrüßt wurde, in den 1990ern kam endlich wieder Leben in die Geisterbahnhöfe im Osten der Stadt, und heute fährt die U-Bahn auf fast 146 Kilometern, am Wochenende rund um die Uhr.

Ich mag das erwartungsvolle Blinken der gelben Schrift auf der Digitalanzeige, wenn die Wartezeit abgelaufen, die Bahn aber noch nicht da ist. Das *Pfft*, wenn die Türen sich öffnen, das bestimmte »Zurückbleiben, bitte!«. Das Ruckeln, wenn die Bahn beschleunigt. Das Quietschen, wenn sie sich einer Station nähert. Ich mag das gedämpfte Neonlicht innen, in dem alle Passagiere gleich schlicht aussehen, das gelbe Gestänge mit den grauen Plastik-Handschlaufen, die Furchtsame und Besoffene gleichermaßen halten. Nur das inzwischen so berühmt gewordene blau-grau-rot-schwarze Camouflage-Muster der Bänke ist nicht so mein Ding. Ich bevorzuge die schwarzen Plastikschalen mit dem Po-großen Teppich zum Draufsitzen.

Wenn ich eine Bahn erwische, deren Fenster blank und nicht mit den lästigen, handgroßen Brandenburger Toren beklebt sind, mag ich es, die vorbeirauschenden Stationen anzuschauen: die mintgrünen Fliesen am Kurfürstendamm, die leuchtend roten Platten der Berliner Straße, den Westhafen, an dem die Buchstaben auf den Kacheln die Menschenrechte formen, »Alle Menschen sind frei und gleich«, die silberne Schrift am Bahnhof Mehringdamm, der sich zeitgleich mit dem Viertel drum herum herausgeputzt hat, die Hochbahnstationen, die sich über dem Gleis wölben. Ich mag das seltsame Heimatgefühl, das sich einstellt, wenn die gelben Wagen vor dem vielstöckigen Neuen Zentrum

Kreuzberg in Sicht fahren, die Element-of-Crime-Zeilen im Kopf, wonach es nämlich irreführend und gefährlich ist,

Wenn etwas U-Bahn heißt
Das über unser'n Köpfen rattert
Schließlich steht das »U«
Für Untergrund.

In einer dieser Stationen befüllt Sait jeden Morgen um 6.30 Uhr seinen Putzwagen mit einem Liter Reinigungsmittel, Mopps, Toilettenpapier, Blausäcken und Handpappe. Er schiebt ihn in den Aufzug; ist der defekt, stemmt er sich auf der Rolltreppe gegen das schiefe Wägelchen und fährt hinab in den Untergrund. Jede Linie eine eigene Welt. Die rote U2, die Touri-Linie, die U7, die längste, die Linie 1, die, logisch, erste und berühmteste. Sie formen das bunte Spinnennetz, das die Menschen der Stadt verbindet, Station für Station reiht sich an der »Perlschnur«, wie die BVG, die Berliner Verkehrsbetriebe, die Linienpläne nennen.

»Sobald der Wagen beladen ist, lege ich los«, sagt Sait. »Ich reinige die Bahnsteige, die Treppen, den Ausgang und den Ausgangsbereich – einen Meter im Normalfall, drei Meter, wenn Fahrradständer da sind –, putze dahinter und darunter. Ich fange vorne an, mit der Vorhalle. Da muss ich kübeln, also die Mülleimer entleeren. Dann muss ich die Treppen und die Ausgänge kontrollieren, Grundschmutz entfernen, Zigaretten und Laub. Danach arbeite ich mich Stück für Stück vor bis zur anderen Seite. Ich muss wischen, wenn es Flecken gibt, trockenen Urin, und wenn sich jemand übergeben hat. Wenn jemand geschissen hat, muss ich es beseitigen. Ich bin permanent in Eile, habe 40 Minuten pro Bahnhof. Wenn ich länger brauche, dann habe ich ein Minus, und um das Minus wieder reinzuholen, muss ich schneller arbeiten. Es ist im U-Bahn-Bereich nicht so planbar wie in Büros oder Gebäuden. Gestern zum Beispiel, da war ein Bahnhof so stark verschmutzt, da habe ich eineinhalb Stunden gebraucht statt 40 Minuten. Da hatten sich die Penner Mühe gegeben, die Müllsäcke rauszuziehen und umzukippen. Das musste dann weg. Erst fegen, dann nachwischen, dann alles wegbringen. Wenn ich arbeite, und da sind welche dabei, die sich einspritzen oder die alkoholisiert sind, muss ich aufpassen, dass ich mit denen keinen Kontakt aufnehme. Sie müssen in Ruhe gelassen werden, damit sie hoffentlich mich in Ruhe lassen.«

Sait reinigt seit 2002 die Berliner U-Bahn. Er kennt sich mit den Rissen viel zu gut aus. Er sieht, dass die Elenden immer mehr werden. Nicht nur auf dem Südteil der Linie 8 und im Westen auf der 7, nicht nur am Kottbusser Tor und am Görlitzer Park, wo es schon immer Probleme gab. Nein, sagt Sait, sogar dort, wo eigentlich immer alles in Ordnung war, habe sich die Lage verschärft.

Die U-Bahn-Linie 2 zwischen Ruhleben und Deutscher Oper habe er zum Beispiel immer ganz gern geputzt, obwohl die Stationen je nach Fahrtrichtung zwei getrennte Bahnhöfe haben und man zweimal neu ansetzen muss. »Du hast es trotzdem geschafft, weil die Stationen eigentlich sauber waren. Aber das ist jetzt auch nicht mehr so«, sagt er.

Ich nicke und denke an den kalten Abend kurz zuvor, an dem ich nach einer der zahlreichen schmerzenden Saisonniederlagen meines Vereins Werder Bremen in der U-Bahn saß, ins Leere starrte und sah, wie am Bahnhof Moritzplatz drei Männer hinter drei verschiedenen Säulen hockend Drogen konsumierten.

Selbst die Fahrt zu seinen Lieblingsbahnhöfen, den Statio-

nen im Jugendstil-Look, ganz im Norden der U8, noch jenseits des Gesundbrunnens, bereite ihm keine Freude mehr,
klagt Sait – weil er doch nur überall die wahrnehme, die ihm
so viel Mühe machen. Und klar: Auch als ich später dort hoch-
fahre, sehe ich eine Gruppe, die am Franz-Neumann-Platz
hinter der gelb-grün gemauerten Säule auf einer Bank sitzt,
rauchend, trinkend, krakeelend, mit Blick auf die gefliesten
Bäume an der Wand, zwischen denen eine freundliche Sonne
steht. Aber, *good news*, zumindest das Bild des Bahnhofs, den
Sait zum schönsten des ganzen Berliner Netzes erkoren hat,
trüben an diesem Tag keine hingeworfenen Zigaretten, keine
Plastikreste, keine Flecken auf dem Boden. An der Lindauer
Allee begrüßt mich am Absatz der Treppe nur die in Gold
eingefasste Stein-Eule, die den Boden schmückt. Von der
Balkon-Balustrade blicke ich an den gewaltigen Leuchtern
vorbei auf glänzend saubere blassblaue Fliesen und die Bilder
der Bäume, an deren Ästen Herzblätter hängen. Als ich runter zum Gleis gehe, wird mir klar, dass ich gerade das Werk
von Saits Kollegen bewundere. Ein Mitarbeiter im Blaumann
schiebt seinen Putzwagen aus dem Aufzug.

Erst seit ich Sait treffe, sehe ich die Reinigungskräfte bei
vielen Fahrten. Mir fällt einer auf, der einer Gruppe Fahrgäste ausweicht, einer, der seine Ausrüstung kurz an die
Treppe gekettet hat, und viele, die fegen, die wischen, die
Müll sammeln. Ich schäme mich, dass sie bisher für mich
unsichtbar waren. Ich stehe auch vor dem Spiegel am Bahn-
steigende, der Menschen, die sich selbst töten wollen, vom
letzten Sprung abhalten soll. Sait hat mir von diesem Spiegel
erzählt. Dahinter befindet sich ein hüfthohes Gitter, das den
schmalen Bahnsteiggang vom Gleis trennt. Auch da muss
er hin, dahinter sind noch »Räumlichkeiten«, wie er sagt,
Schalträume zum Beispiel. »Da liegt oft einer rum. Da gibt

es schlafende Personen, Leute, die etwas rauchen, die sich was einschmeißen, Leute, die sich aufschlitzen, alles Mögliche. Es gibt viele Dinge, die wir Putzkräfte sehen und die Fahrgäste nicht. Wenn der Fahrgast all das sähe – ich glaube nicht, dass der zum zweiten Mal auf den Bahnsteig gehen würde.«

»Haben Sie auch manchmal Angst, Sait?«

»Natürlich.« Sait kennt auch meinen U-Bahnhof. Als ich Station und Linie nenne, nickt er wissend und ein wenig mitleidig.

»Bei Ihnen habe ich schon mal die Toilette putzen wollen. Ich mache die Tür auf, es ist dunkel, drinnen schreit einer. Der hat gelebt, konnte aber nicht mehr aufstehen. Die Polizei kam und hat ihn verhaftet.«

Ich stelle naive Fragen. Wäre es nicht besser, wenn die Putzkräfte zu zweit unterwegs wären?

Sait sagt: Ja, das würde auch empfohlen. Reinigungsaufträge, die gefährlich sein könnten, sollten Teams aus mindestens zwei Personen erledigen. »Aber welche Firma kann es sich leisten, zwei Leute auf den Bahnhöfen zu haben?«

»Können Sicherheitsleute mitkommen?«, frage ich.

»Das wird niemals klappen«, sagt Sait. »Jeder ist auf sich allein gestellt, und wenn was sein sollte, müssen wir erst das Arbeitsmaterial sichern und dann uns.«

Auf der Warschauer Straße habe mal ein Kollege von ihm mit der Flasche eins auf den Kopf bekommen. Eine Woche sei der auf der Intensivstation gewesen. »Das kann jedem von uns passieren«, sagt Sait. »Die Penner sind frustriert, wenn wir die Mülleimer entleeren, und da sind Flaschen drin. Da schreien die: ›Das sind meine Flaschen! Du hast meinen Mülleimer angegriffen.‹ Für ein Kleingeld schlagen die sich ja schon gegenseitig auf dem Bahnsteig.«

Im Moment ist nasser Winter in der Stadt. Sieben Grad tagsüber, drei in der Nacht. Sait mag den Winter nicht. »Es ist mehr Dreck da«, sagt er. »Im Sommer sind die Alkoholiker und die Drogenabhängigen draußen. Sie sind unten nur zum Betteln und dann ruck, zuck wieder oben und geben das Geld aus. Jetzt ist es in den U-Bahnhöfen aber warm und trocken, da bleiben sie alle unten und machen Dreck.«

Auf seiner Linie seien Bahnhöfe, auf denen er jetzt im Winter an jedem Morgen Dutzende Spritzen aus dem Müllkorb zieht, sagt er. »So funktioniert Vater Staat: Die Hilfsorganisationen bringen saubere Spritzen. Aber keiner interessiert sich dafür, wer die schmutzigen einsammelt. Ich ermahne mich immer, wenn ich die Eimer entleere: Nur von oben anfassen und dann direkt in den Korb. Da könnte doch jede Krankheit drin sein.«

Und es ist ja nicht nur in der U-Bahn so. Die Stadt wirkt an vielen Ecken versifft. An einem regnerischen, aber ganz gewöhnlichen Montag nach unserem Gespräch werde ich auf dem Weg zur U-Bahn abgekokelte Alufolie im Hof sehen, auf dem Gehweg: Pappbecher und Tüten, ein orangeroter Mülleimer, der oben übergequollen, ein anderer, der unten aufgeplatzt ist, beides mit demselben Ergebnis: Papier, Folie, Pizzakartons, Taschentücher – all das liegt darunter auf dem Boden. Außerdem scheinen viele Menschen am Wochenende ausgemistet zu haben. Vor einer Haustür sammeln sich ein paar nasse Hosen und durchweichte Bücher. Auf einer Bank: Jacken, Schuhe und ein Babyschlafsack.

Ich ahne, wie der tägliche Blick auf den Dreck, auf das Elend in den Bahnhöfen Sait verändert hat; warum er der Meinung ist, dass es bergab ginge, nicht nur in der Bahn, sondern in Berlin überhaupt, ach was, eigentlich mit den Menschen. »Ich lebe in Moabit«, sagt er. »Wir haben eine schöne Wiese hinter dem Haus gehabt, den kleinen Tiergarten. Da haben wir gesessen. Bis die Junkies das auch entdeckt haben.« An einem sonnigen Donnerstag werde ich in Saits Park fahren. Ich werde sehen, dass es natürlich die gibt, von denen er redet. Ihre Zentrale ist auf der einen Parkseite, ein aufgeschnittener gelber Container. Knapp zwanzig Menschen hocken auf Bänken und runden Sitzsteinen auf dem Gehweg. Ein paar leere Wodkaflaschen stehen auf einer Tischtennisplatte. Ein altes Paar sortiert Pfandflaschen. Drei Männer grölen. In der Tat lädt die Szenerie nicht dazu ein, sich dazuzusetzen.

Aber es gibt auch die andere Seite des kleinen Tiergartens. Dort klettern Kinder auf dem frisch sanierten Spielplatz, rasen mit ihren Rollern über den Parcours, der gebaut wurde. Eine Handvoll Menschen sitzt auf Decken im Gras. Schon auch idyllisch hier. Kein Vergleich mehr zu den dunklen Monaten, als hier Hunderte Geflüchtete vor dem überforderten LAGESO campten.

Auch Sait hat, wie wir alle, einen gefärbten Blick auf seine Umgebung. Seine *déformation professionelle* scheint zu sein, vor allem den Schmutz, den Müll und die Verwahrlosung in der Stadt wahrzunehmen. Er sagt: »Es gibt keine Zivilcourage mehr. Früher, wenn einer in unseren Park gepisst hat, sind zwei aufgestanden und rübergegangen und haben geschrien: ›Machst du das zu Hause auch so?‹ Heute drehen sich alle weg. Es ist den Menschen alles egal. Ich sehe ganz normale, fein angezogene Menschen, die in die Ecke pissen. Kinder stehen daneben, und keiner reagiert darauf. Ich sehe, wie Leute auf einer Bank sitzend scheißen. Ich sehe Penner, die das Essen, das ihnen Leute hinstellen, auf den Bahnsteig werfen. Oder neulich die Mitarbeiter einer Firma, die hatten Weihnachtsfeier oder so – studierte, ganz normale

Leute, kommen runter, haben Bierflaschen in der Hand und schmeißen die an die Wand. Mach das mal weg!« Sait seufzt. »Fegen, die Wände wischen, jeder Splitter muss weg.« Es könnten schließlich Kinder mit den kleinen Händen die Wände längsstreifen.

Hat Sait einen Bahnhof fertig gereinigt, schiebt er seinen Putzwagen in die U-Bahn, um zur nächsten Station zu fahren. Für ihn einer der schlimmsten Momente der Schicht. »Die Fahrgäste sind nicht froh, wenn ich komme«, sagt er. »Manchmal bedankt sich eine alte Oma oder ein Opa. Aber viele hauen ab, wenn ich einsteige. Die wollen nicht mit mir und meinem Wagen in Berührung kommen. Unsere Wagen werden in drei Schichten benutzt. Die sehen nicht schön aus. Wir sollen die Auffangsäcke nur einmal in der Woche wechseln. Ich würde auch gern die Putzsachen in Schränken auf jedem Bahnhof einlagern. Aber das ist wahrscheinlich zu kostenaufwendig. Deshalb fahre ich sie von Station zu Station. Jetzt stellen Sie sich vor: Sie haben Ihre Stulle in der Hand. Ich steige zu. Ich habe gerade Kotze und Pisse weggewischt, und der Mopp stinkt. Da rücken Sie von mir weg, natürlich.«

Vermutlich ja, denke ich. Ertappt und wütend und ratlos. »Wirklich wahr, Sait? Nur weil es zu teuer ist, an den Bahnhöfen kleine Putzschränkchen aufzubauen, weil es ein paar Euro spart, die Säcke lange zu nutzen, haftet der Schmutz bei jeder U-Bahn-Fahrt an Ihnen, werden Sie zum Aussätzigen, obwohl Sie dafür sorgen, dass der Müll und der Dreck den anderen erspart bleibt?«

Sait nickt und spricht weiter. Laut Schichtplan ist immer von 11 bis 12 Uhr Pause. »Ich beanspruche meine Pause aber nach der Arbeitszeit.« Er könne im U-Bahn-Bereich nichts essen. »Das ist das Letzte, was ich machen würde. Ich sehe alles, was Sie nicht sehen. Ich kenne alles, was Sie nicht kennen. Ich fühle mich immer schmutzig. Das Erste, was ich nach der Arbeit mache, ist duschen. Dann erst kann ich essen.«

10,56 Euro reichen nicht

Sait

Sait verdient in diesem Herbst 10,56 Euro brutto pro Stunde. Seine Schicht wurde von 40 auf 35 Stunden zurückgefahren. Er sagt, weil die Firma den Berliner Verkehrsbetrieben das Angebot gemacht hatte, dieselbe Anzahl an Bahnhöfen in weniger Zeit zu schaffen. 10,56 Euro in der Stunde mal 35 Stunden mal 4,5 Wochen: Das macht rund 1600 Euro brutto im Monat. Sait hat zwei Kinder. Der große Sohn macht jetzt eine Lehre und verdient dazu, zum Glück. Denn vorher ging Sait Monat für Monat zum Amt und ließ seinen Lohn aufstocken. »Mit meinem Geld könnten wir nicht leben«, sagt Sait. »Das ist kein Geld, das für die Rente reichen wird.« Seine Frau näht für eine kleine Schneiderei. »Sie ist auf sechs Stunden am Tag«, sagt er, »damit sie weniger Steuern zahlen muss.« Sie verdient auch 10 Euro brutto in der Stunde, trotz Ausbildung. Gestiegen ist der Lohn schon seit Jahren nicht mehr.

»Das Problem sind die Arbeitgeber. Vater Staat gibt denen das Recht, alles zu machen, was die können und wollen. Ich habe 2002 hier angefangen mit 8,30 Euro die Stunde. Damals gab es eigentlich noch die Regel, den Lohn stückweise zu erhöhen. Jedes Jahr 25 Cent oder einen Euro die Stunde, nicht viel, aber es hat dich stark gemacht.«

Hätte Sait pro Arbeitsjahr nur 25 Cent Lohnaufschlag bekommen, wäre er jetzt bei gut 12,50 Euro. Aber es lief anders.

»Wir sind dann runtergestuft worden«, sagt er. »Auf 7,35 Euro.«

Es war eine Rallye damals, Ende der 1990er-Jahre, Anfang der 2000er. Eine Lohndrück-Rallye. Zwischen 1995 und 2012 sackten die Löhne des unteren Drittels ab, lagen teilweise real fast 25 Prozent unter dem, was Mitte der 1990er gezahlt wurde. Der Mindestlohn hat das vor allem für die ganz niedrigen Einkommen gemindert. Aber die Wunden bleiben. Der Anteil der Niedriglöhner schoss in die Höhe. Mitte der 1990er-Jahre lag er bei rund 16 Prozent, seit 2008 relativ stabil bei fast einem Viertel der Beschäftigten, zuletzt fast acht Millionen Menschen.

Menschen wie Sait. Der sagt: »Es knirscht an allen Ecken.« Denn vieles, was er zahlen müsse, sei teurer geworden. Die Miete: 500 Mark für drei Räume hat seine Wohnung in den 1990er-Jahren gekostet, jetzt 700 Euro. Der Strom: verdoppelt. Die Sozialabgaben: gestiegen. »Dass sich jemand wie ich ein gutes Leben leisten kann, ist vorbei«, sagt er und hat wie viele auch einen Schuldigen ausgemacht: »Seit wir diese Euro-Scheine haben, gibt es das nicht mehr. Geh doch mal für eine vierköpfige Familie mit 100 Euro einkaufen. Ohne Fleisch kommst du von Freitag bis Sonntag. Damals hast du für 100 Mark eingekauft und konntest die Tüten mit drei Leuten nicht hochtragen. Oder was damals Kaffee gekostet hat! Der war zwar im Plastikbecher. Aber den gab es für 50 Pfennige. Letztens bei OBI habe ich schon 2,10 Euro gezahlt, 4,20 Mark! Damals hast du noch ein Frühstück dazubekommen.«

Es wirkt wie eine Obsession, was Sait macht: das Umrechnen in D-Mark, die für ihn, wie für so viele, die Chiffre für die längst vergangenen, besseren Zeiten ist. Sait ist schon beim nächsten Beleg: »Ich habe mir letztens mal die Automaten auf dem Bahnsteig angeschaut: Eine Cola kostet zwei Euro, vier Mark! Das waren, als der Euro eingeführt wurde, 90 Cent. Die haben in 18 Jahren das Vielfache draufgeschlagen.«

Genau, man ist versucht zu denken: Ja, ja, Sait. Wem ging es nicht schon so, in den Gesprächen mit den ewigen D-Mark-Nostalgikern? Aber spricht daraus nicht auch die Arroganz derer, die nicht auf Cent oder Pfennig achten müssen?

Kurz bevor ich Sait traf, hatte ich ein Experiment gemacht. Eine der vielen Studien, die ich zur Einkommens- und Vermögensverteilung las und lese, war mir nicht aus dem Kopf gegangen – trotz der etwas gewollten Aufmachung. Auf dem Cover ein traurig dreinschauender Junge im Grundschulalter. Seine Hand liegt auf einer Klinke. Darunter der Titel: »Verschlossene Türen. Eine Untersuchung zur Einkommensungleichheit und Teilhabe von Kindern und Jugendlichen«. Darin aber Zahlen, die Saits Sorgen vermessbar und nachvollziehbar machen.

Alle fünf Jahre fordert der Staat rund 60 000 Haushalte auf, ihre Ausgaben zu protokollieren. Fein säuberlich. Die EVS, die Einkommens- und Verbraucherstichprobe, ist einer der wertvollsten soziologischen Datensätze. Es gibt ein paar Schwächen: Sehr wohlhabende Menschen, die pro Monat 18 000 Euro oder mehr verdienen, nehmen nicht teil. Soziologengerüchten zufolge ist diese Gruppe der Bevölkerung auch durch die gezahlte Prämie von 90 Euro nicht dazu zu bewegen, die eigenen Ausgaben zu protokollieren. Deutschland wirkt deswegen in der Stichprobe homogener, als es ist.

Trotzdem ist die EVS die »größte Haushaltserhebung der amtlichen Statistik«, wie das Bundesministerium für Arbeit und Soziales stolz vermeldet. Die Daten helfen bei der Berechnung der Inflationsrate, an ihnen orientiert sich der Hartz-IV-Regelsatz.

Im Jahr 2019 haben Forscher des Paritätischen Gesamtverbands aus diesen Haushaltsbüchern der Deutschen berechnet, wie viel Geld Familien hierzulande für ihre Kinder ausgeben. 600 Euro pro Monat waren es bei Familien mit einem Kind im Durchschnitt. Als ich Sait diese Summe nenne, glaubt er weder mir noch der Studie.

»600 Euro für ein Kind? Das geht nicht«, sagt er. »Das ist doch bei niemandem machbar. Da bräuchte man 3500 netto im Monat. Wer verdient so viel? Drogenverkäufer?« Er rechnet: »250, vielleicht 300 im Monat kann man für ein Kind ausgeben. Da muss dann aber alles drin sein. Aber 600… Ich will mal wissen, wer das macht!«

Der Durchschnitt erzählt eben immer nur einen Teil der Geschichte, mischt er doch aus jedem Schwarz und Weiß einen sanften Grauton. Genauer wird das Bild, wenn man außerdem auf die beiden Enden der Tabelle in der Studie blickt. Denn der Unterschied zwischen dem, was wohlhabende Familien zahlen können, um ihr Kind zu nähren, zu kleiden und bilden, und dem, was Arme haben, ist nicht nur gewaltig, sondern er ist auch seit Anfang der 2000er-Jahre gewachsen. 1200 Euro investierten die oberen 10 Prozent der Familien pro Kind und Monat, gut 350 die untersten 10 Prozent. Und während die Familien im obersten Zehntel inflationsbereinigt 10 Prozent mehr ausgeben konnten, waren es bei denen am unteren Ende der Skala gut 5 Prozent weniger – was übrigens nicht daran liegt, dass die ärmeren Familien ihr Geld kopflos für andere Dinge raushauten:

Alkohol, Handy, Tabak, so der Dreiklang der üblen Nachrede. Fast ein Viertel ihres gesamten Familieneinkommens geben sie für das Kind aus, bei den wohlhabenderen sind es nur 12 Prozent des Monatsbudgets.

Was mir aber im Kopf blieb, war ein bunter Balken gegen Ende der Studie. Da hatten die Forscher aufgeschlüsselt, wofür genau die Familien das Geld ausgeben. Wohnen, Essen, Kleidung, das Notwendige eben, frisst den größten und in den letzten Jahren wachsenden Anteil auf. Am Ende blieb ein schmaler blauer und ein kaum wahrnehmbarer rosafarbener Balken. Das Budget für die schönen Dinge im Leben: »Freizeit, Unterhaltung, Kultur, Gaststätten, Beherbergung«, heißt das im Statistik-Deutsch. In Kindersprache: Kratzeis, Zoo, Schokocroissant, Lego-Pack, Fußballverein, Kino, Schwimmbad. Darf ich? Bitte!

Im Durchschnitt gaben Paare mit einem Kind für all das 123 Euro aus. Die wohlhabendsten 10 Prozent 257 Euro, 15 Prozent mehr als zehn Jahre zuvor. Die ärmsten 10 Prozent aber hatten pro Kind und Monat 44 Euro, preisbereinigt 30 Prozent weniger als zehn Jahre zuvor. Ich lese den Kommentar des Mitautors der Studie Andreas Aust: »Ein gleichberechtigtes Aufwachsen ist für die Kinder in den einkommensarmen Haushalten nicht möglich.« Im Kopf aber versuche ich die ganze Zeit zu berechnen, wie viele »Neins« nötig sind, um 1,40 Euro pro Kind und Tag nicht zu überschreiten.

Im September, dem ersten Schulmonat des Jüngeren, führe ich ein Haushaltsbuch in den Kategorien »Freizeit, Unterhaltung, Kultur, Gaststätten, Beherbergung«. Am Donnerstag, dem 12. September, mit dem Kauf des heiß erwarteten und in der Bücherei gerade an andere Leser verliehenen sechsten Bandes der Harry-Potter-Reihe für

12,99 Euro, schnellt der Zähler auf 99,68 Euro. Das Budget für beide Kinder ist erschöpft. 18 Tage sind noch übrig. Ich schaue auf die Liste. Da sind Dinge, die man hätte einsparen können. Im Austausch gegen Tränen, sicherlich, aber es gibt reine Luxusposten:

Schweineohr nach der Schule, 1,30 Euro, das wären 2,60 Mark.

Kugel Eis, 1,40 Euro, 2,80 Mark.

Waffeln mit Puderzucker, 2,80 Euro.

»Paw Patrol«-Aufkleber fürs Sammelbuch, 80 Cent.

Auf jeden Fall hätte dieser Verzicht niemals gereicht, um unter 44 Euro zu bleiben. Und ich stelle mir die Frage, was ich meinen Söhnen untersagt hätte. Den *Kicker* am Montag (3 Euro)? Vielleicht. Aber die Mitgliedschaft im Fußballverein (12 Euro im Monat)? Die neuen Stollenschuhe, als sich bei den alten die Sohle löste (29,99 Euro)? Den Schwimmkurs (20 Euro)? Die Klassenkasse (10 Euro)?

Am Wochenende nach dem 12. September wird das Schloss am Fahrrad meines älteren Sohns aufgebrochen und das Rad aus dem Hof geklaut. Für das neue Rad mitsamt Schloss müssten wir acht Monate lang die Ausgaben für Freizeit, Kultur, Gaststätten und Beherbergung auf null Euro reduzieren.

Sait ist inzwischen wieder an seinem Arbeitsplatz angelangt, bei den Ticketautomaten am Gleis, deren weißen Korpus und gelbes Herz inklusive Münzwurfschlitz, Monitor und EC-Karten-Display er ebenfalls zu reinigen hat. Auch sie zeigen immer höhere Beträge an. Mitte der 1990er-Jahre kostete die U-Bahn-Fahrkarte drei Mark, heute 2,90 Euro, die Monatskarte 70 Mark, heute 84 Euro.

»Man zahlt für eine Monatsfahrkarte mehr als das, was wir Reinigungskräfte an einem Tag verdienen«, sagt Sait.

»Du bist denen nicht mal eine Fahrkarte wert! Manche Mitarbeiter wohnen außerhalb von Berlin. Die müssen 130 Euro im Monat zahlen, dafür, dass sie nach der Arbeit nach Hause kommen.«

Ich stocke, während ich notiere. Ich denke an die Bundeswehrsoldaten, die neuerdings gratis Bahn fahren dürfen, an die Polizisten, für die das schon länger gilt, an die Mitarbeiter der Deutschen Bahn, die mit Gratisfahrten ausgestattet werden, an die Pilotinnen und Stewards der Lufthansa, die verbilligt fliegen dürfen. Müssen die Menschen, die die U-Bahnhöfe putzen, für den Heimweg oder die Fahrt am Wochenende wirklich ganz reguläre Fahrkarten lösen?

»Sie dürfen nicht umsonst fahren?«, frage ich Sait.

Er schüttelt den Kopf. »Nur während der Arbeit. Danach nicht. Es gab früher noch in vielen Firmen eine Regelung: Du hast Fahrgeld bekommen. Wo ist das Fahrgeld?«

Ich schreibe auch diese Frage in die lange Mail, die ich den Berliner Verkehrsbetrieben am Ende, nach vielen Gesprächen mit Sait, schicken werde.

Ungelernt

Sait

Natürlich ist Sait das, was die Soziologen »ungelernt« nennen. Man kann sein Berufsleben so erzählen, wie er es selbstkritisch tut: als Folge des eigenen Scheiterns. »Meine Schulzeit war ganz, ganz schlecht«, sagt Sait. Er war Teenager, als sein Vater ihn endgültig aus der Türkei nach Deutschland holte. Zwei Jahre lang schickte ihn die Schule in eine Vorbereitungsklasse, dann noch ein Jahr in die Siebte, als eine

Art »doppelten Alien«: noch immer fremd und vier Jahre älter als alle Mitschüler. Er verließ die Schule mit Abgangszeugnis ohne Abschluss. Es waren die 1990er-Jahre in Berlin, Deutschland gerade wiedervereinigt. Über das Arbeitsamt fand er zwar eine Lehrstelle als Maler und Lackierer, aber die war in Marzahn, im Osten der Stadt. »Ich kam dann dahin, mit meinem gebrochenen Deutsch. Unter meinen Mitschülern waren viele Extreme. Ich wurde geprügelt.« Bis ins Krankenhaus schlugen sie ihn, erzählt Sait. Eine Geschichte, die ich auch deshalb glaube, weil er nicht verschweigt, dass er zurückschlug. »Eine Woche nachdem ich aus dem Krankenhaus raus war, bin ich wieder hingefahren, aber mit einer Wasserwaage in der Hand. Ich habe erst die Mitschüler damit bearbeitet. Dann den Meister. Danach war ich gesperrt.«

Sein Vater schimpfte. Er, der nur die Grundschule besucht und ein Leben lang Probleme mit der deutschen Sprache hatte, wollte unbedingt, dass Sait so viel wie möglich lernte. »Er hat immer gesagt: ›Geh zur Schule! Ich verdiene gut. Wir sind auf dein Geld nicht angewiesen.‹«

Aber Sait war achtzehn, frustriert und wütend. »Ich hatte keine Lust mehr auf eine Lehre.« Er zog einer Freundin hinterher, die in der Nähe von Halle, in Weißenfels, lebte. Weil er Geld brauchte, fragte er in ihrer Stammpizzeria, ob er als Küchenhilfe anfangen könne. Er konnte. Das war der Beginn einer recht wilden Gastro-Laufbahn in den ostdeutschen 1990er-Jahren. »Ich habe als Tellerwäscher angefangen, und irgendwann war ich Pizzabäcker, grillen konnte ich auch. Damals war das Kult, im Osten einen Pizza- oder Dönerladen zu haben. In Berlin hast du einen Döner für zwei Mark bekommen, im Osten für drei. Und oft haben sie nur Zweite-Wahl-Fleisch angeboten. Die haben sich damals im Osten dumm und dämlich verdient. Ich hatte immer Arbeit, hier gekündigt, dort wieder angefangen. Ich war in Weißenfels, in Leipzig, in Gera, in Zeiss, in der Pizzeria, im Dönerladen, im Grillhaus, sogar beim Griechen.« Die Städte seien heruntergekommen gewesen, erinnert Sait. Viele leer stehende Gebäude, eingestürzte Dächer, verschlossene Türen. »Ich hatte eine Wohnung, da war ich allein im Haus«, sagt er.

Das Geld floss. 3500 Mark habe er in guten Monaten gehabt, plus Trinkgeld. Die Chefs hätten die ganze Belegschaft immer mal eingeladen. Zum Bowling, ins Kino, zum Feiern. Es lief, sagt Sait. Trotz der Nazis, mit denen es nur einmal richtig Ärger gab. »Am Herrentag. Da hat unser Kollege aus dem Fenster rausgeguckt und die Rechten ausgelacht. Da haben die Steine geworfen und Flaschen. Kaputte Fenster und Türen hatten wir.« Aber sonst hätte er in zehn Jahren keine Probleme gehabt. »Ich finde den Osten besser als den Westen«, sagt er. »Du hast mehr korrekte Leute. Die Menschen sind nicht so hinterhältig. In den 1990er-Jahren habe ich sie als freundlicher und hilfsbereiter erlebt.«

Nach Berlin kehrte er seiner Frau wegen zurück. Sie kannten sich aus der Schule, hatten sich aus den Augen verloren. Als sie sich wiedersahen, war Sait sechsundzwanzig. Er fand, dass es Zeit war, das Partyleben zu beenden und eine Familie zu gründen. Vom Balkon einer Disco rief er sie an und schrie ins Telefon: »Willst du mich heiraten?« Sie sagte Ja, und er buchte den großen Hochzeitssaal im Hotel Estrel, diesem riesigen gläsernen Schiff, das am Rande Neuköllns vor Anker liegt.

»Wir waren nach drei Monaten verlobt, nach vier Monaten haben wir geheiratet«, sagt Sait, »ruckzuck.« Im Herbst darauf war seine Frau schwanger, hochschwanger, und Sait brauchte Arbeit. Es war Oktober, die Gastronomie war tot. So bin ich in die Reinigung reingerutscht. Ich habe gesagt: »Für drei Monate mache ich das, keinen Tag länger. Aber dann ist mein Sohn auf die Welt gekommen. Und ich sag mal so: Ein Baby zu Hause zu haben und arbeitslos sein, das will keiner. Denn du hast für jemanden zu sorgen.« Also ist er geblieben. »Ich bin fest angestellt.« Das ist viel, sagt Sait. Mehr, als ihn anderswo erwarten würde. »In meiner Branche ist es so: Egal, wo man hingeht, es ist erst mal befristet, oder du landest bei Subunternehmen oder bei Leihfirmen. Die Leihfirmen sichern das Unternehmen immer ab: Wenn einer von den Festen geht, rufen sie da an, und sofort sind von der Leihfirma zwei, drei Mann neu da.«

Eine Ausbildung, gar ein Studium hätte ihn davor bewahrt, dem Arbeitsmarkt so ausgeliefert zu sein. Für 2018 errechnete das Statistische Bundesamt für Vollzeitbeschäftigte ohne Ausbildung ein mittleres Einkommen von knapp 2500 Euro brutto, knapp 900 Euro weniger, als der Durchschnittsbeschäftigte zur Verfügung hat. Akademiker kamen im Mittel auf über 5000 Euro brutto. Das deckt sich mit einer großen Studie des Instituts der Deutschen Wirtschaft. Auch hier das Ergebnis: Hochschulabsolventen verdienen im Schnitt 50 Prozent mehr als Arbeitnehmer mit Berufsausbildung. Das Bild verfeinert sich, wenn man nach Fächern und Qualifikationen unterscheidet. So erreichen Meister durchaus die Gehälter von Bachelor-Absolventen. Aber der Grundbefund bleibt. In Gehaltstabellen, die das mittlere Einkommen von Angestellten vergleichen, landen vor allem akademische Berufe vorn: die Oberärztin, der Fondsmanager, Patentingenieur oder Justiziarin. Ganz hinten Berufe wie Köchin, Friseur, Kraftfahrer, Zahnarzthelferin oder eben die Reinigungskraft, von der *Bild*-Zeitung zum finanziellen »Flop-Beruf« gekürt.

Sait ärgert sich bis heute, dass er die Schule damals nicht ernster genommen hat, obwohl der Lehrer ihn immer wieder mahnte, »nicht mit den Idioten rumzuhängen«, was immer er damit meinte. Aber Sait war halt achtzehn und hatte die Schule satt. Wer sich länger und immer wieder mit ihm unterhält, dem wird klar, dass es vom Verstand her locker für mehr gereicht hätte. »Ich habe immer überlegt, ob ich die Schule nachhole«, sagt Sait. »Aber jetzt bräuchte ich Englischkenntnisse.« Die hat er nicht, und die Sprache neu zu lernen, traut er sich nicht zu. »Und wenn man Kinder hat, hat man Angst vor der Unsicherheit. Noch mal lernen? Ich brauche doch das stabile Gehalt.«

Also steht Sait als Ungelernter unten in der Einkommenstabelle, denn so schichtet sich das Land. 2020 erschien das Buch *Mythos Bildung* des Soziologen Aladin El-Mafaalani. Er schreibt, dass Zeugnisse und Abschlüsse soziale Ungleichheit legitimieren. »Wenn am Ende ›nur‹ ein Hauptschulabschluss steht, dann rechtfertigt dieses Ergebnis der Bildungslaufbahn geringere Lebenschancen – und zwar auch für die Betroffenen selbst.«

Aber ließe sich Saits Lebensleistung nicht auch ganz anders erzählen? Seit fast zwanzig Jahren erledigt er zuverlässig eine Arbeit, die getan werden muss. Wenn er morgens in den U-Bahnhof hinabsteigt, sieht er all das, was am Vortag nicht da war: Blätter, Dreck, Kronkorken, Plastik, Papier, leere Flaschen, Urinpfützen, Kackhaufen, gebrauchte Spritzen in den Mülleimern. Wie würde der Bahnhof aussehen, wenn Sait einen Tag nicht käme, eine Woche, einen Monat oder nie?

David Graeber, der 2020 viel zu früh verstorbene Ethnologe an der London School of Economics und »linke Vordenker«, wie er charakterisiert wurde, hat im Jahr 2018 das Buch *Bullshit-Jobs* veröffentlicht. Darin stellte er die These auf, dass viele der Tätigkeiten, die im boomenden Verwaltungs-, Finanz-, IT- und Beratungssektor anfallen, so unnötig seien, dass sogar die Beschäftigten selbst die Existenz ihrer Stelle kaum rechtfertigen könnten. Er zählt ein paar Extreme auf: Menschen, die in Gremien sitzen und dort über die Abschaffung von Gremien diskutieren; die Formulare ausfüllen, die niemand liest; die an PowerPoint-Präsentationen feilen, die nie gehalten werden; die Entscheidungen vorbereiten, die nie getroffen werden. Einer US-Studie zufolge schätzten Büroangestellte im Jahr 2016 den Anteil des Tages, den sie mit »Ausführung der eigentlichen Haupttätigkeit« verbringen, auf nur noch gut ein Drittel, Tendenz sinkend. In Großbritannien antworteten 37 Prozent auf die Frage: »Leistet Ihre Arbeit einen sinnvollen Beitrag zur Welt?« klar mit »Nein«.

Graeber schrieb: »Angenommen, wir würden alle eines Morgens aufwachen und feststellen, dass nicht nur Krankenschwestern, Müllarbeiter und Mechaniker verschwunden sind, sondern dass auch Busfahrer, Lebensmittelverkäufer, Feuerwehrleute und Schnellrestaurantköche in eine andere Dimension transportiert wurden: Die Folgen wären katastrophal.« Auch ohne Science-Fiction-Autoren und Ska-Musiker würde so manchem etwas fehlen, vermutete er. Dagegen sei nicht ganz klar, ob und wie die Welt leiden würde, wenn alle Privat-Equity-Manager, Marketingexperten, Versicherungsfachleute oder Telefonverkäufer verschwänden. »Aber gerade dort arbeiten vielfach die Menschen, die besonders hohe Gehälter beziehen« – und von denen einige zudem auf die, die sie auf die unterschiedlichste Art umsorgen, herabblicken.

Eine Bäckermeisterin sagte mir, dass viele ihrer Kundinnen es unangemessen fänden, dass ihr Azubi Abitur hätte. Ein Supermarktchef in Oberfranken machte per Facebook öffentlich, was seiner Ansicht nach zunimmt: »Dieser Post geht an die junge Mutter«, schreibt er, »welche heute vor unserer Fleischtheke mit dem Finger auf die Verkäuferin gezeigt hat und zu ihrem Kind sagte: ›Wenn du weiterhin nichts für die Schule lernst, dann stehst du auch mal dort hinten!‹« Während einer Recherche in der Kita hatte mir eine Fünfjährige gesagt: »Mein Papa mag Müllmann nicht so.« Er mache, formulierte sie sorgfältig »P-R-O-J-E-K-T-E«, am Computer, die Mama auch.

Der Gewerkschaftssekretär, der bei der IG Bau auch für Sait zuständig ist, sagt: »Es hat sich eingebürgert, dass Bildung, eine Ausbildung, das ist, was zählt. Eine Reinigungskraft hat es mal so formuliert: Die schlechten Arbeitsbedingungen und dann noch der fehlende Respekt, das ist der doppelte Arschtritt.«

»Oft fange ich an der einen Seite des Bahnhofs an«, sagt Sait, »mache sauber und wische in der Mitte, und hinter mir lässt einer eine Flasche fallen und dreht sich um und geht. Das tut weh.«

Am Ende unseres ersten Treffens frage ich Sait: »Was wäre aus Ihrer Sicht ein fairer Lohn für die Arbeit, die Sie tun?«

Er überlegt. Er rechnet. Er sagt: »Zwischen 12 und 13 Euro müsste man schon bekommen, damit man über die Runden kommt. Ich will nicht mehr, aber auch nicht weniger. Damit das, was wir verdienen, wenn wir zu zweit arbeiten gehen, reicht.«

Auf dem Rücken des Elefanten

Als ich nach unserem Gespräch durch den kalten Wind im Wedding laufe, denke ich Schritt für Schritt: Verdammt, so ein bescheidener Wunsch. »Zwischen 12 und 13 Euro müsste man schon bekommen.« Ja, Sait, müsste man. Müssten Sie. Unbedingt. Stattdessen 10,56 Euro. Dazu der Druck, mehr Bahnhöfe in derselben Zeit zu schaffen, damit die Firma der BVG ein günstiges Angebot machen kann. Wie motiviert man sich über Jahre, morgens aufzustehen, runterzufahren, den Mopp zu nehmen und loszuwischen?

Sait hat von seinem Vater erzählt. Auch er war Arbeiter, ungelernt, Lkw-Fahrer auf dem Berliner Großmarkt. Sait hat zwei Geschwister. Seine Mutter war Hausfrau. »Es waren nicht vier Leute zu versorgen, sondern fünf, auch in Berlin. Aber bei meinem Vater war das noch möglich. Er hat einen Stundenlohn von 24 Mark gehabt. Er hat das Geld, das wir brauchten, manchmal in 15 Tagen reingeholt mit seinen Stunden.«

Der Vater lebt noch, wohnt in Bremen und wird deutlich, wenn es darum geht, was er von Saits Gehalt heute hält: »Er sagt: ›Mit deinem Lohn habe ich meinen Arsch abgewischt. Wenn ich zwei Monate gespart habe, konnten wir einen Urlaub machen. Du musst zwei Jahre warten, Sohn!‹« »Früher«, sagt Sait, »konntest du auch von einem normalen Einkommen Rücklagen aufbauen, die zehn Jahre gereicht hätten. Heute arbeitest du nur für Steuern, Miete, Essen. Unsere Reserven wären nach drei, vier Monaten weg.«

Andere Zeiten. Sait hebt die Schultern. »Heutzutage geht man zu zweit arbeiten, und das Geld reicht nicht. Das tut auf eine Art und Weise weh.«

Was Sait beschreibt, haben Soziologen längst in Texten und Studien analysiert. Sie sehen eine zunehmende Teilung der Arbeitswelt, oben die *lovely jobs* der immer besser Ausgebildeten und unten die *lousy jobs* der Geringqualifizierten. Die okayen Jobs der fleißigen Mitte verschwänden mehr und mehr. Viele aus der *working class*, die in der Nachkriegszeit zur Mittelschicht gehörten, seien inzwischen abgestiegen in eine prekäre Dienstleistungsklasse, so beschreibt es der Soziologe Andreas Reckwitz. »Im historischen Vergleich zur Arbeiterschaft in der Industriegesellschaft erlebt die neue Unterklasse der Spätmoderne soziale Deklassierung und kulturelle Entwertung zugleich.« Der Pakt früherer Zeiten gelte nicht mehr: »Dieser informelle Pakt besagte: Man leistet harte und mühselige, nicht besonders befriedigende körperliche Arbeit und erhält dafür im Gegenzug einen passablen sozialen Status (Mittelschichtseinkommen, soziale Sicherheit).« Vorbei.

Ökonomen haben dies längst in Modelle und Kurven gegossen. Eine der berühmtesten: »der Elefant« von Branko Milanović, dem ehemaligen Chefökonomen der Weltbank, ein »grobkörniges«, wie er selber sagt, aber einprägsames Bild der Gewinner und Verlierer der globalen Ökonomie.

Es war kalt, als ich Branko Milanović zum Drehort unserer Dokumentation »Ungleichland« in eine alte Fabrik im Osten Berlins fuhr. Er drückte sich am verfallenen Pförtnerhäuschen vorbei, hinein in die kühlen Trümmer dessen, was einmal die europäische Industriegesellschaft war. Milanović hat Millionen globaler Einkommensdaten gesammelt und ausgewertet, um herauszufinden, was danach kam. Seine Frage: Wie hat sich das reale Pro-Kopf-Einkommen der Menschen seit den 1980er-Jahren entwickelt?

Seine Antwort: »Wenn wir uns die Globalisierung in den vergangenen fünfundzwanzig bis dreißig Jahren ansehen, dann wird klar: Es gibt zwei Gruppen von Globalisierungsgewinnern. Die erste Gruppe sind die ohnehin Reichen, das obere Prozent in der Welt. Sie werden immer reicher.« Ihr Zuwachs, eine steil aufsteigende Linie, markiert die Spitze des erhobenen Elefantenrüssels. Die zweite Gruppe, die profitiert hat, ist die neue Mittelschicht in Asien – in Indien und China. Eine gute Nachricht. In den letzten dreißig Jahren hat das Einkommen Hunderter Millionen einst armer Menschen zugenommen. Sie formen Buckel und Kopf des Elefanten. Zwischen Kopf und Spitze sinkt der Graph den Rüsselrücken hinab. Hier finden sich die Menschen, deren reale Einkommen seit den späten 1980er-Jahren nicht oder nur wenig gewachsen sind: die unteren Mittelschichten der reichen Industrieländer. Einer der Millionen Datenpunkte könnte Sait sein, ein anderer Alexandra. »Diese Gruppe könnte man als Verlierer bezeichnen«, sagte Milanović.

Neuere Daten lassen vermuten, dass der Aufstieg der Ärmsten in Asien langsamer erfolgte, der Rücken des Elefanten flacher ist, der Hals, der das Abheben der Vermögendsten markiert, dagegen steiler, und dass das Tier in Gänze eher einem Langhals-Dino gleicht. Und auch in den Jahren nach der Finanzkrise änderte das Tier für ein paar Jahre seine Gestalt, hing der Rüssel der Vermögenden doch schlaffer nach unten. Aber die zentrale Erkenntnis ist robust: Zwischen Michigan und Mailand sind die Einkommen der ärmeren Bevölkerungshälfte kaum gewachsen, und zwischen Mannheim und Magdeburg auch nicht.

In einem Papier des Bundeswirtschaftsministeriums heißt es: »Im Jahr 2015 waren die realen Bruttolöhne der unteren 40 Prozent zum Teil deutlich niedriger als 1995.« Das bedeutet, dass ein Großteil »unserer Bevölkerung nicht mehr vorankommt«.

Das wurde erst mit der Einführung des Mindestlohns anders. Seit 2015 stiegen auch die Einkommen der Niedrigverdiener. Allerdings nicht ausreichend, um die Verluste seit Mitte der 1990er-Jahre auszugleichen, und längst nicht so stark wie die Einkommen der gut Bezahlten. Aber immerhin: Die Gehaltsuntergrenze, die die Politik zog, stoppte das Absacken der Löhne. Allerdings ohne dass es gelang, an der ungleichen Verteilung der Gehälter grundsätzlich etwas zu ändern.

Der Wirtschaftswissenschaftler Timm Bönke kommt gerade von einem Forschungsaufenthalt in den USA. Gemeinsam mit Kolleginnen hat er sich für seine Lebenseinkommensstudien durch Datenberge gegraben, lange Reihen der Rentenversicherungen, des Sozio-ökonomischen-Panels, die Daten aus dem Mikrozensus und der Einkommens-Verbraucherbefragungen seit 1962. Damit lassen sich große Fragen beantworten: Wer verdient in seinem Leben wie viel? Und wie verhält sich das Einkommen der Eltern zu dem ihrer Kinder?

Ich erzähle ihm von Sait, der heute weniger verdient als sein Vater, ebenfalls ungelernt, eine Generation zuvor. »Ist das ein Ausreißer?«, frage ich.

»Nein, das ist für die unteren 30 Prozent eine absolut typische Entwicklung, die wir für ganz Westdeutschland belegen können«, sagt Bönke.

Für die Nachkriegsgeneration, also die Eltern der heute 40-Jährigen, habe ein Versprechen gegolten, selbst wenn sie ungelernte Arbeiter waren. Dieses Versprechen hieß: Wenn du dich anstrengst, dann reicht es für einen bescheidenen Wohlstand und Teilhabe am Wachstum. »So war es bis zu denen, die 1955 geboren wurden«, sagt Bönke. »Für die danach aber gilt das so nicht mehr, insbesondere für die unteren 30 bis 50 Prozent. Da ist es so, dass sie real auf das Einkommensniveau von 1945 zurückgefallen sind.«

Der Harvard-Ökonom Ray Chetty, einer der brillantesten Wissenschaftler seiner Generation, über den Kollegen sagen, die Frage sei nicht, ob er den Nobelpreis gewinnen werde, sondern wann, war der Erste, der Bönkes Methode anwandte. Für seine Studien durchkämmte auch er gewaltige Datenmengen nach Antworten auf die Frage: Wer steigt durch Arbeit auf? Er nannte seine Untersuchung *The Fading American Dream* und rechnete dem Land vor, dass Kinder, die 1940 geboren wurden, eine 90-prozentige Chance hatten, mehr zu verdienen als ihre Eltern. Für Kinder, die eine Generation später zur Welt gekommen waren, war diese Chance auf 50 Prozent gefallen. Fifty-fifty. Der Traum war verblasst.

Als wir Ray Chetty für die Dokumentation »Ungleichland« interviewten, wurden seine Ergebnisse von manchen in Deutschland noch als »spannend, aber doch sehr amerikanisch« kommentiert.

Gerade hat Timm Bönke gemeinsam mit Kollegen Chettys Studie mit deutschen Daten wiederholt, wobei sich herausstellte, dass auch das deutsche Aufstiegsversprechen verblasst. »Nur jedem Zweiten derer, die 1980 geboren wurden, gelingt es, das verfügbare Einkommen der Eltern zu übertreffen.« Bei denen, die in den deutschen Nachkriegsjahren geboren wurden, waren es noch 90 Prozent. »Wir hatten vor der Studie immer gedacht, dass die deutsche Entwicklung der in den USA folgt, aber im Abstand von zehn oder zwanzig Jahren«, sagt Bönke. »Jetzt aber wissen wir: Der Abstieg in Deutschland verlief schneller. Wir sind später gestartet, aber die Veränderung war umso dramatischer.«

Der Historiker Lutz Raphael, der in *Jenseits von Kohle und Stahl* Lebensläufe der letzten drei Dekaden analysiert hat, formuliert es so: »Insgesamt wurden Berufskarrieren und Arbeitsbiografien vor allem für Jüngere unübersichtlicher und risikoreicher als noch für ihre Eltern. Gleichzeitig erwies sich der Aufstieg in die Wohlstands- und Gewinnzonen der oberen Gesellschaftsetagen für die meisten Angehörigen der *classes populaires* oder *working classes* als immer schwerer erreichbar.« Er fügt hinzu, worauf auch Bönke mehrfach hinweist: Natürlich verlaufe ein Abstieg in Deutschland milder als in vielen anderen Ländern. Natürlich falle ein Kind, das das Einkommen seiner Eltern nicht übertrifft, hier weicher als in den allermeisten Staaten der Welt, weicher als in den USA, von armen Ländern ganz zu schweigen.

»Unserer Gesellschaft geht es so gut wie nie zuvor«, sagt Bönke. »Man kann sich vieles leisten, was früher unbezahlbar war.«

Sait hat ein Smartphone. Alexandra auch. Beide fahren ein Auto. Beide schlafen warm und wohlbehalten in ihren eigenen Betten.

Trotzdem sieht Bönke anhand der Daten die Risse in der Gesellschaft. Denn seit 1980 hat sich die Volkswirtschaft, gemessen am Bruttoinlandsprodukt, mehr als verdoppelt. Nun wurde aufgrund der Wiedervereinigung auch das Land größer. Aber selbst wenn man pro Kopf rechnet, steigerte sich das Volkseinkommen preisbereinigt um 53 Prozent. Der Kuchen ist also sehr viel größer geworden. Wäre er gleich verteilt worden, hätten alle Kinder ihre Eltern im verfügbaren Einkommen übertreffen müssen. Was also ist passiert?

Während die Globalisierung den Druck auf die Arbeiter

erhöhte, weil sie plötzlich Konkurrenten in der ganzen Welt hatten, gab es viele, die vom globalen Markt profitierten, sagt Bönke: »Den oberen 20 Prozent geht es sehr viel besser als den eigenen Eltern. Sie verdienen mehr. Es gibt eine internationale Nachfrage nach sehr gut ausgebildeten westlichen Führungskräften. Dazu gibt es einige Berufsgruppen wie Anwälte, Banker, Versicherungsmakler oder Immobilienverkäufer, die wesentlich höher bezahlt werden, als ihre Produktivität eigentlich zulassen würde. Diese Menschen belohnt das System.«

Und nicht nur sie. Dass der Traum vom Aufstieg verblasst, liegt auch an einer anderen Erkenntnis, die in den Daten ablesbar ist: »Arbeit verliert«, sagt Bönke, »und Kapital gewinnt.«

Die zwei Herzen

Oft ist es unverzeihlich, mit dem groben, einfachen Pinsel zu malen, aber an dieser Stelle nötig und erlaubt, weil es zu verstehen hilft, was in den vergangenen vierzig Jahren passiert ist.

Alles, was wir produzieren, all unsere Einkünfte, setzen sich aus zwei Bausteinen zusammen: Arbeit und Kapital, die zwei Herzen der Volkswirtschaft. »Immer und überall gilt, dass alles, was wir verdienen, aus Arbeit, Kapital oder einer Kombination aus beidem besteht«, schreiben die Ökonomen Emmanuel Saez und Gabriel Zucman – und nennen Apple als Beispiel. Die Firma nahm 2018 mit Waren und Dienstleistungen unter dem Strich 85 Milliarden Dollar ein. Etwa 15 Milliarden zahlte sie an ihre Mitarbeiter – der Lohn der Arbeit. 70 Milliarden gingen an die Besitzer und Gläubiger – die

Einkünfte des Kapitals. Bis in die 1980er-Jahre schlugen die beiden Herzen im Gleichklang. Das Verhältnis war stabil, ein »ökonomisches Wunder«, wie John Maynard Keynes schrieb. Seitdem aber scheint der Takt mehr und mehr gestört.

Während das Herz der *working class* schwächelt, pumpt das der Kapitalseite immer schneller, immer kräftiger. Auch weil die Regierungen der meisten wohlhabenden Länder entscheiden, dass die Arbeit die Hauptlast tragen solle, wenn es um die Finanzierung der gemeinsamen Aufgaben und der Sozialsysteme geht.

Der deutsche Staat finanziert sich, wie die meisten westlichen Länder, vor allem durch Steuern auf Konsum und Arbeit. Einkommensteuer, Mehrwertsteuer, Sozialabgaben, die auch noch – ein seltsamer Move – nur bis zu einer Obergrenze »bemessen« werden, also auf niedrigen Einkommen schwerer lasten als auf hohen. Das Kapital dagegen hat sich in weiten Teilen der westlichen Welt seit den 1980er-Jahren mehr und mehr davon befreien können, seinen Teil beizutragen. Zwischen 1985 und 2018 ist der Durchschnittssatz der Körperschaftsteuer, zuzüglich der Gewerbesteuer quasi die Einkommensteuer der Unternehmen, weltweit um mehr als die Hälfte gesunken: von 49 auf 24 Prozent, in Deutschland sogar von 36 auf gerade einmal 15 Prozent. Zu Beginn der Ära Kohl zahlten Spitzenverdiener zudem 56 Prozent Steuern, auch Vermögende mussten jährliche Abgaben leisten.

Bis zu Beginn der 1980er-Jahre, bis zur Präsidentschaft von Ronald Reagan, hatten die USA übrigens eines der progressivsten Steuersysteme der Welt. Unternehmensgewinne wurden mit 50 Prozent, große Erbschaften mit fast 80 Prozent und Millioneneinkommen in der Spitze mit bis zu 90 Prozent belastet, die Gehälter der *working class* dagegen geringer als heute. Über nahezu das gesamte 20. Jahrhundert hinweg hat man so dafür gesorgt, dass Kapital und Arbeit im Gleichklang pumpten, dass beide Herzen ihren Teil zum Funktionieren des großen Ganzen beitrugen. »Doch die Veränderungen im Steuersystem der letzten Jahrzehnte haben diesen Schutzmechanismus demontiert«, schreiben die Ökonomen Saez und Zucman.

Steueroasen lockten das Kapital und die Vermögenden. Und statt diese zu bekämpfen, glaubte man den Reichen entgegenkommen zu müssen. Aber weil immer und überall Familien aus der *working class* und großen Teilen der Mittelschicht ihr Einkommen fast ausschließlich aus Arbeit beziehen, verlor das Herz, an dem sie hängen, an Kraft oder, wie es Zucman und Saez formulieren: »Kapital weniger zu besteuern bedeutet, dass die Arbeit eine schwerere Last zu schultern hat. Für diejenigen, die keine Vermögenswerte geerbt haben, wird es dann schwieriger, Vermögen zu bilden, besonders in einer Welt mit quasi stagnierenden Löhnen.« Und so geschah in den Jahrzehnten, in denen sich die globalen Einkommensdaten zu Elefant oder Dinosaurier formten, in denen viele Träume verblassten und manche sich erfüllten, in den Statistiken noch etwas anderes.

Das Kapital fliegt

Der Heißluftballon hob endgültig ab. Markus Grabka ist Vermögensforscher am Deutschen Institut für Wirtschaftsforschung. Auch er ein Datensammler. Allerdings unter erschwerten Bedingungen. Denn seit in Deutschland 1997 die Vermögensteuer ausgesetzt wurde, ist die Datenlage dürftig, und selbst die Besten ihres Fachs tappen im Dunkeln, wenn sie beziffern sollen, wie viel die Superreichen genau besitzen. Ist es in Summe eine Billion mehr oder weniger? Schreibt man denen auf den ersten Plätzen ein paar Milliarden zu viel oder zu wenig zu? In einem Land, zu dessen Identität der Leitz-Ordner und die doppelte Buchführung gehören, vermag das niemand exakt zu sagen.

Wenn man Markus Grabka – kahler Kopf, Brille und Fliege um den Hals – zuhört, auf welchen Wegen er versucht, mehr Informationen über die Vermögen der Superreichen zu bekommen, klingt das eher nach der Arbeit eines Detektivs. Schon sein ganzes Berufsleben lang jagt Grabka präzisen Zahlen hinterher. Er hat die Namen der Vermögenden aus Adresskarteien gezogen. Er hat versucht, herauszufinden, wer in Deutschland Aktien hält. Er hat Hunderte Vermögende anschreiben lassen, befragt und konnte so immer größere Teile seines Forschungsfelds ausleuchten. Aber es bleibt bei Annäherungen.

Das ist bedauerlich, aber für den Grundbefund immerhin reichen die Zahlen aus. Die reichere Hälfte des Landes hält 99 Prozent des Vermögens, die wohlhabendsten 10 Prozent 60 Prozent. Innerhalb der Eurozone ist die Verteilung nur in Litauen und Irland noch ungleicher als in Deutschland. Mittlerweile wird die Hälfte des persönlichen Reichtums nicht mehr selbst erarbeitet, sondern vererbt oder verschenkt. Es gebe in den Reihen der Reichen auch ein paar Start-up-Unternehmer, aber in der Regel, sagt Markus Grabka, sei der deutsche Vermögende eher alt, westdeutsch und männlich. »Frauen ganz oben gibt es kaum, und wenn, sind sie Witwen oder eingeheiratet.«

Für die Dreharbeiten zu »Ungleichland« hatte ich mich mit Markus Grabka im großen Büchersaal der Berliner Staatsbibliothek verabredet. Um zu erklären, was ihm wichtig ist, braucht er viel Platz. Er hält ein DIN-A4-Blatt in der

Hand, Normhöhe 29,7 Zentimeter. Das soll ihm helfen, Dimensionen verstehbar zu machen, die jenseits der normalen Vorstellung liegen.

»Stellen wir uns vor, ein Zentimeter auf dem Blatt entspräche 50 000 Euro Vermögen«, sagt er. »Dann können wir problemlos 95 Prozent der Bevölkerung auf diesem Blatt abtragen.« Wo aber, fragt er, stehen dann die Reichen? Antwort: Sie stehen gar nicht, sie schweben, zum Beispiel in einem Heißluftballon mehr als sechs Kilometer über dem Rest. Das *Manager Magazin* führt in seiner Liste der reichsten Deutschen am Tag des Interviews die Unternehmerfamilie Reimann auf Platz eins, mit 35 Milliarden Euro. Behielte man Grabkas Maßstab bei – 50 000 Euro Vermögen entsprechen einem Zentimeter Papier –, dann müsste man mehr als 23 000 Blätter aneinanderlegen, um bei den Reichsten zu landen.

Als Alexandra Studentin war, arbeitete sie als Klavierlehrerin im Villenviertel einer Großstadt. Eine Familie empfahl sie an die nächste, und so landete sie irgendwann in einem Haushalt, der zum kleinen Kreis der Superreichen gehörte. Der Vater war im Vorstand eines Unternehmens, das einen Milliardenumsatz macht. Es war Ende 2001, erzählt Alexandra, kurz bevor aus der D-Mark der Euro wurde. »Ich kam zum Unterricht und wurde begrüßt mit den Worten: ›Heute gibt es keine Klavierstunden. Helfen Sie uns bitte, Geld zu finden!‹« Die Familie hatte im ganzen Haus D-Mark-Scheine versteckt, im Flügel, in Büchern, überall. »Drei Stunden haben wir gesucht«, sagt Alexandra. »Und dann lag da ein Haufen Geld. Niemals davor und nie mehr danach habe ich solche Mengen Geld gesehen.« Die Familie zählte gar nicht nach, sondern steckte das Geld – filmreif – in einen Koffer. 200 Mark gaben sie Alexandra, als Dank für die Hilfe beim Suchen. Dann fuhren sie los zu einem Autohändler. Alexandra unterrichtete das Kind dann doch noch. Als die Eltern eine Stunde später wiederkamen, hatten sie einen Rolls Royce gekauft, der aber, erinnert sich Alexandra, nicht in die Tiefgarage passte.

Nach dem Studium endete ihr kurzer Ausflug in diese Welt. Auf Grabkas DIN-A4-Blatt finden sich Alexandra und Sait gemeinsam mit der Mehrheit der Deutschen am Boden. Sait ganz unten, am Rand des Papiers, und Alexandra, die immerhin schon Teile des Hauses abbezahlt hat, in Höhe von zwei bis drei Zentimetern.

Die Hälfte der Deutschen hat ein Vermögen von 20 000 Euro oder weniger, viel weniger, um genau zu sein. Jeder zehnte Deutsche ist überschuldet, kann seine Rechnungen nicht bezahlen. Ein Drittel der Menschen dümpelt bei null. Sie geben in Umfragen an, keine unerwarteten Ausgaben von 1000 Euro stemmen zu können. Markus Grabka wühlt sich durch seine Zahlenreihen, bei einem Wert stoppt er. »Wenn wir uns das mittlere Vermögen der Mieter anschauen: Das liegt unter 5000 Euro. Das ist so gut wie nichts. Wenn man nicht mal 5000 Euro zur Verfügung hat, um eine Arbeitslosigkeit zu überstehen oder einen Umzug zu finanzieren, ist man nicht gegen die Widrigkeiten des Lebens abgesichert.«

Das letzte Jahrzehnt war ein Boom-Jahrzehnt, manche Ökonomen adeln es gar als »goldene Dekade«. Einige Wirtschaftswerte waren in der Tat herausragend: die Arbeitslosigkeit niedrig, die Zahl der Erwerbstätigen so hoch wie nie, die Inflation auf Tiefstand, die Steuereinnahmen gewaltig. Trotzdem gelang es der unteren Hälfte der Bevölkerung nicht, die Bodenkante von Grabkas DIN-A4-Blatt zu verlassen und größere Vermögensbestände aufzubauen.

Lassen wir zwei Gründe dafür kurz außen vor – niedrige Löhne, hohe Ausgaben für Mieten, Steuern und Sozialabgaben – und blicken nur auf das Geld, das verbleibt. Markus Grabka sagt: »Es würde der unteren Hälfte viel bringen, wenn wir sie endlich in die Lage versetzen, Vermögen aufzubauen.«

In den 1980er-Jahren gelang das fast wie von selbst. Wer sein Geld damals anlegte, »sicherheitsorientiert«, wie es die Banken nennen, also vor allem in Tages- und Festgeld, hatte 15 Jahre später aus umgerechnet 10 000 Euro inflationsbereinigt 17 000 gemacht. Ein historischer Spitzenwert. Wer in den letzten 15 Jahren auf dieselbe Art und Weise sparte, hatte am Ende 10 660 Euro, ein Tiefstwert. Ende 2018 warnte die Bundesbank sogar, dass die Deutschen mit ihren Sparguthaben – verrechne man sie mit der Inflation – eine Minus-Rendite erzielten, also sparend Geld verloren.

»Die Deutschen sparen falsch«, jaulen Finanzberater bei der Gelegenheit oft auf und werben für Aktien. In der Tat besitzt nur rund jeder Zehnte Unternehmensanteile, und »das sind vor allem gut verdienende Männer im Alter von über fünfzig«, also die, die Verluste nicht so schmerzen würden.

Als ich Alexandra frage: »Habt ihr Aktien?«, lacht sie laut und verneint. »Wovon?« Wenn mal etwas übrig ist im Monat, schiebt sie das aufs Tagesgeldkonto, wo es bleibt, bis Jonas' Klarinette repariert werden muss oder die Kleine eine neue Winterjacke braucht. Sie würde gern sparen, für Jonas' Führerschein, das Studium, aber für solche langfristigen Ziele reicht es leider nicht. Es geht nicht nur ihr so. Einer Studie zufolge machten die Ärmsten 10 Prozent im Schnitt zuletzt mehr als 1000 Euro Schulden pro Jahr, die, die zum ärmsten Drittel gehörten, immer noch 600 Euro. Erst den

Einkommensgruppen darüber gelang es, einen Teil des Verdienstes beiseitezulegen: allerdings weit unter 1000 Euro pro Jahr. Nur die, die zum obersten Drittel der Pyramide gehörten, konnten tatsächlich aus ihrem Einkommen Vermögen aufbauen. Sie sparten im Schnitt zwischen 50 000 und 60 000 Euro im Jahr, bis zu 35 Prozent ihres verfügbaren Einkommens.

Weltspartag für die *working class*

Und wenn allen Statistiken zum Trotz doch etwas übrig bleibt? Sollte man Alexandra, sollte man Sait dann wirklich auf den Kapitalmarkt drängen? Ist das das einzige Angebot?

Deutschland hat doch eigentlich eine andere Tradition. Sowohl die Vertreter der katholischen Soziallehre als auch viele Vereine beschäftigten sich lange mit der Frage, wie der kleine Mann (die kleine Frau kümmerte sie weniger) das Sparen erlernen, ja bestenfalls sogar ein winziges Vermögen aufbauen könnte.

Mein Vater wuchs in einem Arbeiterviertel auf, im oberen Stockwerk der einen Hälfte eines weißen Doppelhauses. 45 Quadratmeter hatten meine Großeltern in den 1950er-Jahren für ihre zunächst fünfköpfige Familie gemietet. Keine Dusche, keine Wanne, vom Klo führte ein Rohr direkt in die Jauchegrube. »Musikantensiedlung« wurde die Gegend genannt. Und ich weiß noch, wie verwirrt ich war, als ein Freund spottete, dass Beethoven und Mozart und Schumann, nach denen die Straßen benannt waren, streng genommen ja Komponisten wären.

Viele Menschen in der Siedlung hatten einen, man könnte sagen, unmittelbaren Umgang mit Geld. Es kam wöchentlich in der Lohntüte und war oft noch schneller wieder weg. Die Familie meines Vaters hatte »Latten«, wie es hieß, Schuldenlisten beim Kaufmann an der Einfahrt zur Siedlung, beim Bäcker, beim Milchmann, der durchs Viertel fuhr. Dann gab es noch den »Kmietsch«, einen Kriegsversehrten, der jede Woche durch die Siedlung marschierte und für den Klamottenladen Piontek die Schulden eintrieb. Mit seinem Buch, in das er all die Ausgaben für Kinderhosen und Elternhemden eingetragen hatte, stand er Woche um Woche vor meiner Oma und fragte: »Na, Irme? Wie sieht es aus?« Mal schüttelte sie den Kopf und sagte: »Diese Woche nicht«, mal gab sie ihm drei, mal fünf, mal zehn Mark und stotterte die Schulden ab.

Aber auch hier wurde das Sparen gepflegt: In den Gaststätten hingen die großen metallenen Kästen der Sparvereine – gestiftet von den Sparkassen. Mein Opa war Mitglied, mein Onkel auch. Als er erzählt, bin ich erstaunt, wie viele Wörter mit der Vorsilbe »Spar« gebildet werden können.

Am Sparkasten hatte jeder aus dem Sparverein ein Fach, auf dem die Sparnummer stand. Dort warfen alle beim Bierchen ihr Geld ein, schubsten nach mit dem kleinen Schieber, der an einer Kette am Kasten hing, damit die Münze nur nicht stecken blieb und vom Nächsten herausgezogen wurde. Zehn Mark im Monat mindestens. Wer das Sparziel nicht erreichte, musste Strafe zahlen. Davon wurde das Sparfest finanziert. Meist kurz vor Weihnachten, mit Tombola und leckerem Essen und, als Höhepunkt, der Übergabe der Spartüten, darin der Lohn des Sparjahres.

»Es gab zudem viele Vertreter, die aus der katholischen Soziallehre heraus argumentiert haben, warum es gut und wichtig sei, gerade für die untere Hälfte der Bevölkerung Vermögen aufzubauen«, sagt Markus Grabka, als ich ihn noch mal treffe, in seinem winzigen Büro, eingemauert von Büchern, Studien, Dokumenten. Stimmen wie die von Oswald Nell-Breuning, dem »Nestor« der katholischen Soziallehre, dem Mentor Norbert Blüms, seien heute kaum mehr zu vernehmen. Nell-Breuning schrieb 1955: »Der Markt ist herzlos wie eine Maschine.« Er drängte darauf, breite Schichten über den Investivlohn an Kapitalgewinnen zu beteiligen. Er wollte »Vermögensbildung in Arbeitnehmerhand«, gelingen sollte das über »eine reiche Vielfalt von Anlagemöglichkeiten«, vom Sparkonto über das Wertpapier bis zum Fonds. Und, so fügte er hinzu, es sei wenig zielführend, zu warten, bis die Kapitaleigner aus freien Stücken sagen: »Wir sind die ewige Reichtumsvermehrung leid, wir wollen diese ständig neu geschaffenen Werte nicht mehr vereinnahmen, nehmt sie euch.«

Ein Denken, das sich schließlich, abgeschwächt, auch die politische Spitze zu eigen machte. Am bekanntesten natürlich Ludwig Erhards Versprechen, »Wohlstand für alle« schaffen zu wollen, »immer weitere und breitere Schichten unseres Volkes zu Wohlstand zu führen«. Erhards Vision deckte nicht nur Einkommen und Konsum ab, die Maßeinheiten, auf die wir uns seit Jahrzehnten konzentrieren, sondern auch Vermögen und Unternehmensanteile. Er sagte: »Wenn schon mit der Entfaltung der modernen Technik eine Konzentration der Produktionsmittel unvermeidlich ist, dann muss diesem Prozess ein bewusster und aktiver Wille zu einem breit gestreuten, aber echten Miteigentum an jenem volkswirtschaftlichen Produktivkapital entgegengesetzt werden.« Übersetzt heißt das: Wenn die moderne Marktwirtschaft schon Großunternehmen in Privateigentum verlangt, muss der Besitz »breit gestreut«, also vergemeinschaftet sein. Davon ist der liberale Kapitalismus so weit entfernt wie der Heißluftballon der Vermögenden vom unteren Rand von Grabkas DIN-A4-Blatt.

Dabei folgte Erhards Worten ja durchaus Politik: 1960 das Vermögensbildungsgesetz, Sparerfreibeträge, vermögenswirksame Leistungen, Bauförderungen. Allerdings scheint der politische Eifer mehr und mehr erlahmt zu sein. »2004 lag das gesamte Fördervolumen für die Vermögensbildung bei zwölf Milliarden Euro, derzeit bei drei Milliarden. Das Thema steht bei der Politik derzeit nicht oben auf der Agenda«, sagt Markus Grabka. In einer Studie der Bertelsmann Stiftung heißt es: »Die Bilanz der deutschen Vermögenspolitik fällt ernüchternd aus: die Ziele werden nicht erreicht.« Trotz langer Tradition habe die Politik es »nicht vermocht, allen Bevölkerungsschichten Zugang zu Vermögen zu verschaffen«. Von den aktuellen Programmen profitierten eher die, die keine staatliche Hilfe nötig hätten, »die Mitnahmeeffekte sind hoch. Das Gros der Förderung geht momentan in die Altersvorsorge und damit in Produkte (Riester, Rürup), die so unflexibel wie kompliziert sind und hohe Verwaltungskosten mit niedrigen Renditen verbinden.«

Bäm – eine wissenschaftliche Ohrfeige.

Dabei gäbe es Ideen, wie »immer weitere und breitere Schichten« Vermögen aufbauen könnten. Soziale Erbschaften zum Beispiel, eine Forderung vor allem liberaler Wissenschaftler, die das Versprechen des Aufstiegs aus eigener Kraft, das Märchen vom Tellerwäscher, der zum Millionär wird, ernst nehmen. Ihre Idee: Mit der Volljährigkeit (oder dem ersten Bildungsabschluss) erhält jeder Bürger ein Startkapital – finanzierbar durch eine Steuer auf die Hunderte Milliarden Euro, die Jahr für Jahr ausschließlich an die Kinder der ohnehin schon Vermögenden vererbt werden.

Oder Deutschland könnte eine Art staatlich verwalteten ETF aufsetzen, also einen Mischfonds aus den Firmen, die am DAX oder an der US-Börse gehandelt werden, oder einen vergemeinschafteten Sparfonds wie den norwegischen. Das Land investiert – vom Parlament kontrolliert – die Einnahmen aus der Öl- und Gasindustrie an den Aktienmärkten, mittlerweile die sagenhafte Summe von 1,1 Billionen Dollar. Damit verwalten die Norweger den größten Staatsfonds der Welt. Im (sehr guten) Jahr 2019 erwirtschaftete der Fonds eine Rendite von umgerechnet 34 000 Dollar für jeden Norweger.

Die Briten hatten einmal einen deutlich kleineren staatlich gefütterten Sparfonds, ganz speziell für die Kinder aus Familien mit geringem Einkommen – den UK Child Trust Fund. Bei Geburt legte der Staat dort für jedes britische Kind 250 Pfund an, für Familien mit wenig Geld gab es das Doppelte. Dieselbe Summe wurde zur Einschulung des Kindes nachgeschossen. Auch Eltern und Freunde konnten Geld anlegen. Mit achtzehn bekamen die Kinder den Zugriff. Der »Baby Bond«, wie das Sparkonto genannt wurde, ist eine Idee mit starken liberalen Wurzeln: Sie geht zurück auf Thomas Paine, der schon 1797 vorschlug, jedem Briten zum 21. Geburtstag 15 Pfund Startkapital zu schenken (heute knapp 2000 Euro). 2010 schloss die Regierung den UK Child Trust Fund jedoch, um Gelder einzusparen.

Oder man könnte mit Modellen wie dem Mietkauf auch die große Gruppe der Menschen ohne Eigenkapital zu Eigentümern machen. »Der Staat könnte mit zehn Milliarden Euro Geschossbauten finanzieren – für Familien ohne Eigenkapital, die das Geld über die laufende Miete zurückzahlen. 750 Euro wären das für eine 100-Quadratmeter-Neubauwohnung«, rechnet Markus Grabka vor. »Mit dieser normalen Mietzahlung, die wir ohnehin hätten, würden die Leute reihenweise in eine eigene Immobilie investieren können. Im Moment geht das nicht, weil ihnen das Eigenkapital fehlt. Das ist doch bitter.«

Zwei Wochen nachdem Markus Grabka diese Idee in einem Papier vorgestellt hatte, luden ihn der Wirtschaftsminister von Thüringen sowie der Bürgermeister von Jena ein und kündigten an, auf einem Baufeld auch Mietkauf-Wohnungen anzubieten. Denn das sei endlich ein Instrument, das jungen Familien ohne Eigenkapital auf dem angespannten Wohnungsmarkt helfen könne – ein zaghafter Anfang. Aber an den großen Wurf, so Grabkas Fazit, »traut sich seit 15 Jahren kein Politiker wirklich ran«. Es sei unverständlich, warum die Politik nicht im Sinne der Mehrheit der Bevölkerung handele. »Denn wenn man die Vermögensförderungspolitik ernsthaft umsetzen würde, könnten wir das gesamte Volksvermögen in die Höhe schieben.«

So aber schob sich nur der Heißluftballon mit den ohnehin schon Vermögenden in die Höhe. Er stieg und stieg. Denn er wurde ordentlich befeuert. Seit Anfang der 1990er-Jahre haben sich die Vermögen der oberen 10 Prozent inflationsbereinigt verdoppelt. Und weil die untere Hälfte noch an Boden verlor, weitete sich die Kluft zwischen den *have* und den *have-nots* massiv, wie die Wirtschaftswissenschaftler analysierten. Anfang der 1990er-Jahre war ein durchschnittlicher Haushalt der oberen 10 Prozent fünfzigmal so reich wie einer aus der ärmeren Bevölkerungshälfte. Das ist bereits ein gewaltiger Abstand. Heute aber, 25 Jahre später, haben die Reichen im Schnitt hundertmal so viel wie die Ärmeren. Auch weil die wirklich Vermögenden ihr Geld vermutlich nie in Sparfächer warfen und es auch heute nicht auf Tagesgeldkonten mit Nullzinsen anlegen oder auf Förderprogramme der Politik oder eine Renaissance der katholischen Soziallehre warten.

Die Vermögenspfleger

Die wirklich Vermögenden beschäftigen Menschen, die nichts anderes tun, als große Vermögen zu pflegen und zu mehren. »Family Offices« nennen sich die Reichtumsverwalter. Branchendienste vermelden seit den 2000er-Jahren einen Gründungsboom solcher exklusiver Vermögensbetreuungsbüros, »explosionsartig« sei die Zahl in den letzten zwanzig Jahren auf circa tausend angestiegen. Es gibt »Multi-Family-Offices«, die sich um das Geld mehrerer Superreicher kümmern, und »Single-Family-Offices«, der Gipfel der Exklusivität, die nur die Gelder einer Familie betüdeln.

Einen angenehmen Nachmittag verbrachte ich im Hause von Lutz Helmig, der mit dem Verkauf der von ihm aufgebauten Helios-Kliniken reich geworden ist. 2001 hat er die ATON GmbH gegründet, eine familieneigene Vermögensbetreuung, die Anteile seines auf drei Milliarden Euro geschätzten Reichtums investiert. Nach eigenen Angaben lag die Vorsteuerrendite zuletzt bei satten 10 Prozent.

Helmig ist jemand, der den persönlichen Aufstieg in erster Linie dem eigenen Fleiß zurechnet, dem Schicksal vielleicht, schließlich gibt es seiner Meinung nach so etwas wie eine natürliche Ungleichheit: »Der eine ist intelligent, bleibt gesund, wird vermögend, mächtig und angesehen. Der andere ist behindert, kränklich, arm, wenig geachtet und bleibt all dies.« Er beklagt, dass man sich »mit größerem Eifer« darauf stürzt, »wie man den Privilegierten und

Fleißigen genug wegnehmen kann«. Da heute schon, wie er meint, eine Minderheit der Gesellschaft »Transferspender« seien und eine Mehrheit »Transferempfänger«, handele es sich um »das erweiterte Begehren einer Mehrheit, von den Leistungen einer Minderheit zu profitieren« – aus seiner Sicht amoralisch.

Ich hätte gern erfahren, wie jemand wie er sein Vermögen verwalten lässt, hätte gern erfragt, wie er jenseits seiner hochwertig in Leinen gebundenen *Betrachtungen*, von denen er mir vier Bände mitgab, die Welt sah. Aber er lehnte ab, wie die meisten Hochvermögenden. Umso dankbarer war ich, als mich ein Family Office nach langem Zögern mit der Kamera einließ.

Die Zentrale der Vermögensverwaltung Focam liegt in einer sandfarbenen Villa am Mainkai in Frankfurt, wo im Sommer die üppigen Platanen die Sicht auf den Fluss verstellen. Es ist eines der wenigen unzerstört erhaltenen Patrizierhäuser der Stadt, erzählt Gründer und Vorstandsvorsitzender Christian Freiherr von Bechtolsheim stolz, als er im Entree empfängt. Früher lebte hier ein Privatbankier. Jetzt haben die Nachfolger das Anwesen übernommen. Von Bechtolsheim trägt eine altrosafarbene Krawatte zum grauen Anzug, ein Einstecktuch in der Brusttasche. Sein Family Office, erklärt er zur Begrüßung, sei »ein Büro, das sich um sämtliche Belange einer Familie oder einer Einzelperson kümmert«. »Wir betreuen Vermögen.« Manchmal fünf, manchmal zehn, manchmal mehrere Hundert Millionen Euro pro Kunde. Es ist der Reichtum, der Deutschland prägt: das diskrete Geld. Niemals würde sich einer seiner Kunden interviewen lassen. Alle Akten lägen in Panzerschränken. Nicht einmal alle Mitarbeiter hätten Einblick.

Von Bechtolsheim ist ein Nachfahre der Fugger, einer

der reichsten Familien des Mittelalters. Sein Stammbaum reicht bis ins Jahr 1135 zurück. Er ist ein Mensch, den man gern um sich hat. Als er im Pinzgauer, einem alten österreichischen Militärfahrzeug, durch seine eigenen 300 Hektar Wald irgendwo in der Mitte Deutschlands fährt, überträgt er die eigene Begeisterung schnell auf die Besucher. Das Herbstlaub schimmert in fast obszöner Schönheit in der tief stehenden Sonne. »Wald zu besitzen ist ein wunderbares Gefühl, weil man hier die Verfügung darüber hat«, sagt von Bechtholsheim. Während er durchs Unterholz stapft, gehen ihm die Worte der *Zeit*-Verlegerin Marion Gräfin Dönhoff durch den Kopf: »Vielleicht ist dies der höchste Grad der Liebe: zu lieben, ohne zu besitzen...« Bechtolsheim zitiert sie sinngemäß: »Muss man alles, was man liebt, auch besitzen?« Er könne diese Frage gut verstehen, so von Bechtolsheim, allerdings nur philosophisch. »Wenn man sie von seinen natürlichen Instinkten her beantwortet, würde ich am liebsten Ja sagen, also man möchte gern Dinge, die man als schön empfindet, besitzen« – spricht er und fällt im Anschluss eigenhändig einen morschen Baum.

Wenn er mit seinen Kunden die Anlage des Vermögens zu planen beginne – ein paar Aktien hier, etliche Immobilien dort, dazu ein paar Risikofonds –, dann stehe fast immer ein Gedanke im Zentrum, sagt Freiherr von Bechtolsheim: »Wir helfen Familien, ihr Vermögen über Generationen zu erhalten. Das ist unser Anspruch.« Während deutsche Sparer seit vielen Jahren nur noch lächerliche Zinsen bekommen, gelingt es dem Family Office in den meisten Fällen, eine Rendite zu erzielen, selbst wenn man dafür ungewöhnliche Wege einschlagen muss. Es werden zum Beispiel Förster beschäftigt, die Wälder auf der ganzen Welt danach untersuchen, ob sie als Geldanlage lohnenswert sind. Deutscher

Wald sei längst zu teuer, ein Liebhaberobjekt, zu viel rastloses Kapital, sagt von Bechtolsheim, keine ordentliche Cash-Rendite. Seine Firma hat mit dem Geld von Kunden Wälder in Finnland, Neuseeland und Uruguay gekauft.

Auch in Fonds investiert er – wie den der beiden Manager, die er zum Gespräch in seinem Büro am Mainkai lädt. Ihr Ziel sei es, die Geldanlage zu automatisieren, sagen die beiden. Dazu hätten sie einen Algorithmus programmiert, der die Weltlage in Ampelsignale umrechnet. Bei Grün kauft der Computer viele Aktien, springt das Signal auf Gelb oder Rot, weniger. Der Dialog zwischen von Bechtolsheim und den Fondsmanagern ist einer aus einer anderen Welt.

»Wir sind emotionslos gesteuert«, sagt der eine. »Wir haben keine Emotionen. Unser gesamtes Set-up, unser Algorithmus, ist rein quantitativ.«

Auch geopolitische Verwerfungen wie in Syrien oder der Ukraine bräuchten die Anleger nicht zu sorgen, so der andere. Nichts davon habe eine derartige Dimension, dass man in die algorithmische Ampel eingreifen müsse, denn nichts davon habe die Weltwirtschaft aus dem Takt gebracht. »Das hat zumindest in der Geschichte ein konventioneller Krieg nicht vermocht«, schließt er, und das Family-Office-Team nickt zustimmend.

»Mit der Performance, die Sie gebracht haben, sind wir wirklich zufrieden«, lobt von Bechtolsheim. Gut neun Prozent Rendite seit Jahresbeginn. So wird aus der Ungleichheit der Vermögen ein Perpetuum mobile. Wer hat, der kann vermehren. Wer nichts hat, dem fällt es schwerer, Wohlstand aufzubauen, als den Generationen zuvor.

Die Stunden im Family Office sind ein zarter Blick auf einen winzigen Ausschnitt einer neuen Weltordnung. »Wenn man sich intensiv mit Wirtschaft beschäftigt, ist sehr schnell zu spüren, dass es sehr wenig Wissen über die entscheidenden Seiten des Systems gibt«, sagt der Publizist Hans-Jürgen Jakobs, als wir uns für die Dreharbeiten für »Ungleichland« in einem alten Schaltraum in München treffen. Kaum jemand kenne die »Kapitalisten, diejenigen, die das Geld haben, investieren und die Märkte, Volkswirtschaften und Länder verändern. Das ist ein seltsamer schwarzer Fleck.« Jakobs ist Wirtschaftsjournalist und Redakteur des *Handelsblatts*, 2016 veröffentlichte er eine Art Enzyklopädie des globalen Kapitalismus.

Jakobs teilt die Welt der Wirtschaft in zwei Hälften. Die eine nennt er »Realwirtschaft«. Das ist der Teil, den die Menschen wahrnehmen, all die Unternehmen, die Brötchen backen, Häuser bauen, Musikstunden geben oder U-Bahnhöfe reinigen. Die andere Hälfte besteht aus der Finanzwirtschaft. Ursprünglich war es ihre Aufgabe, den Unternehmen zu dienen, sie mit dem Geld zu versorgen, das sie brauchen, um zu backen oder zu bauen. In den letzten Jahrzehnten haben sich aber die Verhältnisse verkehrt. Der Chefökonom der Bank of England sagt: »Wir leben im Zeitalter der Vermögensverwalter.« Der Diener scheint zum Herrn geworden zu sein.

Im Jahr 1970 waren Finanz- und Realwirtschaft noch gleichauf, damals stand es unentschieden. 1990 führte die Finanzwelt schon 2 : 1. Im Jahr 2000 bereits 3 : 1. Heute liegt das Finanzvermögen der Welt bei 300 Billionen Dollar. Das ist fast viermal so viel wie alle realen Wirtschaftswerte zusammengenommen.

Vor dem Eingang des Hotels Radisson Blu Royal in Kopenhagen fallen ein paar Tropfen herab auf den Bürgersteig. Fensterputzer reinigen die 70 Meter hohe Glasfassade. Die

Fluglinie Scandinavian Airlines hatte den dänischen Stararchitekten Arne Jacobsen in den Nachkriegsboomjahren beauftragt, ein Haus mit integriertem Check-in und Terminal zu designen, in dem Passagiere vor langen Flügen noch mal zur Ruhe kämen. In einem kleinen Konferenzraum im ersten Stock, der für den Nachmittag mehrere Hundert Euro kostet (ohne Verpflegung, wie das Hotelpersonal klarmacht, das einen von einer Konferenz übrig gebliebenen mit Zimtschnecken und anderen Teigteilchen beladenen Wagen gen Küche und vermutlich gen Vernichtung fährt), wartet die US-amerikanische Soziologin Brooke Harrington. Sie kennt die Welt der Fünfsternehotels. Um herauszufinden, wie der globale Finanzkapitalismus funktioniert, hat sie sich für ihre Forschung eigens zur Vermögensmanagerin ausbilden lassen. Sie reiste in 18 Länder, auf die Cookinseln, auf die Seychellen und nach Mauritius, nach New York, London, in die Schweiz, all die Zentren des Finanzkapitalismus, in die zum Beispiel US-Konzerne inzwischen rund 60 Prozent ihres Gewinns buchen. Auch ich war einmal für eine Recherche auf die Kaimaninseln geflogen, diese legendäre Steueroase, und stand staunend vor dem Ugland House, dem weltberühmten fünfstöckigen verspiegelten Bürohaus, in dem 20 000 Firmen ihren Sitz haben – nicht mal in Form von Briefkästen, sondern als Papiere in Aktenordnern.

Harrington sagt, das Wichtigste, was man während der Ausbildung zum Vermögensverwalter lerne, sei, die ganze Welt als eine Art rechtlich-finanzielles Einkaufszentrum zu betrachten. »Man geht zu den verschiedenen Staaten wie zu den verschiedenen Läden einer Mall und sucht sich die Gesetze und Bedingungen aus, die am besten zu einem bestimmten Vermögenswert passen. Als Vermögensverwalter muss man also wissen, wie man die idealen rechtlichen

Bedingungen findet, um das Beste mit der Kunstsammlung, der Jacht oder dem Familienbetrieb zu machen.«

»Diese Welt ist in gewisser Weise eine Kunstwelt, sie hat sich sehr weit entfernt von den realen Gegebenheiten«, hatte Hans-Jürgen Jakobs, der Chronist der Vermögensverwalter, gesagt. Freiherr von Bechtolsheim würde ihm entgegnen, dass das Geld, das er über einen Fonds investiere, ja auch in der echten Welt wirke, da es am Ende bei Unternehmen lande, die Autos bauen oder Windräder, oder Bahnhöfe reinigen. Aber wenn die Menschen, die das Geld geben, am Ende die Überlegenen sind, stellt das die Verhältnisse auf den Kopf. »Wir glauben doch an die Norm, dass Leistung sich lohnt«, sagt der Journalist Jakobs. »Aber was ist denn Leistung? Ist es das Vorhalten von Kapital, das Übernehmen von Risiken? Oder ist es nicht eher der Drang, selber etwas Reelles zu schaffen?«

»In der modernen kapitalistischen Gesellschaft hat es einen massiven Wechsel von Arbeit hin zu Investment gegeben«, sagt auch die Soziologin Brooke Harrington. Dabei sei Ungleichheit nicht per se schlecht. Menschen hätten unterschiedliche Begabungen, hätten nicht dieselben Interessen. Wenn aber die Abstände zu groß würden und Vermögen über Lebenschancen mitentscheide, nicht mehr das Talent oder die Arbeit, dann werde die soziale Ungleichheit zu einem gravierenden Problem. »Heute wird man reich, wenn man von seinem Kapital lebt, nicht von herkömmlicher Arbeit, nicht im Schweiße seines Angesichts, wie man sagt; sondern wenn man zur richtigen Zeit am richtigen Ort investiert. Ich glaube, wenn die Menschen wirklich verstehen würden, wie unfair der ökonomische Wettbewerb im modernen Kapitalismus ist, gäbe es einen Aufstand.«

Es ist eine der großen Verschiebungen im Kapitalismus

der letzten dreißig Jahre, viel mehr als ein Riss, die Drift der gesamten Tektonik. Arbeit hat verloren und Kapital gewonnen. Und Alexandra und Sait stehen nun mal auf der falschen Seite. Die Mehrheit der Menschen in Deutschland steht da.

Von Bechtolsheim hatte am Ende des Drehtags den Mut, das zu sagen, was in seiner Branche unumstößliche Wahrheit ist: »In Deutschland denkt jeder, er geht mit achtzehn in die Deutsche Bank, macht dort seine Lehre, dann wird er Prokurist, und dann wird er irgendwann Abteilungsdirektor, und mit 65 scheidet er aus und war am Schluss B-Direktor mit einer Dattelpalme im Zimmer und zwei Armlehnen am Stuhl. Diese Zeit ist auf jeden Fall vorbei, davon kann man ausgehen.«

Zurück in die Achtziger

Lassen wir die großen Vermögen trotzdem kurz ruhen, es geht ihnen ja gut, und kehren wir zu dem Moment zurück, den der Ökonom Branko Milanović den *turning point* nennt, den »Wendepunkt«. Dass die Steuern auf Kapital damals zu sinken begannen, wissen wir ja schon. Aber, sagt Milanović, während der 1980er-Jahre passierten drei weitere Dinge gleichzeitig, die dafür sorgten, dass sich das Leben der *working class* grundlegend veränderte. Die Ungleichheit der Vermögen und Einkommen nahm zu, die Bildungsprämie stieg an, das heißt, Akademiker hängten Angelernte und Angestellte bezüglich des Gehalts mehr und mehr ab, und es wurde immer wahrscheinlicher, dass das Einkommen der Eltern dem der Kinder ähnelte. Die Schichtung der Gesellschaft wurde nach einer Zeit der Öffnung in den Nachkriegsjahren also wieder starrer.

»Diese Transformation setzt strukturelle Rahmenbedingungen voraus«, schreibt der Soziologe Andreas Reckwitz in *Das Ende der Illusionen*. Rahmenbedingungen, »die sich seit den 1980er-Jahren gegenseitig stützen: die Globalisierung des Kapitalismus, der Paradigmenwechsel der staatlichen Wirtschaftspolitik in Richtung Neoliberalismus und die intensivierte Finanzialisierung der Ökonomie«.

Stecken wir den Bleistift in das kleine Plastikrädchen der Kassette, und spulen wir die Zeit zurück in die 1980er, die Zeit vor dem Elefanten, die Zeit, als der Ballon der Wohlhabenden zwar schon flog, aber für die Normalverdiener noch in Sichtweite war. Alexandra schickt Fotos aus der Zeit. Sie zeigen ein blondes Mädchen in weißem Rüschenkleidchen über der schwarzen Bluse mit Spitzenkragen und Schleife im Haar. Richard trägt Ende der 1980er-Jahre eine riesige Brille und eine grotesk weite Anzughose, aber steht schon auf der Bühne. Saits Kinderfotos sind irgendwo zwischen der Türkei und Berlin verloren gegangen. Aber natürlich wisse er noch, wie er damals aussah. Er lacht: jünger, dünner, mehr Haare.

Die 1980er-Jahre waren das Folgejahrzehnt einer Zeit, die in Frankreich *la trente glorieuses* genannt wird, die »glorreichen dreißig Jahre«, *the golden age of capitalism*, die schulbuchmäßig von der Nachkriegszeit bis zur Ölkrise reichten und deren Segnungen das Leben der Menschen in den 1980er-Jahren prägten. Es war das Ende der Epoche des gezähmtesten Kapitalismus, den die Welt je erlebt hat. Das Normalarbeitsverhältnis war, zumindest für die männliche Hälfte der Bevölkerung, die Norm, die Lohnquote hoch, der Abstand zwischen Spitzengehältern und Durchschnittseinkommen gering. Ein Vorstand bekam damals im Schnitt 14-mal so viel wie seine Angestellten, mittlerweile ist es das

50-Fache. Die Zahl der Wochenarbeitsstunden sank, die der Urlaubstage nahm zu. Selbst Arbeiter und einfache Angestellte erreichten plötzlich ein so hohes Einkommens- und Konsumniveau, dass Soziologen schon vom *affluent worker* schrieben, vom »wohlhabenden Arbeiter«.

Die Sparzinsen waren gigantisch, übertroffen nur noch von den Investitionen in die öffentliche Infrastruktur. Wie so viele Städte war auch meine Geburtsstadt im Boom der 1970er-Jahre noch einmal neu erschaffen worden, gegossen aus vielen Tausend Kubikmetern Beton und großem Fortschrittsglauben. Das Rathaus, 1975 eröffnet, die »Brücke«, das Kulturzentrum, in dem oben die Musikschule, im Erdgeschoss die Stadtbücherei untergekommen war, ebenfalls. Genau wie der Neubau des Schulzentrums, in dem ich später Abitur machen würde. Ein Jahr später konnten die Menschen im neuen Hallenbad schwimmen. Der »Nachkriegsbauzyklus« der Bundesrepublik erreichte Mitte der 1970er-Jahre seinen Höhepunkt. Nie mehr danach wurden so viele Häuser und Wohnungen errichtet.

Als ich versuche, noch einmal einzutauchen in dieses Land vor dem *turning point*, die Bundesrepublik der 1980er-Jahre, wirkt vieles sehr fremd. Ich schaue mir Fotos an. Ich stöbere in Erinnerungsbeschreibungen in Sachbüchern und Romanen. *Drüben und drüben*, das hyperpräzise Protokoll zweier Kindheiten in Ost und West; *Auerhaus*, das liebevolle Porträt einer WG versehrter Jugendlicher in der schwäbischen Provinz – in einem Dorf neben der Kleinstadt mit einer tristen Fußgängerzone, die mir erschütternd vertraut erscheint. »Im Sommer hockten die Leute unter riesigen Sonnenschirmen mit knallbunter Reklame und stocherten im Pfirsich Melba, um sich herum pralle Plastiktüten von Kaufhof und C&A. Im Herbst waren die hässlichen Sonnenschirme weg-

geräumt. Da konnte man dann die hässlichen Nachkriegs-
bauten und die hässlichen Schaufenster besser sehen.«

Aber vor allem schaue ich staffelweise Serien, in denen
man damals erstmals versuchte, mehr oder weniger realistisch Gegenwart zu erzählen. »Die Schwarzwaldklinik«.
»Ich heirate eine Familie«. »Diese Drombuschs«. Und
natürlich die »Lindenstraße«, über Jahrzehnte meine Favo-
ritin, wie für 15 Millionen andere Zuschauer auch. Der
Sonntagabend um 18.40 Uhr war unsere heilige Familien-
zeit, die Titelmelodie unser Choral. Ich war von Anfang an
dabei, nur wenig jünger als Klausi Beimer, aber schon bald
froh, dass mein Leben ruhiger verlief als seins, der bereits
als Grundschüler mit dem Luftgewehr den Tennislehrer Stefan Nossek blind schoss, nach der Scheidung seiner Eltern
zum Nazi wurde und als Teenager seine erste Freundin Julia,
eine Tierschützerin, an Tollwut sterben sah. Als der aids-
kranke Benno Zenker in blau-weiß karierter Bettwäsche in
einem hölzernen Bauernbett für immer einschlief, durfte ich
zuschauen. Als Meike, das traurige jüngere Kind der Schild-
knechts, im Sommer 1987 im Krankenhaus die Leukämie
nicht überlebte, nicht. Meine Eltern fürchteten, der Tod des
Mädchens könnte mir, die ich damals gerade sieben Jahre alt
war, zu nahe gehen.

Als ich mir über drei Jahrzehnte später die ersten Folgen
der Serien wieder ansehe, bin ich überrascht, wie weit entfernt diese Welt wirkt, die gezeigt wird. Es ist eine Reise in
ein fernes Land, in dem noch ganz andere Regeln galten.

Im Auto ist man nicht angeschnallt, auch die Kinder nicht.
Im Restaurant wird geraucht. Schwangere trinken noch
Sektchen. Auf der Entbindungsstation warten die werdenden
Väter vor dem Kreißsaal. Mit reingehen? Der Frau die Hand
halten? So ein Quatsch. »Wir haben das Unsere getan«, sagt

einer in »Ich heirate eine Familie« und beißt in sein But-
terbrot. Der Look ist gewöhnungsbedürftig: In der »Lindenstraße« sind die Wände vieler Wohnungen mit Struk-
turtapete beklebt. Die Räume sind vollgestellt mit dunklen
Möbeln. Die Seniorinnen tragen Kittelschürzen. Hausmeis-
terin Else Kling genießt den Luxus, sich nur um *ein* Miets-
haus kümmern zu müssen. Sie trägt ein Kopftuch, genau wie
die Wäscheverkäuferin Berta Nolte, aus verarmtem schlesi-
schen Adel stammend, deren Mutter Lydia, geborene von
Schemnitz, beim Tee seufzt: »Wir hätten nie gedacht, dass
unsere Berta mal ihr Leben mit abhängiger Arbeit bestrei-
ten muss.« Hans Beimer hat eine riesige runde Brille auf,
und Dr. Dressler trägt zum feinen Mantel ein Etwas auf dem
Kopf, das ausschaut wie ein Anglerhütchen.

Überhaupt, der Arzt: Als er seiner Sprechstundenhilfe
Elisabeth Flöter, die eine sensationelle Topffrisur hat, eine
Pralinenschachtel schenkt, mault die, diese habe doch keine
50 Mark gekostet. Und weil Klausi Beimer die Masern hat,
kommt Dr. Dressler persönlich bei ihm zu Hause vorbei,
setzt sich auf die untere Ebene des hölzernen Etagenbettes,
im Rücken das »Welt der Schlümpfe«-Poster, misst Puls
und Fieber. Spätestens, als er besorgt den ja eigentlich beru-
higenden Wert von 38,3 nennt, denke ich an die Stunden,
die ich mit fiebrigen Kindern in vollen Wartezimmern der
Praxen verbracht habe. (Der Tiefpunkt: die Gemeinschafts-
praxis, die uns Eltern anwies, die Kleinen auf dem Flur aus-
zuziehen, um nicht unnötig lange die Behandlungsräume zu
beanspruchen.)

Die Dialoge der Serien sind so lang, so langsam und
umständlich, dass man den Eindruck hat, die Menschen hatten sehr viel Zeit. Aber oft kippen vor allem in der »Lindenstraße« die Szenen nach quälend schleppenden Gesprächen

ansatzlos, und die Schauspieler schreien sich an. Warum sind trotz des gemächlichen Gangs der Dinge viele so aggressiv?

Im dritten Obergeschoss rechts zum Beispiel, wo die Lehrerin Henny Schildknecht darum kämpft, dass Tochter Tanja der Aufstieg zum Tennis-Starlet gelingt, gibt es kaum ein normal geführtes Gespräch. Alle sind permanent auf Krawall aus. Am Silvesterabend, der, wie sich Vater Franz beschwert, mit Kleidung aus der Boutique und neuen Kristallgläsern mehr gekostet habe als ein zweiwöchiger Spanien-Urlaub, pöbelt Teenager Tanja zurück: »Schau dich doch mal an! Du hast Schweißflecken unter den Achseln! Deine Krawatte ist aus dem letzten Jahrhundert. Ich sage dir eins: Ich will hier raus!«

Und sogar Hans Beimer, der doch als sozialarbeitender Gutmensch in die deutsche Seriengeschichte eingegangen ist, als sanfter Hansemann, brüllt ständig seine Frau und seine Kinder an. Sehr anstrengend das alles. Dabei wirkt die wirtschaftliche Lage extrem entspannt. Elfie und Siggi zum Beispiel, sie Kindergärtnerin, er beim Zoll, beziehen in der Premierenfolge der »Lindenstraße« eine geräumige Wohnung in Haus Nr. 3, mitten in München, ohne ein Wort über die Miete zu verlieren. Sie nölt noch: »Normalerweise bekommt ein Zollbeamter frei für den Umzug.« Aus heutiger Sicht für viele Beschäftigte genauso absurd wie der Preis, den Dr. Dressler für die Eigentumswohnung zahlen muss, die er seiner Sprechstundenhilfe und Geliebten Elisabeth Flöter schenken will: 50 000 Mark. In München. Die Bude wäre heute bestimmt eine halbe Million Euro wert.

In Folge sieben fährt Hans Beimer bei einem unglaublich dämlichen Unfall das Auto der Familie zu Schrott. Er hat dem anderen Wagen die Vorfahrt genommen. Die Versicherung zahlt nicht. Als Sohn Benni sich freut, dass nun ja wohl ein neues Auto dran sei, rastet sein Vater mal wieder aus. Kindern und Zuschauern bietet er brüllend einen genauen Überblick der familiären Finanzen: »Ich bekomme genau 3494 Mark und 4 Pfennige. Das ist der amtliche Tarif für einen Sozialarbeiter mit drei Kindern«, netto vermutlich. »Davon gehen rund 780 Mark Miete ab.« (In München!!) »Durchschnittlich 60 Mark Telefon. Müllgebühren, Zeitung, Versicherung.« Er zittert erregt. »Wassergeld, Heizkosten. Euer Turnverein. Euer Taschengeld, Euer Musikunterricht. Mein Gewerkschaftsbeitrag.« Er kommt zum Finale: »Wenn ich Glück habe, bleiben dann noch knapp 2000 Mark übrig. Zum Leben!« Alle schauen betroffen, Mutter Beimer hält Klausi auf dem Schoß. Hans Beimer brüllt ein letztes Mal: »So sieht es aus, meine Herrschaften!«

Ganz gut sieht es doch aus, Hansemann. 2000 Mark, das entspräche heute, kaufkraftbereinigt, 1797 Euro, »zum Leben«, wie Beimer schrie. Es ist, wie Sait sagt: Damals reichte einer Familie *ein* Einkommen für ein gutes Leben.

Bei den Beimers ist es so. Bei Elfie und Siggi Kronmeier auch, wo sie nach der Hochzeit daheim bleibt. Genau wie bei den meisten Zuschauerinnen auch. Anfang der 1980er-Jahre waren zwei Drittel aller Mütter mit zwei Kindern Hausfrauen. In »Ich heirate eine Familie« verbringt Angi zu Beginn noch viele Stunden in ihrer Kinderkleidungsboutique, hetzt von dort mittags zu den Schulen, um ihre drei Kinder abzuholen, aber schon da seufzt Freundin Bille: »Sie braucht einen Mann. Sie kann kochen, backen, nähen und sieht außerdem gut aus.« Angi findet den Werbegrafiker Werner und hat endlich mehr Zeit für die Kinder und das Haus, das Werner für die neue Familie auf seine Kosten umbaut. »Ich bin eine ziemlich teure Frau«, sagt Angi. »Ach«, tröstet Bille und teilt ihre Lebensweisheit:

»Was mein Mann für mich ausgibt, verplempert er nicht für andere.«

Wer jetzt kurz vor dem Einstieg in die Zeitkapsel steht, dem sei abgeraten. Folge um Folge verstört die offenkundige Frauenfeindlichkeit mehr, die mit diesem Papa-arbeitet-Mama-ist-daheim-Modell der 1980er-Jahre ganz natürlich einherzugehen schien. Die Männer sind die Götzen, um die die ganze Familie und die weiblichen Hausangestellten zu kreisen haben.

Als Chefarzt Brinkmann vor dem Dienst in der Schwarzwaldklinik im Morgenmantel im Flur steht, hat er kein »Guten Morgen« für die Vertretung seiner Rund-um-Betreuerin übrig, sondern sagt nur, den Zorn notdürftig unterdrückend: »Frau Schnorr, wo sind meine Hausschuhe?« Als sie, die gerade Scherben vom Boden aufliest, antwortet: »Im Garten«, hat er genug: »Würden Sie die Güte haben, mir sie zu holen?«, pflaumt er sie an. Wenig später entlässt er sie.

Natürlich bereitet Angi in »Ich heirate eine Familie« nach der Hochzeit jeden Morgen das Frühstück zu und alle anderen Mahlzeiten, für die nicht die Haushaltshilfe zuständig ist. Werner soll ausschlafen. Als er aber doch wach wird, als ihn auch am Nachmittag das Spielen der Kinder stört, mahnt der Hausfreund beim Abendessen: »Bitte keine Störungen. Sonst kann euch euer Ernährer nicht mehr ernähren.«

In der »Lindenstraße« bekommen viele der Frauen ihr Wochenbudget mit Gönnergeste vom Gatten zugesteckt. »Da, dein Haushaltsgeld!«, sagt Siggi Kronmeier und drückt seiner Verlobten einen Schein in die Hand, den sie in eine Metalldose steckt. Helga Beimer bittet ihren schon beim Frühstück alle anschreienden Hans kleinlaut um 150 Mark. »Jeder will noch was dazu«, nörgelt der, holt die Scheine aus dem Portemonnaie und wirft sie auf den Tisch. Als er mittags heimkommt, saugt sie das Sofa. »Hallo, Putzteufelchen«, sagt er. Und sie: »Könntest du mir noch mal 50 Mark dalassen?« Zerknirscht gesteht sie, das Haushaltsgeld einer jungen Frau mit Baby in großer Not geschenkt zu haben. Hans geht schreiend auf sie zu: »Du bist das unmöglichste, sprunghafteste, sentimentalste Weib, das ich kenne!« Und gerade, als man denkt, jetzt schlägt er zu, sagt er: »Aber das ist leider genau das, was ich so gern an dir mag.«

Da hat sie ja noch mal Glück gehabt, die Helga.

Furchtbare Zeit oder üble Serie? Die »Lindenstraße« sei ein verdichtetes Abbild der Gegenwart. Das war der Anspruch der Macher. Die Serie sei »miefiger Allerweltsrealismus«, schrieben selbst die Kritiker. Froh, dass ich spät genug geboren wurde, um dieser Welt per Stopptaste zu entfliehen, schalte ich aus.

Auf ein Frühbier

Mein letzter und, wie sich schnell herausstellt, bester Versuch, zurück in die 1980er-Jahre zu gelangen, kostet mich nur einen kurzen Spaziergang. Ich gehe zum Hermannplatz, diesem unwirtlichen, nie ruhenden Ort, dem Tor zwischen den Berliner Bezirken Kreuzberg und Neukölln. Es ist acht Uhr am Montagmorgen. Gleich wird Manfred[2] zum Frühbier am Tresen des »Zapfhahns« sitzen, ein Kneipen-Eck im Untergeschoss des Karstadt-Warenhauses, das ohne Weiteres als Kulisse für eine Serie aus der alten Bundesrepublik herhalten könnte: der Tresen aus rötlichem Holz, die Bar-

---

[2] Name geändert

hocker, die Spielautomaten, acht Biersorten zu reellem Preis. »I love the old Berlin«, steht auf einem Aufkleber an der Tür des Schnapsschranks. An einem Morgen tönen die Toten Hosen aus den Boxen: *Altes Fieber.*

Und immer wieder
Sind es dieselben Lieder
Die sich anfühlen
Als würde die Zeit stillstehen

Hier treffen sich die, die sich die alten Zeiten zurückwünschen in diesem Viertel, wo sich alles so schnell ändert, dass den Bewohnern ganz schwindlig wird. Zwei Drittel der Menschen in diesem Teil der Stadt sind nicht in Berlin geboren. Sie zogen zu: Hausbesetzerinnen und Wehrdienstflüchtige, Arbeitsmigranten, Hipster und zuletzt die Investoren. Auch das Karstadt-Warenhaus haben sie ins Visier genommen. 2018 kaufte sich der österreichische Milliardär René Benko erste Anteile, seit 2019 gehört das Unternehmen seiner Holding Signa. 3,5 Milliarden Euro, so hat Benko angekündigt, will er in den nächsten Jahren in Berlin investieren, mehrere Hundert Millionen davon am Hermannplatz. Signa will das Gebäude abreißen lassen und wesentlich größer und eleganter wieder aufbauen. Das Büro des Stararchitekten David Chipperfield hat bereits Skizzen angefertigt. Sie zeigen die Wiedergeburt des glorreichen Warenhauses, das hier bis zum Ende des Zweiten Weltkriegs stand. Auf den Plänen sieht man ein Gebäude im Art-déco-Stil, dessen Fassade gen Himmel strebt, zwei Türme, die auf einer Dachterrasse thronen. Ein beeindruckender Bau, ein Metropolis-Kaufhaus, ein Stück Babylon-Berlin-Kulisse.

Aber noch ist die alte Zeit konserviert. Die Sonne kraucht

über die Dächer der fünfstöckigen Mietshäuser. Das Karstadt-Gebäude, Ende der 1920er-Jahre das modernste Warenhaus Europas, Stolz der Stadt, ist aus keiner Richtung schön: Grau ist der erste Eindruck, rundum bis Kniehöhe ziehen sich Urinspuren über den Stein, in zwei Meter Höhe hängen verdreckte Werbeschilder mit kleinen Metallspießen, die die Tauben abhalten sollen, darüber eine umlaufende Glasfassade, die aber fast überall aus blickdichtem Milchglas besteht. Vor dem Haupteingang sitzt ein gebeugter Alt-Hippie mit verfilztem Haar, der in einer Brotdose Muster aus den Ein- und Zweicentstücken legt, die er bislang gesammelt hat.

In den 1980er-Jahren habe ich hier viele meiner Schulferien verbracht. Freunde meiner Eltern waren nach Kreuzberg gezogen, Migranten aus dem Münsterland, und lebten in einer Wohnung im ersten Stock eines Mietshauses eine Straße weiter. Im langen Flur haben wir Kinder auf dem Teppichboden die Weihnachtsserien nachgespielt, Ballettschrittchen probiert wie »Anna«, uns als Mitglieder einer Kinderbande gefühlt wie »Laura und Luis«. In der Straße roch es im Winter nach Kohleheizung und das ganze Jahr über immer wieder nach Hundescheiße unterm Schuh. Wie oft bin ich von dort ins große Karstadt-Warenhaus gelaufen, an der Hand eines Erwachsenen oder – aufregend, aber trotzdem erlaubt – allein. Die Freundin meiner Eltern arbeitete im Untergeschoss an der Frischetheke, und ich habe in der Spielwarenabteilung Simba-Bärenwald-Figuren gekauft, kinderhandgroße klassische Kleinfamilien, Mama, Papa, Tochter, Sohn, Bär, Hase, Hund und Schaf.

Mein Vater erzählt, dass ihnen damals hier in der Ecke, in der Fichtestraße, ein Haus zum Kauf angeboten wurde, Vorderhaus, Seitenflügel und im Garten eine Remise. 300 000 Mark. Geld, das wir nicht hatten. Auch viel zu teuer, urteilte mein Vater. Witzig. Gerade wird neben dem Haus der Freunde meiner Eltern gebaut, die Straße abgesperrt, in einem gläsernen Container ein Verkaufsshop. »Urban Hideaway. My Yard. My Home«, wird das Projekt beworben. Für 350000 Euro, also etwa das Doppelte des damaligen Angebots, gäbe es heute kein Haus, sondern allenfalls 50 Quadratmeter in der ersten Etage.

Das Gebiet hier liegt im Auge eines Orkans, der die ganze Stadt erfasst hat: Allein zwischen 2007 und 2018 sind die Mieten in Kreuzberg um 114 Prozent gestiegen, die Kaufpreise um 173 Prozent. »Bis 2010 wurden etwa 50 Prozent des Wohnungsangebots im Preissegment 5 bis 8 Euro pro Quadratmeter angeboten.« Heute betrage »die Erstmiete im Neubau 20,25 Euro pro Quadratmeter«, fasst eine Immobilienfirma nüchtern zusammen. Würde Sait hier also eine neue Wohnung für vier anmieten wollen, sagen wir 80 Quadratmeter, wäre sein Nettolohn verbraucht, auch ohne Strom und Heizung. Seine Familie müsste zusammenrücken. Wie so viele. Wer im Jahr 2009 monatliche 1000 Euro für die Kaltmiete ausgab, konnte in Berlin noch 120 Quadratmeter mieten und sogar in München immerhin 86. Inzwischen gibt es für dasselbe Budget in Berlin im Schnitt nur noch 74 Quadratmeter Wohnfläche, in München 55.

Dafür hat sich die Zahl der Einkommensmillionäre in diesem Bezirk in den letzten drei Jahren fast verfünffacht. Das Geld, das den Elefantenrüssel nach oben lenkte, wird auch hierher gepumpt. Und nicht nur hierher: Im letzten Jahrzehnt sind die Immobilienpreise in den drei größten deutschen Städten um rund 90 Prozent gestiegen. Weltweite Spitze! Nur in Oslo, Sydney, dem koreanischen Busan und einer Handvoll türkischer Städte kletterten die Kaufpreise noch mehr. Reich gemacht hat das die, die ohnehin schon vermögend waren. Der Bonner Wirtschaftshistoriker Moritz Schularick hat in einer Studie berechnet, dass das Vermögen der obersten 10 Prozent in Deutschland durch den Preisboom um etwa 1,5 Billionen Euro anwuchs.

Aber auch die obere Mittelschicht wurde reicher. »Fast leer ausgegangen ist die untere Hälfte der Vermögensverteilung«, schreibt Schularick. Wie immer. Denn die ärmere Hälfte der Bevölkerung besitzt gerade einmal drei Prozent des Wohneigentums. Sie sind Mieter und zahlen. »So geben die ärmsten 20 Prozent der deutschen Haushalte mittlerweile knapp 40 Prozent ihres Einkommens für Wohnen aus«, schreibt Schularick. »1993 waren es nur gut 25 Prozent. Für keine andere Einkommensgruppe waren die Preissteigerungen so dramatisch.« Und trotzdem spekulieren Investoren darauf, dass gerade hier in Berlin noch Luft nach oben ist: Schließlich habe die Stadt, was Top-Immobilien anginge, erst 42 Prozent des Pariser Preisniveaus erreicht.

Das Karstadt-Warenhaus öffnet erst um zehn. Aber der »Zapfhahn« empfängt die ersten Stammgäste schon jetzt. Der Weg führt über Saits Arbeitsplatz, den U-Bahnhof. Ich steige hinab, laufe durch einen Verbindungsgang, in dem treu der Uringestank hängt, und stoße erleichtert die Glastür auf, um ins Untergeschoss, den Keller des Karstadt-Hauses, zu kommen.

Reza Eskafi poliert die Bierhähne. 66 Jahre ist er alt, rundes Gesicht, schütteres Haar. Für den Dienst in der Kneipe kleidet er sich so, als ginge er ins Büro: kariertes Hemd oder Polo-Shirt, meist ein Jackett. Er ist der perfekte Wirt. Seine Stammgäste kennt er natürlich mit Namen. Unter dem Tresen klebt ein getippter Zettel mit ihren Geburtstagen. Weil so viele »Klause« darunter sind, hat Eskafi mit dem Kuli »Eselsbrücken« hinzugefügt, wie er es nennt: Es gibt »Klaus-Whiskey«, »Klaus-Schultheiss« und »Klaus-Gartenkolonie«. Auf Pia, die immer mit ihrer Großmutter kommt, wartet ein Mini-Schultheiss-Glas in der Vitrine, Omas bevorzugte Biermarke. Eskafi hat es gekauft, damit die beiden anstoßen können. Bier für die Großmutter, Kirschsaft fürs Kind.

Jeden Tag sitzen am Tresen vor ihm viele, die sich hierher ins Kellergeschoss des Karstadt zurückziehen, weil sie sich dem Tempo, in dem sich die Welt dort oben, in ihrem Viertel, ihrer Stadt, ja dem ganzen Land verändert, nicht mehr gewachsen fühlen. Der »Zapfhahn« ist ihre Zeitkapsel, die sie zurück in die alte Bundesrepublik führt.

Manfred ist immer der Erste. Spätestens um 9 Uhr sitzt er da, links an der Ecke, die Drogerie im Rücken, und bestellt ein Weizen. Reza dreht Manfreds Flasche schnell zwischen den Händen, das löse die Hefe, sagt er.

»Det hab ick in Bayern noch nie jesehen«, brummt Manfred.

»Nur bei mir«, sagt Reza.

»Man sieht den juten Willen, mach det ruhig weiter«, lobt Manfred, und man ahnt, dass sie diesen Dialog schon das ein oder andere Mal zur Aufführung gebracht haben. Manfred trinkt und sitzt, die Anglerweste über dem T-Shirt, dann kauft er im Supermarkt nebenan ein und fährt mit der U-Bahn eine Station nach Hause. Nach 12 Uhr verlässt er seine Wohnung nicht mehr. Warum? Das fragt man nicht beim ersten Mal am Tresen.

Gegen 10 Uhr sitzt Karin auf dem Manfred-Platz, aber nur alle zwei, drei Tage. Denn Karin, eine schmale, gebeugte Frau mit blondem Haar und pastellfarbenem Blazer, überlegt vor jedem Besuch, ob sie sich zutraut, die fünf Etagen ihres Wohnhauses hinabzusteigen. Runter kommt sie gut, aber rauf schmerzt jeder Schritt in den kaputten Beinen. Sie war Putzkraft im Kreuzberger Urban-Krankenhaus, »fest angestellt, nicht bei einer Fremdfirma«, wie sie betont. »Das gibt es ja heute nicht mehr.« Karins Arbeitsleben bedeutete: die Flure rauf, die Flure runter. »So 'ne Rennerei«, sagt sie. Eigentlich will sie nun nicht mehr laufen. Für den »Zapfhahn« aber lohnt sich die Mühe. Er ist der Ort guter Erinnerung. Über Jahre kamen sie zu zweit, Karin und ihr Lebensgefährte Gerhard. Er war bekannt für seine Sprüche. Sein liebster: »Trink, solange das Gläschen winkt, nutze deine Tage! Ob du oben noch was trinken kannst, das ist die Frage.«

Er wird es herausgefunden haben. Seit fünf Jahren ist er jetzt schon oben. Umgekippt, abends, beim gemeinsamen Fernsehen. »Allet vorbei«, sagt Karin. »Ick bin schon so lange alleene.«

Reza Eskafi zeigt auf dem Handy ein Foto von Gerhards Beerdigung. Er war dabei, natürlich.

Karin ist vor 76 Jahren eineinhalb Kilometer vom Karstadt entfernt zur Welt gekommen. Sie hat ihr ganzes Leben hier verbracht. »Welche Zeit in Kreuzberg war die schönste?«, frage ich.

»Die bei mir, oder?«, lacht Reza Eskafi.

»Ja«, sagt Karin. »Als Gerhard noch da war.« – »Aber auch«, schiebt sie nach, »bevor der Euro kam, als es die D-Mark noch gab.« Saits Motiv bestimmt auch ihr Reden. »Da konnte man noch was zurücklegen«, sagt sie. Jetzt sei alles teuer. Die Wohnungen zum Beispiel. »Meine Tochter sagt: ›Such dir was im Erdgeschoss oder mit Lift‹, aber wo?«, fragt Karin.

Zwei Wochen später. Manfred ist gerade weg, das Weizen getrunken, auf dem Tresen noch das Schälchen mit den Erdnussflips. Was zu knabbern gibt es im »Zapfhahn« zu jedem Getränk gratis dazu. Schon seit einer Dreiviertelstunde wirft eine alte Dame in kariertem Kostüm Münzen in einen der beiden Glücksspielautomaten, die Eskafi aufgehängt hat. Was suchen die Gäste hier?

»Gesellschaft«, sagt Eskafi. »Ich versuche sie zusammenzubringen.« An vielen Morgen zum Beispiel säße Detlef neben Manfred. »Detlef holt sich die Informationen aus dem Internet. Manfred aus der Zeitung. Dann reden sie über alles.«

Über Politik: »Jetzt will die SPD 'ne Doppelspitze, und wir haben mit dem Müller in Berlin nicht mal 'ne halbe.«

Über Mobilität: »Die Grünen wollen im Zentrum den Verbrennungsmotor verbieten. Geht's noch? Ist doch jetzt schon Chaos.«

Über die wachsende Stadt: »Fahr mal U-Bahn. Die ist bald so voll wie in Tokio, voll mit Touristen und Hipstern.«

An den Karstadt-Eingängen sieht man nachmittags nun häufiger Menschen, die den Kunden Flyer in die Hand drücken. Darauf ein Männchen, dessen Körper und Kopf das Karstadthaus sind, daran ein gezeichneter Arm, zur Faust erhoben.

Niloufar Tajeri, Architektin, schwarze kurze Locken, das Baby in der Trage vor dem Bauch, ist eine der Sprecherinnen der Initiative gegen den Abriss. Vor allem linke Gruppierungen haben sich zusammengetan, um das Kaufhaus zu »schützen«. Sie sagt, es möge seltsam klingen, aber der Bezirk verändere sich in einem Tempo, »das wir kaum nachvollziehen können«. Seit Jahren sei jede Veränderung für Menschen mit geringem Einkommen negativ und für Menschen mit hohem Einkommen positiv. »Das, was die hier vorhaben, verändert Berlin noch stärker in die Richtung, die Paris oder London längst eingeschlagen haben: Weltmetropolen, die nicht mehr für ihre eigentlichen BewohnerInnen konzipiert sind, sondern für Investoren, für Touristen.« Für viele, vor allem ältere Menschen, sei der Karstadt der zentrale Ort für die Nahversorgung. In der Tat gibt es in den Straßen drum herum zwar reihenweise Boutiquen, geöffnet von 12 bis 19 Uhr, aber sonst keinen Ort, der für das taugt, was man »Besorgungen machen« nennt: Brotdose, Nähgarn, Stützstrümpfe.

Die *working class* tritt nach unten

Für diejenigen, denen wehmütig ums Herz wird angesichts dessen, was hier zu verschwinden beginnt, seien hier einige Auszüge aus Manfreds Wutprotokollen zitiert, notiert während der gemeinsam genossenen Weizen-Frühbiere. Denn die Gesellschaft, die sich am »Zapfhahn«-Tresen zusammenfindet, ist rührend, ja, und auf tragische Weise vom Aussterben bedroht. Aber sie hat auch eine andere Seite: Manfreds Reden, zum Beispiel, sind oft angetrieben von einer unbändigen, kaum zu stoppenden Wut. Einer Wut, die genährt wird von der tiefen Überzeugung, dass die Welt dort oben, die er kannte, zerstört wurde, dass in den vergangenen dreißig Jahren eine Art feindliche Übernahme seines Viertels stattgefunden habe. Allerdings meint er dabei nicht die Investoren, die übersieht er, der einen alten und günstigen Mietvertrag hat. Nein, er meint »die Fremden«. »Die Ausländer.« »Die Schwarzen.« »Die Moslems.«

Da war der eine Morgen, ein Montag. Das Gespräch begann, wie so viele am Tresen, mit Fußball. Manfred schimpfte über die Hertha, was aus meiner Sicht immer verständlich ist, besonders verständlich nach den meist unansehnlichen Spielen der Saison. Aber Manfred wollte gar nicht über Taktik und Trainer reden. Er bog sofort ab auf eine andere Spur, seine Wutspur. Seine Ausfahrt war Dodi Lukebakio, den der Verein für 20 Millionen nach Berlin geholt hatte. »20 Millionen für einen Schwarzen«, empörte sich Manfred. Überhaupt sei es Mode, dass man nur noch elf Schwarze übers Feld rennen ließe. »Das hat mit mir nichts mehr zu tun.«

Ein andermal sprach er über seine Wohngegend und behauptete, dort kein Schweineschnitzel mehr kaufen zu können. »Nichts Deutsches mehr. Alles schmutzig, alles in fremden Händen.« Er klagte über Parks, in denen er schon lange nicht mehr war, von denen er aber wusste, dass »Drogendealer« längst das Sagen hätten. All diese Entwicklungen scheinen ihm so feindlich, so gefährlich, dass er ab mittags zu Hause bleibt.

Nicht nur Manfred legt diese Platte immer wieder auf. Ich weiß noch, wie überrascht ich war, als Sait sie zum ersten Mal anspielte. Denn auch er sieht »die Ausländer«, die in den letzten Jahren ins Land kamen, insbesondere die »Osteuropäer«, wie er nicht müde wird zu betonen, als die neben der Einführung des Euro zweite, zentrale Ursache für den eigenen Abstieg. Um Saits Vorwürfe knapp zusammenzufassen: Die Obdachlosen unter ihnen pissten ihm die Bahnsteige voll. Die Arbeiter drückten die Löhne. »Ein Kumpel von mir hat in einer Umzugsfirma gearbeitet«, sagte Sait. Bei 7,50 Euro brutto pro Stunde sei er eingestiegen und hätte sich auf 9 Euro hochgearbeitet. »Der hat zwei Kinder und eine Familie. Er ist ausgerastet, als er die Bulgaren sah, die die Umzüge für 10 Euro die Stunde schwarz machten.«

Manchmal sind Dinge richtig und falsch zugleich. Es stimmt ja, was Sait sagt. »Sozioökonomisch waren die Gastarbeiter und ihre Nachfahren die großen Verlierer des Strukturwandels der deutschen Industrie seit den Achtzigerjahren, der Produktionsverlagerungen nach Osteuropa seit den Neunzigern und nicht zuletzt der neuen Konkurrenz auf dem Arbeitsmarkt durch Ostdeutsche und Zuwanderer aus dem östlichen Europa«, schreibt der Historiker Philipp Ther. Aber trotzdem sind es dieselben Hoffnungen, die Saits Eltern einst nach Deutschland aufbrechen ließen, die heute die Arbeiter aus Rumänien und Bulgarien antreiben, mit demselben Recht.

Als Sait schimpfte, nickte ich und versuchte dann, ihm von Ivan zu erzählen. Für eine Recherche bin ich vor drei Sommern immer wieder um kurz vor sechs in die U-Bahn gestiegen, um im Berliner Wedding die Männer aus Südbulgarien zu treffen, die sich in aller Frühe vor einem Café auf dem Arbeiterstrich anboten. Sie warteten an den Tischen oder auf dem Bürgersteig. Manche trugen Handwerkerhosen, andere Leuchtwesten, manche Jogginghosen. Sie warteten auf Arbeit. Im Minutentakt fuhren Wagen vor: Vans mit abgedunkelten Scheiben und solche mit Firmenaufdruck. Die Fahrer öffneten die Tür. Manchmal waren die Jobs vorverabredet, dann sprangen die Männer auf und in den Wagen. Manchmal wurde noch vor Ort verhandelt. Ein Nicken, dann war der Deal besiegelt, und wieder stieg ein Wartender ein, um ein paar Stunden auf einer Baustelle, in einem Garten oder bei einem Umzug zu arbeiten. Der Tarif, genau wie Sait sagt: 10 Euro, bar auf die Hand.

Einen von ihnen, Ivan, traf ich mehrmals. Ein freundlicher Typ mit eisblauen Augen, »Julita« hatte er auf den Unterarm tätowiert, den Namen seiner Frau. Sie war mit den Kindern in Bulgarien geblieben. Er, sieben Jahre zuvor, ins vermeintlich »goldene Deutschland« gegangen, um gutes Geld zu verdienen. Geld, das er nach Hause schickte, dazu die Nachricht: »Alles gut. Ich habe Arbeit und Wohnung.« Die Wahrheit war ihm zu peinlich: dass er nur Arbeit hatte, wenn ihn ein Auto auflas; dass er im Sommer im Park schlief, in einem improvisierten Camp mit Leidensgenossen; dass er im Winter in einem Obdachlosenheim unterkam; dass er schon mehrmals von den »Geiern« ausgenommen worden war, die die Männer auf dem Arbeiterstrich umkreisten und ihnen all das anboten, was eine Eintrittskarte in den deutschen Sozialstaat hätte sein können: eine gefakte Meldeadresse oder Gewerbeanmeldung, einen festen Wohnsitz. Mehrere Hundert Euro hatte Ivan jemandem gegeben, der ihm endlich eine Einzimmerwohnung verschafft hatte. Das Glück währte allerdings nur wenige Tage, dann war das Schloss ausgetauscht und die eigentlichen Mieter zurück in der Wohnung.

»Das sind doch arme Hunde«, sagte ich Sait.

»Ich bin auch ein armer Hund«, antwortete er. »Aber ein ehrlicher. Ich zahle meine Abgaben.«

Es ist wohl so, wie der österreichische Schriftsteller Robert Misik in seinem Essay *Die falschen Freunde der einfachen Leute* schreibt: Die *working class* zeige nur selten Mitgefühl mit den Ärmeren, denen sie insgeheim Versagen vorwerfe und dazu den Griff in die Sozialtöpfe. »Nichts untergräbt schließlich Solidarität mehr als das Gefühl, dass man als Einzelkämpfer darauf achten muss, selbst zu überleben«, schreibt Misik.

Sait jedenfalls zeigt keine Empathie für diejenigen unter

ihm. Zu schmerzhaft sind die eigenen Wunden. Und Manfred, ja, der scheint die Welt nur noch in sehr kleinen Ausschnitten ertragen zu können. Der »Zapfhahn«, weltabgewandt im Untergeschoss, ohne Fenster nach draußen, rund um die Uhr in künstliches Licht getaucht, erfüllt ihm dieses Bedürfnis am ehesten. Die Solidarität der Arbeiterklasse, die noch immer in den Köpfen vieler Linker herumspukt, suche ich auch hier vergeblich.

Später, im Kreuzberger Rathaus, erfahre ich, dass die Reihen derer, die sich schützend vor Manfred und seine Tresenkollegen stellen würden, sehr luftig sind. Vom achten Stock hat man einen großartigen Blick über den begehrten Bezirk. Eine breite Allee führt von hier in gerader Linie drei Kilometer bis zum Hermannplatz. Die Wolken ziehen zügig vorüber. Sieht man von hier den Sturm da draußen, der neue Menschen her- und andere davonbläst?

Auf dem Besprechungstisch ein sparsames Amtsstuben-Stillleben: eine Thermoskanne Filterkaffee, Süßstoff, fettarme H-Milch und drei faltige Äpfel. An der Wand ein Artikel über Florian Schmidt mit der Überschrift: »Der Feind der Immobilieninvestoren«. Darunter ein Foto von ihm: rötlicher Bart, einst Aktivist in Barcelona. Im Amt des Kreuzberger Baustadtrats hat er sich schnell das Image eines Robin Hoods der Mieter erworben. Als die Pläne für das mondäne Karstadt-Haus bekannt wurden, lehnte er Signas Vorhaben zunächst kategorisch ab. »Wie ein Fremdkörper« würde der skizzierte Bau wirken. Der Hermannplatz brauche kein Stadtschloss, das hinter nostalgischer Fassade ein Shoppingcenter oder Büroflächen verberge. Dann aber war er doch zu Treffen mit Signa und einem »ergebnisoffenem Dialog« bereit.

»Wir müssen die Stadt zurückkaufen«, beginnt er das Interview forsch.

Als ich vom »Zapfhahn« erzähle, wird er ruhiger. »Ist das ein urdeutsches Milieu?«, fragt er, um auf die Antwort »Eher ja« zu ergänzen: »Dieses Milieu ist ja vielleicht eines, das seinem Ende zugeht. Teilweise schaffen es Kneipen, hip zu werden. Manche bleiben auch so und sind die Mischung aus Spielhölle, Raucherkneipe und Morgenbier.«

Schmidt scheint genau auszuloten, wen er in seinem Kampf gegen Gentrifizierung für besonders verteidigenswert hält. Es gibt kein Band mehr, das Politiker wie ihn an den Teil der Arbeiterklasse bindet, der sich im »Zapfhahn« trifft.

Robert Misik ist als Österreicher weitaus erfahrener im Umgang mit jüngeren Wahlerfolgen rechtspopulistischer Parteien als wir. In *Die falschen Freunde der einfachen Leute* denkt er darüber nach, ob nicht die Missachtung und Gleichgültigkeit insbesondere von Politikern, die sich sonst für alle Entrechteten starkmachten, Menschen aus dem »Zapfhahn«-Milieu, die nicht stramm rechts seien, in die Arme der Rechtspopulisten treibe. Denn die lockten permanent mit der Botschaft: »Du blickst auf Zuwanderer herab? Komm her: Ich bin deine Stimme.«

»Die Empfänglichkeit für diese Haltungen«, schreibt Misik, »wäre nicht da, wären nicht ein paar Vorbedingungen erfüllt. Das Ganze funktioniert nur, wenn die Menschen ihre Existenz und ihre Einstellungen als abgewertet empfinden und sie ein instinktives Gefühl dafür haben, wer sie abwertet. Eliten, moderne Mittelschichten, Teile der eigenen Klasse, jene, die sie vielleicht bis vor gar nicht so langer Zeit als ihre natürlichen Repräsentanten angesehen haben.« – »Oder«, schreibt er, »womöglich ist alles sogar noch viel simpler:

Menschen spüren, ob man sie im Wesentlichen mag oder ob man sie im Wesentlichen verachtet.«

Das Ende der Nahversorgung

Allein Niloufar Tajeri, die Architektin aus der BürgerInnen-initiative, spricht viel von den alteingesessenen Menschen im Bezirk, für die sie den Karstadt erhalten will. Auch damit sie weiter ihre Kohlroulade im Selbstbedienungsrestaurant in der vierten Etage essen oder das Bier im »Zapfhahn« trinken könnten. Ob Manfred es ihr danken würde? Es fällt auf jeden Fall schwer, ihn, Karin und die anderen aus dem »Zapfhahn« gedanklich in die Neubaupläne zu transferie-ren, aus denen großstädtische Grandezza und ein bisschen Größenwahn sprechen. Investor Signa antwortet auf meine Frage: »Werden sich die Konditionen für die bisherigen Mieter in einem neuen Gebäude ändern?«

»Mit der Architektur, mit den Flächengrößen und mit dem Erschließungskonzept werden sich auch die Mietver-träge ändern, um ein starkes neues Karstadt-Konzept am Hermannplatz langfristig zu etablieren.«

»Ich persönlich sage mir: Lass es kommen«, meint Reza Eskafi. »Ich habe mein Leben gelebt, und wenn es nicht mehr geht, werde ich gehen. Aber was die Stammgäste dann machen, das weiß ich nicht.«

»Ick och nicht«, wird Karin später sagen. Sie schüttelt den Kopf. »Wir haben ja sonst nichts mehr.«

Immer häufiger muss Reza Eskafi seinen Stammgästen nun den letzten Dienst erweisen und auf der Geburtstags-liste hinter ihren Namen das Todesdatum ergänzen. Der »Mittwochsklub«, eine feste Runde von Stammgästen, die sich seit den Anfängen einmal in der Woche am Tresen zusammenfindet, ist arg dezimiert. Früher waren sie mal zu zwölft, jetzt sind sie noch vier. Der Umsatz des »Zapfhahns« sinkt Jahr für Jahr. Statt bis zu 700 Euro am Tag, wie in den besten Jahren, pendeln die Einnahmen heute eher zwischen 200 und 400 Euro. Trotzdem ist Eskafi überzeugt, dass der Niedergang seiner Kneipe keineswegs unausweichlich war, sondern in den falschen Entscheidungen Einzelner begründet ist.

»Karstadt war mal ein richtig guter Name«, sagt er. Umstrukturierung um Umstrukturierung hätten die Anziehungskraft geschwächt. Arcandors Manager Thomas Middelhoff, der Erbe und Investor Nicolas Berggruen und jetzt eben Signas René Benko. Viele hätten sich in den letzten zwanzig Jahren an den Warenhäusern versucht. Am Hermannplatz haben sie Teile der Belegschaft ausgegliedert, Verkaufsflächen untervermietet, elektronische Geräte aus dem Sortiment genommen, den Schnäppchenmarkt dichtgemacht, die Zahl der Kassen auf eine pro Etage reduziert. Er höre oft die Klagen seiner Gäste, sagt Eskafi: »Was für ein Laden! Ich laufe die dritte Etage rauf und runter und finde keinen Verkäufer, der mich berät.«

Genauso geht es mir auch immer wieder. Ich mag das Karstadt-Haus am Hermannplatz sehr, kaufe Lineale und Sportsocken und Plätzchenförmchen und viele, viele Bücher. Kaum eine Woche vergeht ohne Besuch. Wie viele Regentage mit Kleinkind habe ich hier verbracht? Erst unten in die Tierabteilung, ein Gratis-Zoo für eine halbe Stunde, dann Rolltreppe runter, Rolltreppe empor, immer wieder, Staunen vor den Legoregalen in Stock drei, manchmal ein Eis in Etage vier, dem Kaufhausrestaurant, das aus der Zeit gefallen wirkt. Auf der Empore, wo Tischlämpchen dem Selbstbedienungsladen etwas Gemütlichkeit einzuhauchen versuchen, sitzen viele Paare weit jenseits des Pensionierungsalters im klassischen Karstadt-Look: kariertes Hemd der Herr, Bluse, Wolljäckchen und Tuch die Dame, Unisex die Steppjacke über der Stuhllehne. Keine Musik stört das traute Besteckgeklapper.

Natürlich kracht hier nichts mehr wie in den stolzen ersten Jahren, Ende der 1920er, als es das größte und modernste Warenhaus Europas war. Da standen die Leute Schlange bis auf die Straße, und auf dem Dachgarten spielte jeden Nachmittag die Musikkapelle. Da drehte sich auf dem Indoor-Spielplatz ein Kinderkarussell, da gab es im Warenhaus eine Turnhalle, eine Badeanstalt, Friseure und mehrere Gaststätten. Ein Konsum- und Vergnügungstempel, betrieben von sagenhaften 4000 Mitarbeitern, für deren zweistündige Mittagspause im Ruheraum Bücher und Billardtische bereitstanden und reservierte Liegestühle auf der Dachterrasse.

Trotzdem hat mir das spröde, verlässliche Warenhaus am Hermannplatz für eine stabile Käuferbeziehung genügt. Lange stand es für meine Kinder synonym für »Laden«. Aber die Treue fällt schwerer und schwerer, und ich schwöre, es liegt nicht an mir. Immer wieder verlasse ich das Warenhaus ohne befriedigten Kaufimpuls.

Ich brauche Herbstschuhe für meinen Sohn, aber die Kinderschuhabteilung ist umgezogen und kläglich zusammengeschrumpft auf ein paar Quadratmeter neben der neuen »Dress for less«-Design-Outlet-Ecke, abgebaut die Holzlok, auf der die Kinder zwischen den Anproben klettern konnten.

Kurz vor Silvester will ich, Überraschung!, ein Käsefondue-Set kaufen und fahre in die entsprechende Etage,

Geschirr und Küchenbedarf. »Wo finde ich das?«, frage ich zwei Mitarbeiter, keiner ist zuständig. »Ich mach nur Depot«, sagt die eine. »Schauen Sie mal bei den Haushaltswaren«, der andere.

An einem Donnerstagmorgen, kurz nach Ladenöffnung um zehn, will ich schnell einen Zirkel besorgen und gehe zum Schreibwarenstand. »Schulwaren, drittes Regal«, schickt mich die Verkäuferin. Dort finde ich nur rosafarbene. Jede Farbe wäre okay, nur nicht diese. Als ich die Verkäuferin fragen will, ob es noch andere gibt, ist sie verschwunden. Ich warte etwa eine Viertelstunde, laufe ziellos durch die Abteilung und suche jemanden, der mich beraten könnte. Schließlich taucht sie wieder auf und zeigt mir ein anderes Regal. Viele Fächer sind leer, zwei teurere, graue Zirkel liegen noch dort. »Mehr gibt es erst wieder zum Schulbeginn!« Das wäre im Sommer. Ich nehme einen grauen Zirkel und zahle. Beim Rausgehen komme ich an zwei älteren Verkäuferinnen vorbei. Sie stehen am Schmuckstand und schimpfen über Politik. Zu Hause schaue ich bei Amazon. Im Internet hätte ich für die Hälfte des Preises zehn Farben zur Auswahl gehabt.

Der, den ich Wochen später treffen werde, wird sagen: »Das ist traurig, enttäuschend. Aber den Verkäufern heute mache ich keinen Vorwurf. Wieso sollten sie sich so für Karstadt einsetzen, wie wir es mal taten? Die kriegen eine kurze Schulung, und dann rin da.«

Bis dass der Tod uns scheidet

Rüdiger

Wir haben uns am südwestlichen Ausgang des Karstadt, zwischen Eierkuchenstand und Fahrradständer, verabredet. Er ist Anfang sechzig, graues Haar, feiner Mantel, kleiner Ohrring. Nennen wir ihn Rüdiger, seinen wirklichen Namen will er nicht geschrieben sehen. Durch die Tür, rein ins Warenhaus, würde er nicht gehen, nie wieder, seit er 2009 aufgehört hat, hier zu arbeiten, nach 48 Jahren bei Karstadt, wobei das viel zu schwach formuliert ist. Rüdiger war ein Arbeitsleben lang »Karstädter«, wie sie sich nannten. Kein Job, sondern eine Identität. 1961 hat er angefangen, erst in einem kleinen Warenhaus in Norddeutschland, dann hat er sich an den Hermannplatz versetzen lassen.

»Als Kind habe ich Kaufmannsladen gespielt. Das hat mich immer schon interessiert. Und dann: eine Lehre bei Karstadt! Das war etwas ganz Besonderes. Man hat mir gesagt, wer bei Karstadt ist, hat bis zum Ende des Lebens einen guten Arbeitsplatz. Wir waren von Beginn an wie eine große Familie. Wir Lehrlinge gingen am Wochenende gemeinsam wandern. Wir haben zusammen den Führerschein gemacht. Ich lernte dann meinen heutigen Mann kennen und ging der Liebe wegen nach Berlin. Erst hatte ich ein bisschen Angst. Man sagt ja, die Berliner seien frech. Aber man muss sich nur an die Klappe gewöhnen. Einen Moment werde ich nie vergessen: Da lag ein Salatblatt auf dem Boden. Eine alte Dame kam, und ich sagte: ›Passen Sie auf, dass Sie nicht hinfallen!‹ Und sie: ›Na und? Dann steh ick wieder uff.‹

Auch dort in der Lebensmittelabteilung gab es diesen Zusammenhalt. 23 Jahre lang hatte ich denselben Chef. Er machte mich zum Erstverkäufer. Er führte unseren gemeinsamen Freitag ein. Da schloss der Laden um 18.30 Uhr. Die letzte Stunde haben wir geackert, geackert und geackert, um alles für den Samstag vorzubereiten. Am Ende, wenn es aussah, als ob am nächsten Tag Neueröffnung wäre, sind wir ins Kühlhaus und haben alle zusammen ein Likörchen getrunken. Was haben wir alles gemeinsam erlebt! Deutsche Geschichte.

In den 1960er-Jahren zum Beispiel, als die ersten Türken kamen, sind wir ganz groß eingestiegen: Weinblätter, Bulgur, alles, was man gar nicht kannte, haben wir lastwagenweise verkauft. Weil die uns nicht verstanden haben und wir sie nicht, haben wir ein türkisches Ehepaar eingestellt, das vorm Regal stand und Fragen beantwortete. Überhaupt, wir waren 165 Karstädter, nur in der Lebensmittelabteilung. Wir hatten Körbchenschieber und Wagenschieber. Samstags waren manchmal 25 Kassen geöffnet, an jeder drei Leute: Einer tippte ein, einer kassierte, einer verpackte. In der Obstabteilung wurde natürlich bedient. Und wenn die Stammkunden kamen, sagte man ›Guten Tag‹, und Oma und Opa konnten ihre Sorgen erzählen. Wir hatten den Anspruch, dass es bei uns alles zu kaufen gab. Wenn jemand mal nach etwas gesucht hat, was wir nicht im Sortiment hatten, haben wir uns die Telefonnummer des Kunden aufgeschrieben, die Ware bestellt und angerufen, sobald sie da war. Nicht nur in unserer Abteilung.

Im Haus gab es alles, von der Fliese bis zum Fernseher. Alles mit Fachberatung. Wir hatten eigene Monteure, Reparaturdienst, eine Konditorei, einen Fuhrpark mit Chauffeur für die Hausleitung. Karstädter, mit Festvertrag, Karstadt-

Rente, 13. Monatsgehalt, Urlaubsgeld. Zum 25-jährigen Dienstjubiläum bekam ich als Prämie ein volles Gehalt extra und eine Nadel zum Anstecken. Für die Jubilare wurde eine große Feier ausgerichtet. Morgens ein Empfang mit Sekt und Kanapees und ab 11 Uhr in einem Extraraum ein Fest mit allen Kollegen, es konnte kommen, wer wollte. Alles von Karstadt bezahlt.«

Ich denke an Sait, der mir von seinem 15-jährigen Dienstjubiläum erzählte: Kein Fest, keine Schnittchen, aber einen Einkaufsgutschein für Amazon gab es. Es war das einzige Mal, dass Sait etwas extra bekam.

Rüdigers Sause war 1986. Da hatte es schon angefangen mit den Rissen, sagt er. Erst verlor der Körbchenschieber seine Stelle, dann die dritte und auch die zweite Person an der Kasse. Dort, wo Selbstbedienungstheken aufgebaut wurden, auch die Servicekräfte, des Weiteren der Chauffeur und die Fernsehmonteure. Es wurde abgebaut und ausgegliedert und weiter abgebaut.

»Dann ging es los, dass Truppen von Zeitfirmen kamen. ›Sklavenhändler‹, haben wir gesagt. Heute die, morgen die. Persönlich mit ihnen reden durften wir nicht. Wenn wir ihnen sagen wollten: ›Stellen Sie das dorthin oder das da‹, mussten wir zu der Vorarbeiterin oder dem Vorarbeiter. Der hat dann mit ihnen gesprochen.

Zu unserer Abteilung gehörten auch immer drei Behinderte. Mein erster Chef hatte sie eingestellt. Er hatte selbst einen behinderten Sohn. Wir fanden das toll. Die haben alle ihre Arbeit gemacht. Trotzdem hat man dann versucht, auch sie loszuwerden. Da war ich so enttäuscht. Das war nicht mehr mein Karstadt. Statt 165 waren wir am Ende in der Lebensmittelabteilung nur noch 60 feste Kräfte.

Der Druck auf den Einzelnen wurde immer größer. Wir

mussten auf Lohnerhöhungen verzichten, auf Weihnachtsgeld. Es hieß: ›Wir müssen überall sparen.‹ Wenn wir von
der Materialausgabe einen neuen Bleistift haben wollten,
mussten wir das letzte Stückchen des verbrauchten abgeben.
›Neue Mine nur gegen alte Mine.‹ Als ich dann mein 40-jäh-
riges Dienstjubiläum gefeiert habe, war schon alles eingeschränkt. Kein Buffet mehr, kein Fest. Ein Drink bei der
Geschäftsleitung, und dann hieß es: ›Wir gehen mal essen.‹
Aber wenn du Kollegen mitbringen wolltest, musstest du das
selber bezahlen. Ich hätte auch das 50. Dienstjubiläum schaffen können. Aber 2006 wurde dann auch meine Lebensmittelabteilung endgültig aus dem Karstadt herausgelöst.«

Der glatte Bruch im Osten

Dessau

Viel später, schon in der neuen Epoche, die wir »Corona-
Zeit« nennen werden, werde ich ein Karstadt-Warenhaus
betreten, in dem das, was Rüdiger als jahrzehntelangen
schmerzhaften Prozess der langsamen Überdehnung der
Bänder erlebte, die ihn an Karstadt knüpften, im Zeitraf-
fer geschah. Denn dieses Warenhaus steht in dem Teil des
Landes, der Ende der 1980er-Jahre nicht einzelne Risse in
der ansonsten noch ziemlich gesunden Haltestruktur hin-
nehmen musste, sondern einen glatten Bruch, eine »gesellschaftliche Fraktur«, wie der Soziologe Steffen Mau in seinem ausgezeichneten Buch *Lütten Klein* diagnostiziert. Die
DDR war eine »weitgehend homogene Werktätigengesell-
schaft«, schreibt Mau. *Working class homeland.*
   In einer Befragung aus den 1970er-Jahren stuften sich

nicht nur Fabrikarbeiter, sondern auch Verwaltungsperso-
nal, Ingenieurinnen und sogar Leitungskader als »Arbeiterklasse« ein. In der Tat betrug der Lohnabstand zwischen
Menschen, die in der Produktion arbeiteten, und den Hoch-
und Fachhochschulabsolventen nur 15 Prozent. Es war eine
»nach unten hin nivellierte Gesellschaft«, so Mau, eine
»Gesellschaft der ökonomisch relativ Gleichen«. Natürlich gab es Schichten in der DDR. Aber sie waren politisch
begründet, in den Privilegien, die die Staatsführung gönnerhaft gewährte. Aber »das Eigentum an Immobilien, Luxus-
gütern oder Produktionsmitteln war kein hervorstechendes
gesellschaftliches Differenzierungskriterium, das eine Sta-
tusordnung begründet hätte«, so Mau.

Der Bruch, der diese Arbeitergesellschaft zerlegte, war
brutal: Allein von 1989 auf 1990 sackte die Industriepro-
duktion der DDR um über 40 Prozent ab. Von den im Jahr
1989 Erwerbstätigen arbeiteten vier Jahre später gut zwei
Drittel nicht mehr im ursprünglichen Beruf. Fast die Hälfte
aller Beschäftigten war bis 1996 mindestens einmal arbeitslos. Die Arbeitslosenquote schnellte auf über 20 Prozent
hoch. Allein in den ersten beiden Jahren nach der Wende
verließen 1,6 Millionen Menschen den Osten. Die, die blieben, schienen wie eingefroren. Die Zahl der Neugeborenen
halbierte sich, ein Rückgang, wie ihn Demografen noch nie
gemessen hatten. »Der Geburteneinbruch und die massen-
hafte Abwanderung der Mobilen und Qualifizierten hinter-
ließen tiefe, nicht ausgeheilte Narben«, schreibt Mau. Das
sei typisch für gesellschaftliche Frakturen. »Oft verheilen
sie; kommt es aber zu Verschiebungen, muss man ein Leben
lang mit Funktionseinschränkungen leben.«

Eine besonders eindrückliche Narbe ist der »Männer-
überschuss« in der Generation der heute um die 30-Jähri-

gen. Weil Frauen häufig Partner wählen, die älter sind als sie, traf es die kurz vor der Wende Geborenen besonders hart. Die gleichaltrigen Frauen waren bereits vergeben und die etwas jüngeren Jahrgänge nur halb so groß. Und sie passten sich zudem nach und nach den Frauen im Westen an und suchten zunehmend Partner, die sozial über ihnen standen. Und so kämen in dieser Altersgruppe auf 100 potenziell partnerlose Frauen ohne Abitur 300 ungebundene Männer ohne Abitur, schreibt Mau. Ein Großteil von ihnen konnte – einfache Mathematik – keine Familie gründen, keinen Nachwuchs zeugen. So war es auch in Dessau, heute eine der Städte mit der ältesten Wohnbevölkerung des Landes.

Aber spulen wir vor in den Herbst der Corona-Pandemie. In den Rathauspassagen in der Innenstadt Dessau erinnert ein Plakat in Form einer übergroßen Einkaufstüte an das »Rechtslaufgebot«. Regelgerecht schieben die Senioren, die die Mehrheit der Kunden stellen, ihre Rollatoren in Reihe. Vorbei an Tchibo, wo es diese Woche Flusenrasierer gibt, und an Sanifair, wo man zum Schnäppchenpreis von 50 Cent zur Toilette kann, hin zum Platzhirsch, dem Warenhaus. Noch wehen die drei blauen Karstadt-Fahnen hier, wo sie dem Selbstverständnis vieler Mitarbeiter nach hingehören: direkt neben dem Rathaus, am zentralen Platz der Deutschen Einheit.

Wer seine Runden über die drei Etagen dreht, findet hier den gewohnten Produkte-Mix: unten Schulbedarf, Pralinchen, Parfum und Schmuck, Mode im ersten OG, Sport und Spielzeug im dritten, und im zweiten fährt das Warenhaus seine ganze Stärke auf: alles fürs Heim, Teller, Bestecke, Stabmixer, Kühlschränke, Nähgarn, Heimwerkerbedarf, Bettwäsche und Handtücher. Ein älterer Herr probiert einen mintfarbenen kuscheligen Bademantel an. Mein Blick bleibt an dem rührenden Angebot von 25 unterschiedlichen Einkaufstrolley-Modellen hängen. »Für die Stadt sind wir Nahversorger. Da kommt die Omi und holt ihre Strumpfhose und braucht noch eine Glühbirne und einen Farbtopf«, werden die Mitarbeiter später erzählen und stolz auf die rund 1000 zahlenden Kunden verweisen, die hier täglich fündig würden.

Das Kaufhaus hier war das erste neu errichtete Westwarenhaus im Osten, ein Versprechen auf grenzenlosen Konsum für die Dessauer und auf einen festen Platz in der sozialen Marktwirtschaft für die Mitarbeiterinnen und Mitarbeiter.

Konstanze Hofmann, blondes, glänzendes Haar, akkurat geschminkt, in aufeinander abgestimmte Brauntöne gekleidet, ist eine von ihnen. Sie hat in der DDR eine Ausbildung zur Fachverkäuferin im Textilbereich gemacht und dann, nach ihrem Babyjahr 1987, im »Exquisit« angefangen, der ersten Adresse des DDR-Shoppings, dem Laden für die ausgefallene, hochpreisige Mode im Land des Mangels. Mit der Wende verschwand »Exquisit«, und die Filiale Dessau wurde – wie so viele Unternehmen – von einem westdeutschen Glücksritter übernommen. Unangenehm sei das Arbeiten beim »Herrenausstatter«, wie der Laden nun hieß, gewesen, sagt Hofmann. Der Inhaber, halbseiden wie die Hemden, habe immer wieder mit Bekannten im Laden gefeiert. Es sei zu Einbrüchen gekommen. Umso glücklicher war sie, als 1994 Karstadt eröffnen sollte und Mitarbeiter suchte.

»Ein großer Arbeitgeber, es hat sich nach Sicherheit angehört«, sagt Hofmann. »Selbst meine Mutti, die damals Anfang fünfzig war und ihren Arbeitsplatz verloren hatte, wurde angenommen.« Es sei ein schöner Start gewesen. Wenn sie von den ersten Jahren erzählt, hallt da vieles nach von dem, was Rüdigers Karstadt-Zeit prägte. In den ersten Wochen hätten sie sich morgens getroffen. Busse hätten bereitgestanden, um die neuen Karstädter in etablierte Filialen zu chauffieren, zum Anlernen und Einfinden. Eine Fuhre sei auch in Rüdigers Haus am Hermannplatz gegangen. Auf diesen Fahrten hätte sich das Team gefunden. Später räumten sie das neue Haus in Dessau ein, bereiteten vor, eröffneten, mit Sektchen und Angeboten, so erinnert sie sich. Hofmann wurde »Erstkraft HK«, Herrenkonfektion. 25 Mitarbeiter seien sie allein dort gewesen. »Die Herrenkonfektion hatte einen Abteilungsleiter, einen Substituten und eine Erstkraft. Das war damals wirklich ein Wohlstand, auch vom Arbeiten her. Wir waren viele Mitarbeiter auf der Fläche, im Vordergrund stand immer der Kunde. Das war gut. Es ging dann aber relativ schnell los mit dem Personalabbau.«

Sie seien aufgefordert worden, die Arbeitszeit zu reduzieren. Es hätte geheißen: »Wenn ihr weniger Stunden macht, dann sichert ihr eure Arbeitsplätze.« Sie sei auf 130 Stunden im Monat runtergegangen, sagt Konstanze Hofmann. Das bedeutete zwar weniger Geld, aber sie hatte ja den kleinen Jungen zu Hause, den sie im ersten Karstadt-Jahr unter der Woche viel zu selten gesehen hatte. »Mein damaliger Abteilungsleiter aber meinte gleich: ›Wenn die Spirale einmal anfängt, sich nach unten zu drehen, dann dreht sie sich.‹«

Er sollte recht behalten. Auf die ersten Kündigungen folgte Entlassung auf Entlassung. 440 Mitarbeiter seien sie zu Beginn gewesen, so Hofmann, »nun sind wir knapp sechzig«. An einen schwarzen Tag erinnere sie sich besonders genau: »Es war eine Mitarbeiterbesprechung angesetzt. Zusammen mit einer Kollegin, die auch Erstkraft war, bin ich früh um acht Uhr gekommen. Sie hat ihre Karte am Personaleingang durchgezogen, aber die war rot, funktionierte nicht.« Die Kollegin habe Angst gehabt, dass das ein schlechtes Omen sei, ein Signal dafür, dass sie zu den Entlassenen gehörten. »Ich versuche immer, die Fahnen höher zu hängen«, sagt Konstanze Hofmann. Sie sei eher der zupackende, optimistische Typ. »Ich habe ihr geantwortet: ›Bleib mal positiv!‹«

Zu Beginn der Versammlung seien sie dann in drei Gruppen aufgeteilt und in drei verschiedene Räume geschickt worden. »Wo gehst du hin?«, habe die Kollegin noch gefragt. »Sie war woanders. Zu uns kam einer aus der Leitung und hat gesagt: ›Ihre Gruppe ist nicht betroffen.‹ Ich bin raus auf die Etage, aber meine Kollegin kam nicht wieder. Sie war entlassen. Ihre Gruppe haben wir gar nicht mehr zu Gesicht bekommen.«

Und so habe sich die Spirale gedreht, Jahr für Jahr. »Meine Mutti hat es nicht bis zur Rente geschafft«, sagt Hofmann. »Mein Abteilungsleiter wurde nach Hannover versetzt.« Ein Dutzend Mal wechselte die Geschäftsführung der Filiale. Am 18. Juni 2020 war dann der Schlusspunkt erreicht. Die Leitung, so erzählt es Holger Korn, Betriebsrat der Filiale, schaltete alle zu einer sogenannten Eintausend, einer bundesweiten Telefonkonferenz, zusammen. Dort kündigte man an, die Filiale Dessau Ende Januar 2021 schließen zu wollen.

Viele ältere Stammkunden sprachen Konstanze Hofmann an: »Wo sollen wir denn dann einkaufen?«

Die Belegschaft sammelte 13 000 Unterschriften für den Erhalt. Es gab einen Aktionstag der Stadt, eine Menschenkette um das Warenhaus. Die Kündigungen sind raus. Abfindungen wird es nicht geben.

»Ich habe mich 26 Jahre lang nicht beworben«, sagt Konstanze Hofmann.

»Wenn man im Bereich Handel bleiben will, wird alles, was kommt, schlechter«, sagt Betriebsrat Korn.

»Wie ging es Ihnen, als die Nachricht kam?«, frage ich Konstanze Hofmann.

»Meine Arbeitskollegen auf der Etage«, setzt sie an, »ach ...« Sie bricht ab und weint.

Noch haben sie nicht aufgegeben. Betriebsrat Korn redet mit der Politik, mit den Vermietern, sucht Abnehmer für leer stehende Flächen, schreibt Briefe an die Zentrale in Essen. Bislang hat er noch keine Antwort bekommen.

»Es gibt Möglichkeiten zur Rettung«, sagt Korn trotzig. »Wir tun alles, aber aktuell habe ich das Gefühl, dass denen das egal ist. Sie entscheiden. Sie können Standorte schließen, wie sie lustig sind. Aber trotzdem tut es weh. Es ist wie Familie. Es ist wie eine zweite Heimat.«

Die Wende, schreibt der Soziologe Steffen Mau, sei für die Erwerbstätigen im Osten zu einem ungünstigen Zeitpunkt gekommen. Sie fiel in die Phase, in der auch die Aufstiegsmobilität im Westen stoppte. Die goldenen Jahrzehnte des Wachstums waren vorbei, »Einkommenszuwächse fielen schmaler aus, jüngere Jahrgänge konnten nicht mehr ohne Weiteres Vermögen aufbauen. Für die Struktur von Arbeitsmarkt und Beschäftigung bedeutete dies, dass sich schlagartig atypische und diskontinuierliche Beschäftigungsformen verbreiteten.« Die ostdeutschen Arbeiter wurden zu »Pionieren der Prekarität«, wie Mau es nennt, Vorboten der »Jobnomaden, Niedriglöhner, Saisonpendlerinnen und Gelegenheitsarbeiter, die die heutige Dienstleistungsökonomie allgemein auszeichnen«.

Kapitalversagen

Rüdiger

Rüdiger, der altgediente Karstädter, sitzt in einem Wirtshaus vor seinem vollen Teller. Meiner ist leer. Rüdiger hat lange gesprochen. Das Schnitzel vor ihm wird kalt geworden sein. Jetzt sind wir am Ende angelangt. Seinem Ende bei Karstadt, eines der bittersten Erlebnisse seines Lebens. Er hat dem Unternehmen 48 Jahre lang gedient. Die Auslagen, die er betreute, so erzählen es Kollegen, waren immer die akkuratesten. Nach der Übernahme wollte man ihn, so empfindet er es, loswerden. Man verlangte, dass er, auch weil er noch einen alten, gut dotierten Vertrag hatte, bis zur Rente zu REWE wechselt – genau wie seine Abteilung. Was für eine Idee! Undenkbar für ihn, kein Karstädter mehr zu sein.

Rüdiger lehnte ab. Die Geschäftsleitung, so behauptet er, strafte ihn ab. Erst ließ man ihn Verpackungspappe fahren, der klassische Einstiegsjob für Ungelernte. Dann setzte man ihn, den stolzen Erstverkäufer, an die Kasse des Schnäppchenmarktes – mit Blick auf seine alte Abteilung, die er von diesem Tag an nie mehr betrat. Ein großer Bruch, den Rüdiger nur schwer verkraftete.

Ich habe Karstadt detaillierte Auszüge aus Rüdigers Schilderungen geschickt, auch Fragen zu der Entscheidung in Dessau. Mehrmals habe ich die Pressestelle um Antwort gebeten. Ohne Erfolg.

Natürlich ist das Ende der Karstädter ein besonders dramatisches, die Krise des Warenhauses, das durch die Einkaufszentren am Stadtrand, die Erlebnismalls und Flagship-Stores und vor allem den Online-Handel bedroht ist, eine existenzielle. Die Managementfehler, die hier begangen wurden, waren außergewöhnlich. Der damalige Vorstand Wolfgang Urban war es, der zu Beginn der 2000er-Jahre die große Umstrukturierung »Challenge« ausrief und zwei Dinge tat, die fatal waren: Zum einen zerstückelte er das Warenhaus, vermietete Flächen an einzelne Marken unter, das nervige »Shop in Shop«-Prinzip, die verkappte Mall. Eine Strategie, die heute dazu führt, dass kein Verkäufer für das große Ganze zuständig ist, sondern den Kunden eben mit »Entschuldigen Sie, ich mache nur Depot« oder »Das hier ist die Hugendubel-Kasse« zurücklässt.

Der zweite Teil von Urbans »Challenge«: Er kaufte recht wild Unternehmen zu, blies das Warenhaus zum Konzern auf. Karstadt beteiligte sich am Deutschen Sportfernsehen, an Starbucks Deutschland, kaufte mit dem »Golf House« und »SinnLeffers« zwei Ausstatter der Generation Beige, dazu mehrere Fitness-Klubs. »Wir waren plötzlich ein Hans Dampf in allen Gassen«, erinnert sich Rüdiger. »In meinen Augen war das Größenwahn.«

Die Challenge endete als Mega-Fail. Weil die Zahlen nicht stimmten, entließ Urban mehrere Tausend Karstädter. In den Artikeln damals die immer gleichen Rausschmiss-Euphemismen: Urbans »Rosskur«, Urban »regiert mit dem Rotstift«. Manche Anteilseigner nörgelten, ihnen war die Rendite zu gering. Gerhard Schröder berserkerte: »Es handelt sich um Managementversagen in seiner krassesten Form«, »Unfähigkeit bis zum Gehtnichtmehr«.

Die Wende sollte einer bringen, der Anfang der 2000er-Jahre als Jahrhunderttalent des Managements galt: Thomas Middelhoff, Big T, zunächst als Aufsichtsrat, dann als Vorstand. Euphorisch wurde er schon bei seiner ersten Station, dem Medienhaus Bertelsmann, gefeiert: der »erste Popstar« unter den Managern, einer der zehn dynamischsten Deutschen, die dem Land »den Weg ins neue Jahrtausend weisen«. Später, da war er schon bei Karstadt, hob ihn die Zeitschrift *Bunte* in die »Top Ten der einflussreichsten Menschen Deutschlands«, die *Newsweek* nannte ihn einen von »10 Big Thinkers for Big Business«. Rüdiger weiß noch, dass der Neue in der Filiale wie ein Messias empfangen wurde. »Wenn es hieß: Middelhoff kommt! Middelhoff kommt! Da hätten wir alle am besten auf dem Fußboden liegen müssen. Und er ist dann auch durch das Haus hindurchgeschritten.«

Zunächst schien es tatsächlich so, als hätte Middelhoff übermenschliche Kräfte. Er taufte das Unternehmen, das nach der Fusion mit dem Versandhaus der Familie Schickedanz zwischenzeitlich »KarstadtQuelle« hieß, auf den neuen Namen »Arcandor«. Er ließ die Investoren träumen. Der Aktienkurs stieg von knapp 8 Euro bei seinem Amtsantritt auf fast 30 Euro. Es schien wie der Sieg der Finanz- über die Realwirtschaft. Denn Middelhoff baute das Sortiment nicht um. Er erschloss keine neuen Zielgruppen. Seine einzige, vage Antwort darauf, wie das Warenhaus den Weg ins neue Jahrtausend finden könnte, war: »Alles auf Luxus.« Die Karstädter könnten in schwarzen Kostümen oder Anzügen auftreten, fantasierte er. Der Konzern könne, statt Bremerhaven, Kaiserslautern oder Siegen zu versorgen, Luxustempel in London, Paris, Moskau oder Shanghai eröffnen.

Middelhoffs Spielplatz war der Finanzmarkt. Er verschob Firmenanteile, kündigte an, die Zukäufe aus der Ära Urban wieder loswerden zu wollen: die Anteile an Starbucks, Fitnessstudios, SinnLeffers, aber auch 70 kleine bis mittelgroße Warenhäuser. Plötzlich sollte alles raus. Dafür schlug er anderswo zu, übernahm die Tourismuskonzerne Thomas Cook und My Travel, das frühere Airtours. Er taufte den

Versandhandel, bestehend aus Neckermann und Quelle, in »Primondo« um und versprach: »2010 oder 2011 werden wir Amazon beim Umsatz, der durch elektronischen Handel generiert wird, überholt haben.«

Man hätte damals schon den Schaumschläger in ihm erkennen können, der er war. Aber stattdessen traf sich der Inner Circle der Karstadt-Eigentümer in Madeleine Schickedanz' Anwesen in St. Moritz, um dort, wie man in Massimo Bongnannis exzellent erzähltem Buch *Middelhoff. Abstieg eines Star-Managers* nachlesen kann, auszuhecken, wie man KarstadtQuelle zu Cash machen konnte. Schickedanz und Vermögensverwalter Richard Esch sollten sich die Konzernmehrheit sichern, Karstadt dann von der Börse nehmen, zerschlagen und die Einzelteile für viel Geld verkaufen. Allein die Immobilien würden mehr einbringen als die eine Milliarde, die der Konzern an der Börse wert war.

In der Öffentlichkeit versprach Middelhoff, nicht als Finanzinvestor zu kommen. »Es ist nicht eine Aufgabe, die mit Aufspaltung zu tun hat. Es geht um Sanierung, und es geht um Kontinuität und die Sicherung der rund 100 000 Arbeitsplätze.« Er schwor die Mitarbeiter auf Kürzungen ein, auf einen Solidarpakt für das Unternehmen. Im Hintergrund machte er Karstadts Substanz zu Geld: Für 4,5 Milliarden Dollar verkaufte er einen 51-prozentigen Anteil an 85 Warenhäusern, 12 Sportläden, 15 Bürogebäuden und 29 Parkhäusern an den Immobilienfonds Whitehall, eine Tochter der Investmentbank Goldman Sachs. Ihn lockte der 100-Millionen-Euro-Bonus, den Schickedanz ihm in St. Moritz versprochen hatte, wenn er den Wert ihrer KarstadtQuelle-Anteile auf über eine Milliarde triebe.

Middelhoffs Leben war teuer. Er wohnte mit seiner Frau und den fünf Kindern in einer Villa in Bielefeld, Park und

Stallungen inklusive. Als er noch bei Bertelsmann war, hatte sich die Familie zudem in ein Anwesen in St. Tropez verliebt. Bevor sie die Villa Aldea kaufen konnten, mieteten sie sie: für 300000 Euro im Monat, dazu kam der Unterhalt für die in Frankreich ankernde 33-Meter-Jacht »Medici«.

Aber der Plan scheiterte. Die Konzernbilanz war desolat. Auch weil Karstadt nun für die ehemals eigenen Warenhäuser Jahr für Jahr 280 Millionen Euro Miete zahlen musste. Der Aktienkurs sackte auf 1,58 Euro. Als das Ende nahte, verlangte Middelhoff öffentlich einen Lohnverzicht von den Mitarbeitern, setzte Weihnachts- und Urlaubsgeld aus, »Zukunftspaket« nannte er das. Er selbst brachte seine Forderungen für den eigenen Abschied handschriftlich zu Papier. Middelhoff verlangte von Arcandor: 10 Fixgehälter, insgesamt 470000 Euro, dazu: 100 Prozent Bonus (warum auch immer), 1,4 Millionen Euro. Ferner ein Übergangsgeld von zwei Millionen und eine Karenzzahlung von 1,128 Millionen sowie ein Ruhegeld auf Lebenszeit in Höhe von 141000 Euro pro Jahr und, als Schmankerl, einen Beratervertrag bei der Bank Sal. Oppenheim, Kreditgeber von Karstadt, dotiert mit vier Millionen Euro jährlich.

Crazy. Getoppt nur noch von dem, was das Gericht später referierte, als Middelhoff der Prozess gemacht wurde, weil er Karstadt finanziell geschadet habe. 2008 und 2009, als Rüdiger und seine Kollegen längst auf etliche ihrer Euro verzichten sollten, um ihren Laden zu retten, ließ sich Middelhoff viele Male mit dem Helikopter von seinem Anwesen in Bielefeld zur Konzernzentrale in Essen fliegen. Der Konzern hatte ihm einen Wagen mit Fahrer gestellt, eine Dienstwohnung in Düsseldorf gemietet, aber nur im Heli konnte Middelhoff den lästigen Montagmorgen-Stau am Kamener

Kreuz vermeiden. Kosten: 74 000 Euro. Dazu 26 private oder teilweise private Reisen im Wert von gut 300 000 Euro, die sich Middelhoff vom Unternehmen hatte zahlen lassen. Immerhin einer verteidigte seinen Vor-Vorgänger vor Gericht: Wolfgang Urban sagte, auch er sei zu seiner Zeit immer wieder gern mit dem Privatjet geflogen – auch in die USA oder nach Spanien. Auch der Sicherheit wegen, argumentierte er. Schließlich habe er bei Karstadt 14 000 Stellen gestrichen. »Natürlich hat man da nicht nur Freunde.«

Kurz nach Thomas Middelhoffs Abgang war Arcandor insolvent, eine der größten Pleiten der deutschen Wirtschaftsgeschichte. Der Insolvenzverwalter urteilte knapp: »In diesem Haus gibt es wirklich nichts, was nicht anderen Leuten gehört.« Middelhoff hatte alles vertickt. Seine Villa in St. Tropez kaufte ein Ehepaar, das als Investmentbanker bei Goldman Sachs reich geworden war, für knapp 23 Millionen Dollar.

»Middelhoff hat uns den Garaus gemacht«, sagt Rüdiger. »Der Urban ist mit einer Millionenabfindung gegangen und Middelhoff auch.« Ihn selbst aber habe das Ende seines Lebens als Karstädter krank gemacht. »Ich war am Boden. Ich habe viel geweint, war depressiv. Mein Mann ist dann mit mir zum Arzt gegangen.« Es dauerte Monate, bis Rüdiger wieder auf die Beine kam.

Das Karstadt-Drama ist ein einzigartiges. Aber in Varianten wurde es in etlichen Firmen zur Aufführung gebracht.

Das Ende der Familie

Ich sitze auf dem raumgreifenden Sofa im Wohnzimmer der Freunde meiner Eltern, 500 Meter vom Karstadt-Warenhaus entfernt. Sie ehemalige Karstädterin, er ein Leben lang Siemensianer. Auch für ihn war das Ende der 1980er-Jahre eine Zäsur. Stellen von Kollegen, die in Rente gingen, wurden nicht nachbesetzt. Die Arbeit verdichtete sich. Der Druck auf den Einzelnen stieg. »Irgendwann war sich jeder selbst der Nächste«, sagt er. Als er in den 1970er-Jahren anfing, habe Siemens sehr viel für das Familiengefühl in der Belegschaft getan. Bibliotheken, Sport, Erholungsheime im ganzen Land. Orte wie Eschenlohe bei Garmisch lebten davon, dass Siemensianer zu Hunderten zu Kreislaufkuren geschickt wurden. Es gibt rührende Postkarten, auf denen die Mitarbeiter mit Badekappe auf dem Kopf und Arm auf der Schulter des Nebenmannes einen verschworenen Kreis im Swimmingpool bilden oder sich, nur mit Badehose bekleidet, sonst nackig, im Schnee wälzen. Is' nicht mehr.

»Sozialintegrative Unternehmenstradition« nennt die Forschung das, aktive betriebliche Sozialpolitik – »von günstigen Werkswohnungen über Ferien- und Freizeitangebote bis hin zu Betriebsrenten«, heißt es in *Jenseits von Kohle und Stahl*. Aber all das ging spätestens in den 1990er-Jahren endgültig zugrunde. Zum einen, weil, wie Raphael schreibt, Wettbewerbsdruck und der Wunsch, Produktionskosten zu drücken, »in fast allen Unternehmen im Untersuchungszeitraum den alten, zumeist in der Zwischenkriegszeit etablierten Instrumenten betrieblicher Sozialpolitik das Wasser abgegraben (hatten): Werkswohnungen wurden immer seltener, betriebliche Sport-Freizeit oder Urlaubsangebote wurden zurückgefahren oder abgeschafft. Kreditmöglichkeiten für Mitarbeiter eingeschränkt.« Zum anderen, weil viele der großen Konzerne, die das alte Modell trugen, zerlegt wurden. Der US-amerikanische Ökonom Gerald Davis beschreibt in seinem Buch *The Vanishing American Corporation*, wie nach den 1980er-Jahren die dominierenden US-Konzerne zu schrumpfen begannen.

Sein Großvater, erinnert sich Davis, arbeitete von 1919 bis zu seiner Rente fünfzig Jahre später bei Ford. Ein Leben von und mit dem Konzern. Der Großvater konnte sein Haus mit Produkten der Ford-Tochter Dearborn ausstatten, sein Kühlschrank war von Ford Philco, er konnte die Einkäufe mit dem Ford-Kredit finanzieren und – logisch – mit dem Ford heimfahren. »Was auch immer ihre Fehler waren«, schreibt Davis, »Großkonzerne waren eine Quelle ökonomischer Möglichkeiten und von Stabilität für die Arbeiter.« Zu Beginn der Karriere von Davis' Großvater arbeiteten allein 100 000 Menschen in Fords größtem Werk am River Rouge in Michigan – das sind ungefähr so viele, wie heute einer der Platzhirsche, Google, weltweit beschäftigt. Was war passiert?

Zum einen hatten, wie bekannt, die Finanzmärkte nach den 1980er-Jahren das Ruder übernommen, oder besser »die Räder«, wie Larry Summers, Bill Clintons Minister, später Barack Obamas Berater, selbstbewusst formulierte: »Die Finanzmärkte ölen nicht die Antriebsräder des ökonomischen Wachstums – sie sind die Räder.«

Na ja, und diese Räder trieben die Großunternehmen dazu an, schlanker zu werden, nicht profitable Unternehmensteile abzustoßen, Lieferketten zu globalisieren. »Nikefication« nennt Davis diese Prozedur, beglückte der Schuhhersteller die Finanzmärkte doch ganz besonders mit seiner Strategie, alles außer Design und Marketing outzusourcen.

Die Europäer kopierten die neue Unternehmenskultur, schreibt Lutz Raphael. Den Abbau der Lagerhaltung, die *Just in time*-Produktion, das Outsourcing an Zulieferer und Subunternehmen mit teilweise dramatisch geringeren Standards, was Löhne und Arbeitsbedingungen angeht. In einer Studie, die die saarländische Automobilindustrie in den späten 1990er-Jahren untersuchte, fanden die Forscher heraus: Von den 40 000 Beschäftigten dieser Branche waren nur noch 6000 bei Ford direkt tätig. 20 000 arbeiteten für Zulieferer und noch mal 10 000 bei Sublieferanten.

In Fords Werk am River Rouge stehen heute nur noch 6000 Menschen unter Vertrag. Konkurrent General Motors hat seit den 1980er-Jahren drei Viertel seiner Stammbeschäftigten verloren. General Electrics schrumpfte von fast 400 000 auf 200 000 Arbeitskräfte. So ist es eben, könnte man sagen: Unternehmen entstehen, Unternehmen vergehen. Der Kapitalismus braucht die Zerstörung. Allerdings sieht das Neue, das aus den Trümmern des Alten erwächst, ganz anders aus, insbesondere was die Belegschaft angeht. Davis schreibt: »In der Nachkriegszeit waren die größten Konzerne zumeist auch groß bezüglich der Umsätze, der Arbeitnehmerzahlen, der Assets und des Marktwerts. Heute müssen diese verschiedenen Aspekte von Größe nicht mehr zwangsläufig in Zusammenhang stehen.« Die neuen Tech-Konzerne, die die alten Riesen ablösten, wuchsen zwar gewaltig in puncto Umsatz und Marktwert – was die Zahl ihrer Angestellten anging, blieben sie aber meist winzig.

In der Tat: Zählt man alle Menschen, die zum Beispiel bei den großen Digitalunternehmen Spotify, Netflix, Facebook, Google und Apple beschäftigt sind, zusammen, kommt man auf rund 300 000. Das sind weit weniger Menschen, als in einem der klassischen Konzerne der alten Industriewelt wie beispielsweise Siemens arbeiteten.

Und auch bei der BVG, der Betreiberfirma der Berliner U-Bahn, waren einmal 27 000 Menschen fest angestellt, heute sind es noch 14 000. Knapp die Hälfte ist also raus. Dabei ist das Netz größer geworden, die Zahl der Fahrgäste gestiegen, die Arbeit sicher nicht weniger. Aber sie wird eben von Menschen wie Sait erledigt, die zwar im Dienste der BVG arbeiten, aber nicht mehr mit Festvertrag. Mitte der 1990er-Jahre wurde die Bahnhofsreinigung outgesourct.

An einem Donnerstagvormittag sitze ich im BVG-Stammhaus, direkt über dem kleinen Park, an dem Sait wohnt und der an diesem Tag tatsächlich so aussieht, wie er ihn beschrieb: Die Kinder sind in der Schule, für Erholungssuchende ist es zu kühl, geblieben sind die, die mangels Alternative im Park rumlungern, Plastiktüte links, Flasche rechts. Im vierten Stock bin ich mit vier BVGlern verabredet, die einmal Saits Arbeit getan haben. Es ist eine Nostalgierunde, Erzählungen aus einer längst vergangenen U-Bahn-Welt, die aber gerade einmal vor 25 Jahren unterging.

Damals war Saits Job auf mehrere Schultern verteilt. An jedem Bahnhof saßen in kleinen, meist gemütlich hergerichteten, mit Kochplatte und Kaffeemaschine ausgestatteten Häuschen Zugabfertiger, so erzählen sie. Sie haben Fahrkarten verkauft, Auskünfte gegeben, »Zurückbleiben, bitte« gerufen und sich darum gekümmert, dass die Bahnsteige in Ordnung waren. Sie haben durchgefegt, Unrat aufgesammelt und, wenn es sein musste, »die BAs« alarmiert, die Bahnhofsarbeiter. Auch sie haben gereinigt, nachts gründlich, drei Bahnhöfe pro Schicht, tagsüber nach Bedarf, das Grobe. Zugabfertiger und BAs waren Teil der BVG-Belegschaft. Das bedeutete, sie hatten neben ihrem Einstiegsgehalt von 16 bis 18 Mark auch Anspruch auf eine Betriebsrente, erhielten Urlaubsgeld, Nachtzuschlag, Tunnelzuschlag und Aufschläge für Verunreinigungen. Das Extra, das mich am meisten fasziniert: Wischten sie Urin weg, bekamen sie dafür 5 Mark, für Erbrochenes auch, 7 Mark war die »Ekelprämie« für Kot. Gäbe es das heute noch, wäre Sait nach so manch heftiger Schicht ein gemachter Mann.

Als wir schon lange reden, hat einer der vier die Idee, einen Kollegen, der »in der Vergangenheit« lebt, wie sie sagen, nach einem alten Vertrag zu fragen. Er bricht auf, kommt aber nach einer langen Runde durch das BVG-Haus unverrichteter Dinge zurück. »Ich finde den nicht.«

»Hast du auf dem Massagestuhl geguckt?«, erkundigt sich der Kollege.

»Als Erstes. Aber da liegt der Krause.«

Gemütlich hier. Wir plaudern noch lange über die guten alten Zeiten. Die Vorstellung, dass an wirklich jedem Bahnhof, rund um die Uhr, ein echter Mensch saß, verzückt mich. Wie schön wäre das! Nie wieder bange Blicke beim nächtlichen Warten am Gleis. Tagsüber nie wieder die Sorge auf der Treppe, ob alles, was unten zu sehen sein wird, für Kinderaugen geeignet ist. Nie wieder der frustrierende Kampf mit dem kaputten Automaten.

»Man hat uns das vorgerechnet«, sagt eine der ehemaligen Zugabfertigerinnen, heute Personalrätin. »Es waren Zahlen und Fakten. Und es hieß, dass es sich nicht rechnet, wenn die BVG die Reinigung selber macht.«

»Aber was heißt das?«, frage ich. »Reinigung rechnet sich nie.«

»Wer BWL studiert hat, kann das ganz einfach erklären«, sagt ihr Kollege. »Das Outsourcing bringt immer finanzielle

Vorteile. Ich bezahle eine Pauschale für 40 Bahnhöfe und muss mich um nichts mehr kümmern. Das war die Philosophie.«

»Die Leidtragenden sind die Mitarbeiter, die heute die Reinigung machen«, sagt die Kollegin.

»Aber nicht nur die. Ich würde gern noch unten in der Yorckstraße sitzen und ›Zurückbleiben, bitte‹ rufen. Mir hat das Spaß gemacht.«

»Wenn die Arbeit getan war, dann haben wir mit den Bahnhofsarbeitern und den Zugabfertigern noch zusammengesessen und gegessen. Da hat auch der türkische Kollege seine Spezialitäten mitgebracht, und am Abend hat man sich verabschiedet: ›Bis morgen. Was bringst du mit?‹«

»Irgendwie war das Familie.«

Natürlich neigt der Mensch dazu, die Vergangenheit durch einen rosafarbenen Filter zu betrachten. Ich weiß nicht, ob es wirklich das Idyll am Gleis war, das die vier beschreiben. Ich weiß auch nicht, wie teuer die Fahrkarte heute wäre, wenn es noch Zugabfertiger gäbe und Bahnhofsarbeiter mit Festvertrag und Betriebsrente. Was ich aber weiß, ist, dass der Umbruch, so, wie er geschah, kurzsichtig und auch ein bisschen feige war. Ist es wirklich das, womit Vorstände ihre Bezüge rechtfertigen wollen: Reinigungskräfte auslagern und ihnen all die Extras streichen, die ihnen zustanden? Ihnen den BVG-Blaumann nehmen und die Kotz-Zulage und das Gefühl, Teil des Teams zu sein?

Die Berliner Verkehrsbetriebe werden mir später dazu in nüchternen Worten schreiben: »Allgemein ist die Vergabe von Aufträgen an Fremdfirmen ein normaler Vorgang und findet bei der BVG nicht nur für Reinigungs-, sondern zum Beispiel auch für Bau-, Sicherheits- und Kontrollleistungen statt. Als Berliner Landesunternehmen ist die BVG zur

Wirtschaftlichkeit verpflichtet, die Vergabe von Leistungen an Fremdfirmen ermöglicht es, bedarfsgerecht zu agieren.«

Wer wissen will, in welcher Geisteshaltung dies geschieht, der muss eigentlich nur die weiteren Antworten auf meine Fragen zu Saits Dienst in den Bahnhöfen der BVG in der freundlichen, aber in ihrer Gleichgültigkeit kaum zu übertreffenden Mail des Unternehmens lesen.

Wie man Saits Lohn bewerte? »Der Lohn, den der Arbeitnehmer von seinem Arbeitgeber erhält, obliegt dem Arbeitsverhältnis zwischen Arbeitnehmer und Arbeitgeber.«

Was aus den Aufschlägen für die Beseitigung von Kot und Urin geworden sei? Der Tarifvertrag der BVG sähe diese für »ekelerregende Reinigungsarbeiten« immer noch vor. »Inwiefern auch Auftragnehmer ihren Angestellten solche Zuschläge zahlen, liegt nicht im Ermessen der BVG.«

Ob es nicht sinnvoll sei, die Reiniger zu zweit in die Bahnhöfe zu schicken, um gefährliche Situationen zu vermeiden? »Eine Reinigung im Team zur Steigerung der subjektiven Sicherheit erscheint durchaus sinnvoll. Dies ist jedoch eine Entscheidung des Arbeitgebers.«

Wie angenehm, dass man nicht nur die Arbeitskräfte, sondern auch jegliche Verantwortlichkeit einfach outsourcen kann.

Bevor ich gehe, frage ich noch in die Nostalgie-Runde: »Dürfen Sie eigentlich gratis U-Bahn und Bus fahren?«

Die vier nicken. Noch gelte dieses Privileg für Festangestellte. Der Senat habe aber entschieden, dass die nächste Generation der BVG-Beschäftigten sich eine Fahrkarte wird kaufen müssen wie jedermann, also wie Sait heute schon.

Auch danach, warum er nicht gratis fahren dürfe, hatte ich das Unternehmen übrigens gefragt. Die Antwort, logisch, lautete so:

»Selbstverständlich können auch Fremdfirmen ihren Angestellten einen persönlichen Fahrausweis als freiwillige Arbeitgeberleistung anbieten oder das vergünstigte Firmenticket anbieten. Die Frage ist daher an den Arbeitgeber zu richten.«

Das würde ich in der Tat auch gern tun. Allerdings wäre dann Sait, der um Anonymität gebeten hatte, in seinem Unternehmen enttarnt.

Mit der Zerstückelung der Belegschaften einher ging aber noch etwas anderes, ebenso Grundsätzliches: Viele Unternehmen änderten diskret die Art der Beziehung, die sie mit ihren Arbeitnehmern einzugehen bereit waren. Ein Vertrag war nicht mehr der Beginn einer lebenslangen Ehe, sondern allenfalls einer Lebensabschnitts-Partnerschaft.

Bis in die 1980er-Jahre schien das Berufsleben vieler Arbeiter relativ berechenbar. Wer seine Aufgaben ordentlich erledigte, wer fleißig war und loyal, der konnte darauf setzen, auf gerader, aufsteigender Laufbahn bis zur Rente dahinzugleiten. Ganz so, wie es der ursprünglichen Bedeutung des Begriffs »Karriere« entspricht. Bezeichnete das Wort doch früher eine Straße für Kutschen, und als es »schließlich auf die Arbeit angewandt wurde, meinte es eine lebenslange Kanalisierung für die ökonomischen Anstrengungen des Einzelnen. Der flexible Kapitalismus hat die gerade Straße der Karriere verlegt«, schreibt der Soziologe Richard Sennett, einer der großen Chronisten dieses Wandels. Als ich ihn für ein Interview in seinem New Yorker Apartment in der Nähe der Metropolitan Opera traf, konnte ich mich kaum von der gläsernen Fensterfront losreißen, die einen unverschämt malerischen Blick über die schönste Stadt der Welt bot. Der Rauch drehte sich aus den Schornsteinen, die Feuertreppen klebten an den Ziegelwänden.

Es sei faszinierend zu beobachten, wie sich sein Viertel wandle, sagte Sennett, wie die wenigen Arbeiter, die sich in diesen Straßen noch halten könnten, auf die neuen Reichen träfen, die zugezogen seien. Einige Kilometer von seiner Wohnung entfernt, in einem Burger-Imbiss im Hudson Valley, interviewte Sennett über Wochen eine Gruppe von Programmierern. Die Männer hatten bei IBM gearbeitet, noch eine der Firmen, die bis Mitte der 1980er beispielhaft für die alte Konzernkultur war. IBM verlangte Loyalität bis zum Korpsgeist – in der Tradition des langjährigen Chefs Thomas Watson Sr., der sich selbst als moralischen Vater der Truppe sah. Es gab sogar ein Firmenlied:

With Mr. Watson leading
to greater heights we'll rise.

And keep our IBM
respected in all eyes.

Im Gegenzug sorgte die Firma treu für ihre Angestellten. Krankheit und Alter waren exzellent versichert, es gab Kindergärten, Finanzierungshilfen beim Hauskauf und sogar Mitarbeiter-Golfplätze. Mit den 1980er-Jahren endete all das. In der ersten Hälfte des Jahres 1993 entließ die Firma ein Drittel ihrer Mitarbeiter im Hudson Valley, unter anderem Sennetts Gesprächspartner, Männer mittleren Alters, die immer darauf vertraut hatten, mit der Firma die goldene Hochzeit feiern zu können, die sichere Karrierestraße nie mehr verlassen zu müssen. Nun saßen sie da und suchten nach Gründen: Managementversagen? Jüdische Weltverschwörung? Eigenes Versagen? Auf der Suche nach Halt testeten sie alle Erklärungsmuster und kamen am Ende zu dem Schluss, dass sie sich zu sehr auf die Firma als Familie verlassen hatten, statt dorthin zu gehen, wo die neuen Tech-Stars erblühten. Sie hatten die Loyalität der alten IBM-Welt weitergelebt, obwohl sich die Firma längst verändert hatte.

Laufbahn *is over*

Dieser Wandel trifft vor allem die Angehörigen der *working class*, die nicht bereits auf dem Gipfel des Erfolgs geboren wurden, sondern darauf angewiesen sind, stetig über die Karrierestraße nach oben geführt zu werden. »Die Bedeutung eines Einstiegsjobs ist doch, dass er die erste Stufe einer Leiter ist«, schreibt Davis in *The Vanishing American Corporation*: von der Aushilfe in der Poststelle zum Abteilungsleiter. Das seien die Laufbahnen gewesen, die die alten Konzerne anboten. Oder, denke ich beim Lesen: von der Poststelle zum Chef-Erschrecker, wie es Sully im Disney-Kassenschlager »Die Monster AG« gelang, nachdem er von der Uni geflogen war. Wenn aber die Post von einem Subunternehmen verteilt oder die Aufgabe von Mini-Jobbern erledigt wird, ist dieser Weg verbaut – egal, welche Talente in einem schlummern.

In einer seiner berühmtesten Fallstudien hat Sennett beobachtet, welche Folgen es hat, wenn Mitarbeiter ihre Tätigkeit nicht mehr als Teil einer Laufbahn sehen, sondern als Job, nicht mehr als Ehe, sondern als Affäre. 1972 interviewte er für sein Buch *The Hidden Injuries of Class* das Team einer kleinen Bäckerei in Brooklyn. Die Angestellten schufteten damals in einer heißen Backstube, ihre Arbeit war gefährlich, Verbrennungen häufig. Aber ihr Zusammengehörigkeitsgefühl war groß und ihr Selbstbild klar. Sie waren

Bäcker, ihre Gruppe hatte klare Hierarchiestufen, auf denen Neuankömmlinge über die Jahre emporsteigen konnten. Die Backstube war das, was Max Weber »Gehäuse« nennt, der Rahmen, innerhalb dessen sie ihr Leben als lineare Geschichte erzählen konnten.

Als Richard Sennett für die Arbeit an seinem Buch *Der flexible Kapitalismus* in die Bäckerei zurückkehrte, hatte sich die Lage auf den ersten Blick gebessert: Es war nicht mehr so heiß, die Arbeit deutlich einfacher, erledigten doch nun Maschinen das Backwerk. Die Aufgabe der Mitarbeiter bestand darin, diese zu bedienen und zu überwachen. Kein Handwerk mehr, sondern ein schnell zu erlernender Job. Obwohl die Arbeit weit weniger beschwerlich schien, hatte sich die Stimmung verschlechtert. Die meisten blieben nur kurze Zeit in der Bäckerei und wechselten dann in andere Dienstleistungsjobs – aus eigenem Antrieb oder weil ihre Verträge nicht verlängert wurden. Die Backstube taugte nicht mehr als Ort für eine lebenslange Laufbahn.

Die Arbeiter hatten die Werte des »flexiblen Kapitalismus« verinnerlicht, sagt Sennett: »Bleib in Bewegung! Geh keine Bindungen ein! Bring keine Opfer!« Das Gehäuse war zerbrochen. »Immer wieder sagten die Leute mit anderen Worten dasselbe«, so Sennett: »Eigentlich bin ich gar kein Bäcker.« Das berufliche Identitätsgefühl der Menschen war schwach. »Dies ist das Problem des Charakters im modernen Kapitalismus«, so Sennett. »Es gibt eine Geschichte, aber keine gemeinsame Erzählung der Schwierigkeiten und daher kein geteiltes Schicksal.« Die Frage »Wer braucht mich?« sei eine, die viele Firmen ihren Mitarbeitern auf Dauer nicht mehr beantworten wollten. Die Jobber in der Bäckerei hatten sich angepasst.

Anders als Rüdiger, der auf ewig Karstädter blieb, selbst

als die Firma ihn im Stich gelassen hatte, anders als die Programmierer von IBM, anders auch als der Informatiker, Mitte vierzig, mit dem ich mich in einem Berliner Café treffe, neutrales Terrain, weit weg von seinem Arbeitsort. Ein kurzes Abtasten, dann erzählt er.

Seit seiner Ausbildung habe er die IT eines Sozialunternehmens betreut. Die Firma wuchs, immer mehr Standorte kamen dazu. Schließlich waren sie 650 Mitarbeiter, und er war der Einzige, der für das immer größere Netzwerk, zusammengebastelt von einem externen Dienstleister, zuständig war. Das System sei komplett überlastet gewesen, sagt er. »Ständig stürzte der Server ab. Alle fünf Minuten hat das Telefon geklingelt, weil es Probleme gab. Mein Anspruch war, die Mitarbeiter jederzeit arbeitsfähig zu halten. Deshalb hatte ich das Handy immer dabei. Wenn meine achtjährige Tochter mit mir ins Schwimmbad wollte, habe ich gesagt: ›Das geht nicht!‹ In Spitzenzeiten hatte ich 250 Überstunden. Den Urlaubsort habe ich danach ausgesucht, ob es WLAN im Hotelzimmer gab. Im Alltag wurde ich immer aggressiver, auch meiner Tochter gegenüber. Ich war nicht mehr ich selber.« Gut 2000 Euro hat er verdient. Nicht gerade ein üppiges Schmerzensgeld, aber okay.

Im März 2019 dann kam die Mail von der Geschäftsführung, an einem Freitag. Darin stand: »Wir haben einen IT-Projektleiter berufen. Montag wird er anfangen.« Es war die erste Ohrfeige: »Ohne Rücksprache mit mir«, sagt er.

Drei Monate arbeiteten beide nebeneinander her, dann bestimmte der Vorstand: Der Neue würde das Zwei-Mann-Team von nun an leiten. »Ich wurde degradiert, mein Gehalt abgesenkt.« Wenig später folgte die Kündigung. Der Betriebsrat kämpft seitdem dagegen, aber erst mal darf er seine Firma nicht mehr betreten.

Er, ein Mann der Zahlen, dem große Gefühle und Worte stets fremd waren, reagierte mit einem depressiven Schock. »Anpassungsstörung«, diagnostizierte der Therapeut, den er nach langem Zögern, als es immer schlimmer wurde, aufsuchte. Eine Erkrankung, die Psychologen oft als Folge eines extrem belastenden Ereignisses diagnostizieren, wenn zum Beispiel eine Beziehung scheitert oder ein Mensch stirbt. Aber eben auch, wenn die Firma, für die man meint so viel geopfert zu haben, diesen Einsatz nicht belohnt, sondern die Arbeitsbeziehung beendet.

Die Sozialpsychologen nennen das Prinzip, das verletzt wird, den Glauben an eine gerechte Welt. Folgt man dieser Theorie, die in den 1960er-Jahren von dem US-Forscher Melvin Lerner entwickelt und seitdem in zahlreichen Experimenten überprüft wurde, so haben Menschen ein tief verwurzeltes Bedürfnis, daran zu glauben, dass die Welt im Großen und Ganzen gerecht funktioniert, dass der Einzelne über kurz oder lang das bekommt, was er verdient, dass Anstand und Einsatz – nicht immer sofort, aber auf lange Sicht – belohnt werden. Lerner ging davon aus, dass dieser Glaube für den Menschen überlebensnotwendig sei. Denn das Vertrauen auf die Weltenregel »Jeder bekommt, was ihm zusteht« mache es dem Menschen möglich, auf lange Sicht zu planen, im Hier und Jetzt Anstrengungen zu unternehmen, die sich erst in Zukunft auszahlen, die einzelnen Entscheidungen des Lebens mit Sinn und Bedeutung aufzuladen.

»Je verletzlicher die Position, umso weniger will man von Wandel hören«, schreibt Robert Misik. »Der Verwundbare schätzt nicht den Wandel, sondern Stabilität und Gemeinschaft. Für die oberen Schichten bedeutet Wandel, dass du dich weiterentwickelst oder ein Start-up gründest.

Für die Arbeiterklasse heißt Wandel meist, dass du gefeuert wirst.«

Verstoßen

Christian

Ob Christian ins U-Bahn-Gleis sprang oder stürzte? Er weiß es nicht, und er ist sich nicht sicher, ob er es überhaupt einmal herausfinden kann, herausfinden *will*, und vielleicht ist es am Ende auch nicht so wichtig. Ihm bleiben nur Fragmente dieses fatalen Samstags: Er erinnert sich daran, die Wohnung geputzt zu haben, er weiß, dass er später noch zum Grillen verabredet war, aber das Haus viel zu früh ohne Schlüssel und Papiere, dafür mit seiner Hündin verlassen hatte und runter in die Station gegangen war.

Ein Arzt sagte ihm später: »Es war schwierig, Sie da unten wieder rauszubekommen.«

Er weiß, dass es Aufnahmen der Überwachungskameras gegeben haben muss. Aber ob er die sehen will? Er kennt sein Aktenzeichen, aber nicht die Polizeiberichte. Ob er Einsicht erzwingen will? Manchmal grübelt er noch: War es ein geplanter Suizidversuch? Daran zweifeln die Psychiater, die ihn untersuchen. War es ein Sturz? War es ein Kurzschluss? Und welche Rolle hat all der Stress, die Demütigung im Büro dabei gespielt?

Vier Monate später sitzt Christian, ein schmaler Mann im blauen Hoodie, im Wohnzimmer seiner Zwei-Zimmer-Wohnung im Norden einer deutschen Großstadt. München? Hamburg? Köln? Das soll geheim bleiben. Christian hat umgeräumt, aus Kissen eine Sofalandschaft errichtet. Er muss noch viel liegen. Auf dem Nachttisch stehen zwei Tuben mit Pflegesalbe für die Narben. Die sichtbarste zieht sich unter dem kurzen blonden Haar von der Stirn bis zum Hinterkopf. Christian musste skalpiert werden. Auch am linken Ohr sieht man eine Naht. Es war abgetrennt. »Rippenfrakturen links, Rippenfrakturen rechts. Das Schlüsselbein war gebrochen, die Lenden auch. Die Lunge war gequetscht.« Christian laufen die Tränen über die Wangen, während er redet. Seine Hündin, ein Labrador mit glänzendem Fell, streicht ihm mit der Pfote über die Schulter. Auf sie ist Verlass.

Fünf Wochen lag Christian auf der Intensivstation. »Ich war so im Arbeitswahn, dass ich auch im Delirium an den Job gedacht habe.« Er verlangte nach dem Computer, nach dem Telefon, tippte auf der Krankenbettdecke, hielt sich ein eingebildetes Handy an den zertrümmerten Kopf, um seine Schicht umzubesetzen. Später sagte man ihm, er habe gerufen: »Ich muss den Kollegen anrufen. Der muss einspringen.«

»Das Krankenhauspersonal kannte das – Menschen, die von der Arbeit nicht lassen können.«

Christian hatte 15 Jahre zuvor bei der Firma angefangen. Es war ein Glückstreffer gewesen. Einer aus seiner Kartenspielrunde hatte von der Stelle gehört. Ein wachsendes Unternehmen, das jemanden suchte, der Teilnehmer für Marktforschungsstudien castete. »Es war relativ problemlos: Ich habe mich vorgestellt und konnte anfangen. Erst freiberuflich, dann habe ich eine Festanstellung bekommen. In den ersten Wochen habe ich gedacht: Was für ein Haufen! Sehr viele, sehr kreative Leute. Die Stimmung war gut, die Firma im Aufbau. Es war ein bisschen wie eine glückliche Familie.«

Woran man die erkennt? Am Zusammenhalt, sagt Christian, dass man sich für den anderen aufopfert, jeden annimmt, wie er ist; dass man nach Feierabend auch mal zusammen etwas trinkt. Es klingt wie ein kleines Remake des Karstadt-Lebens, das Rüdiger in den 1970er- und 1980er-Jahren erlebt hat.

»In dieser Anfangszeit wurde das Thema ›Kosten‹ gar nicht an die Mitarbeiter herangetragen«, sagt Christian. »Natürlich wollte die Firma Geld machen, aber es schien nicht das Wichtigste zu sein. Es war okay, wenn wir nicht ins Minus gerutscht sind. Wir waren damals doppelt so viele Personen in der Abteilung. Das Pensum war easy zu schaffen. Man konnte zwischendurch sogar mal sagen: ›Hey, ich hole mir einen Kaffee‹, und rausgehen. Das war Luxus!«

Wann begann das Management, an der Schraube zu drehen? Vielleicht war es, als die Firma in Büroräume in Toplage umzog und plötzlich so viel Miete zu zahlen hatte? Als die Aufträge infolge der Finanz- und Wirtschaftskrise ausblieben? Es ging rasch, fast wie in Dessau, Umdrehung für Umdrehung. Das Personal nahm ab, das Arbeitstempo zu.

»Wir waren dann nur noch halb so viele Personen in der Abteilung und mussten das Pensum stemmen. Wenn ich früher zwei Projekte betreut habe, sind es heute fünf. Wenn ich früher zwei Menschen für eine Studie finden musste, sind es heute vier. Das heißt, wir müssen schneller und effektiver arbeiten. Dazu kommt: Meetings und Videokonferenzen sind viel häufiger geworden. Man berichterstattet permanent, man schreibt tägliche Updates. Das stresst mich. Das ist Zeit, die mir dann fehlt, um meine Arbeit zu schaffen.«

Zuletzt sah Christians Arbeitstag so aus: Er kam um 8.30 Uhr und nutzte die morgendliche Ruhe im Büro, um die Planungen für den Tag zu checken, die Aufgaben im

Team zu verteilen, die Räume zu belegen. Dann arbeitete er an seinem Schreibtisch durch bis 17.30 Uhr, auch mittags aß er am Rechner. Lange Pausen meinte er sich nicht leisten zu können, zu penetrant die Stimme in seinem Kopf, die murmelte: »Scheiße, wie soll ich das alles schaffen?« Meist aber gelang es doch. Neun Stunden durchackern, damit man es pünktlich in den Feierabend schafft. Letzteres war ihm wichtig.

»Würdest du sagen, du warst ein guter Mitarbeiter, Christian?«

Er lacht. »Ja, tatsächlich glaube ich das wirklich. Ich bin zuverlässig. Ich bin strukturiert. Ich habe ein gutes Gedächtnis. Ich bin ausgeglichen und kann anderen Erfolge gönnen. Ich fange sehr viel ab und versuche, den Stress nicht in mein Team hineinzutragen.«

Als die Bürofamilie noch glücklich war, war Christian befördert worden. Ein neuer Posten, mehr Personalverantwortung, ein bisschen mehr Geld. 2300 Euro netto waren es zuletzt. »Die Firma hat mir die Stelle angeboten, und ich habe ›Ja‹ gesagt. Ich habe aber keinen neuen Titel bekommen und auch keine neue Visitenkarte. Mir war das nicht wichtig. Rückblickend war das ein Fehler. Es ging lange gut, aber nicht auf Dauer.« Denn irgendwann, vielleicht ein Jahr vor dem Sturz, vielleicht eineinhalb, ging es los. Der Chefin missfiel, dass er immer pünktlich Schluss machte, keine Arbeit mit nach Hause nahm. Sie klagte, die Abteilung sei zu teuer, man müsse Kosten sparen, noch schneller sein, effizienter. Sie antwortete oft tagelang nicht auf seine Mails.

Im Januar, knapp ein halbes Jahr vor dem Sturz, hatte er ein Mitarbeitergespräch. »Ich bin rein in der Annahme, dass ich gute Arbeit mache.«

Es war ein Freitagnachmittag, nur sie beide waren im Raum. Die Firma hat weder einen Betriebsrat noch Vertrauensleute. Noch nie hatte er darüber nachgedacht, der Gewerkschaft beizutreten.

»Wir waren allein. Ich war wohl zu naiv, um zu ahnen, was kommen sollte.«

Es fing nett an. Die Chefin fragte: »Wie geht es dir?« Dann: »Bist du überfordert?« Schließlich: »Bist du depressiv?«

»Ich war geschockt. Wie vor den Kopf gestoßen. Ich wusste nicht, was sie vorhatte.«

Das aber wurde schnell deutlich: Sie wollte ihn degradieren, die frühere Beförderung rückgängig machen. »Sie hat mir gesagt, dass eine Kollegin meine Aufgaben übernimmt.«

Zurück ins Glied, lieber Christian! Sein Ziel war es eigentlich gewesen, in dem Gespräch nach einer Gehaltserhöhung zu fragen. »Das habe ich dann am Ende auch gemacht. Sie hat geantwortet, sie müsse sich das überlegen. Da ist aber nie etwas gekommen.«

Monate später werde ich jemanden treffen, der über Jahre in verantwortlicher Position in Christians Firma war und das, was Christian berichtet, bestätigt. Der Mann, nennen wir ihn Jörg, ist ein offener, freundlicher, smarter Typ mit Bart und jeder Menge Lebenserfahrung. Er hat viel und lange darüber nachgedacht, was in Christians Firma, wie auch in vielen anderen, passiert.

»›We are family‹«, sagt er. »Das war das Versprechen.« Ein Versprechen, an das auch Jörg lange geglaubt hatte, herrschte in der Firma oberflächlich doch ein Gestus der großen Kumpanei. Inzwischen aber ist er überzeugt, dass das Familiending eigentlich nur benutzt wurde, um die Mitarbeiter in der Spur zu halten. Kritiker galten als Nestbeschmutzer. Hätte einer gesagt: »Wir gründen einen Betriebsrat«, wäre das einem Verrat gleichgekommen, sagt Jörg. Krisen in der Belegschaft wurden oft mit einer kleinen Provision, einer gemeinsamen Fahrt oder einer krachenden Weihnachtsfeier befriedet, erinnert sich Jörg. Zückerchen für die Kinder. Die Strukturen aber blieben unangetastet.

»Die Familie war dem Oberhaupt zugerichtet«, sagt Jörg. In seiner Nähe konnte man gut leben. »Aber die Kleinen, die Küken, hatten schlechte Verträge und wurden oft schlecht behandelt. Auf der einen Seite wurde also immer behauptet: ›Wir sind eine Familie. Wir sind nett zueinander.‹ Dann liest man sich die Verträge durch, und da steht drin, was drinsteht. Dann sieht man: Das ist kein guter Vertrag, und wenn ich mich entscheide, den mit meinen Arbeitnehmern abzuschließen, dann ist es kein gutes Verhältnis.«

Für Jörg begann mit dieser Erkenntnis ein langer Prozess der Enttäuschung. Andere, sagt er, erlebten das Ausgestoßensein aus der Familie abrupter, brutaler.

Christian verließ die Firma an dem Freitagnachmittag wie gelähmt. Warum hatte er nicht mitbekommen, dass ihn seine Chefin und die Kollegin, die nun seine Vorgesetzte war, aus dem Stuhl heben wollten? Was war mit seiner Menschenkenntnis, auf die er immer vertraut hatte? Warum hatte er der Chefin zwei Stunden gegenübergesessen, ohne sich wirklich zur Wehr zu setzen – ohne ihren Angriffen etwas zu entgegnen?

Am Montag saß er wieder um 8.30 Uhr auf seinem Platz und arbeitete weiter, als wäre nichts geschehen. »Ich habe es hingenommen und mir gesagt: Augen zu und durch.«

Die Kollegin, die seinen Leitungsposten eingenommen hatte, arbeitete viel und hart. »Vielleicht fehlte ihr die Kraft, alles zu schaffen, was sie sich vornimmt«, sagt Christian. Sie war oft krank. Dann sprang er, der ja wusste, wie es geht, ein, erledigte ihre Aufgaben klaglos.

Treuer Christian. »Vielleicht bin ich zu loyal«, sagt er, »zu gut für diese Welt.«

Am Ende siegen die Guten, sage ich.

»Ich glaube nicht. Meine Chefin kommt durch mit ihrer Art, meine Kollegin auch. Ich glaube, dass am Ende die anderen siegen. Nicht die, die lieb und gut sind.«

Als es noch für alle nach oben ging

Christian

Christian ist ein Kind der alten Bundesrepublik, dieser »Lindenstraßen«-»Schwarzwaldklinik«-»Ich heirate eine Familie«-Welt. Er hat gelernt, dass es aufwärtsgeht, wenn man fleißig ist, arbeitet und an sich glaubt. Aufgewachsen ist er in einer Mietwohnung in einem Hochhaus in einer mittelgroßen Stadt in Westdeutschland, ein großer Bruder, der Papa Einkäufer in einer Schlüsselfabrik, die Mama Hausfrau. Wenn Christian mittags von der Schule kam, stand immer ein warmes Essen auf dem Tisch. Dreimal in der Woche Eintopf, viel Fleisch, sonntags um halb zwölf das Festmahl: Vorsuppe, Hauptspeise, Nachtisch. Immer deutsche Küche. Bohnen durcheinander, Sauerkraut, Bouletten. »Hat meine Mutter jemals Pasta gekocht? Ich glaube nicht«, beantwortet Christian die eigene Frage. Es war eine überschaubare Welt mit klaren Regeln: Sitz gerade! Sei brav! Plapper nicht bei Tisch! Sei daheim, wenn das Licht der Straßenlaternen angeht!

Wie bei Sait reichte auch Christians Familie ein Gehalt.

»Mein Vater hat relativ gut verdient. Es war nicht notwendig, dass meine Mutter arbeiten geht. Sie hat Bügeln und Kochen in Kursen gelernt. Vormittags hat sie geputzt, wirklich geputzt. Sie hat sich jeden Tag ein Zimmer vorgenommen. Die Couch abgerückt. Die Schränke ausgewischt. Die Steckdosen sauber gemacht. Wer macht das heute noch so gründlich? Ich finde es heute noch schön, wenn es ordentlich ist. Viele Dinge, die meine Eltern damals gekauft haben, sind immer noch erhalten, weil sie so gut gepflegt wurden. Das Schlafzimmer ist immer noch das von damals. Die Spüle glänzt, die hat, glaube ich, keinen Kratzer. Ich weiß nicht, wie das gewesen wäre, wenn meine Mutter gearbeitet hätte. Sie hat immer einen Nachmittagsschlaf auf der Couch gemacht. Es war ein ruhiges Leben. Abends waren sie meist zu Hause.«

Das Gehalt von Christian Vater genügte für: Essen und Miete. Alle vier Jahre ein neues Auto, wenn auch auf Pump. Prall gefüllte Oster- und Weihnachtspakete für die Verwandtschaft in der DDR und, das war wichtig, der Sommerurlaub in Österreich, drei Wochen in einer Pension. Gespart wurde zu Christians Ärgernis bei der Kleidung. Er hatte zwei Hosen, eine für draußen und eine, die gute, für die Schule. Seine Turnschuhe markierten nur zwei Streifen, nicht drei, wie er es gern gehabt hätte. Als der Trend in den 1980er-Jahren von der Schlag- zur Röhrenjeans kippte, musste er die Beine selbst abnähen. Seinen Panasonic-Walkman, das Heiligtum der 1980er-Jahre, bezahlte er vom Taschengeld, obwohl das geliebte Teil 100 Mark kostete.

Es war ein bescheidenerer Wohlstand als der, den ich als Lehrerkind erlebte, natürlich auch als der, den der Schriftsteller David Wagner in seiner Kindheitserinnerung in *Drüben und drüben* protokolliert. Wagner wuchs in der Nähe von Bonn auf, in Andernach, einer Stadt, in der es fast alles gab, wie er schreibt: ein Hallenbad (übrigens auch in den 1970er-Jahren gebaut), »ein Freibad, ein Krankenhaus und drei Kinos (dann zwei Kinos, dann nur noch ein Kino und schließlich, da wohnte ich schon nicht mehr dort, kein Kino mehr), eine Stadtbücherei, vier oder fünf Eiscafés, sieben oder acht Pizzerien«. Zunächst war nur der Vater, der VWL studiert hatte, berufstätig. Sein Gehalt schien unerschöpflich. Denn den gesamten Besitz, den Wagner in seinem Buch minutiös dokumentiert, hatte die Familie während der *trente glorieuses* selbst erarbeitet, nicht ererbt. Auch das große Haus, in dem Wagner ein eigenes, großes Zimmer hatte – trotz der vier Geschwister.

Anfang der 1980er-Jahre ist Wagner zehn Jahre alt. Er steht im roten Cordhemd auf seinem Bett und überblickt sein Reich. An einer Wand steht ein sechstüriger Schrank, der »Interlübke«, wie seine Eltern sagen. Zwei Schreibtische hat Wagner, darauf alles, was ein Grundschüler ansammeln konnte: Stifte, Pinsel, Blöcke, Papiere, Schulbücher, Murmeln, Dartpfeile, Süßigkeiten, eine aufgebrochene Sparbüchse, Taschenmesser, zwei Uhren, eine Blockflöte und ein Springseil. Die andere Wand durchbrach ein Doppelfenster, das in einen Garten mit Kirschbaum zeigte. Dort ging es weiter: ein Spielhäuschen aus Holz am Ende des Gartens, eine Rutsche, eine Schaukel hing auf der Terrasse. Unter ihm der Spielzeugkeller: Dort sammelten sich Bauklötze, Lego, Spielzeugsoldaten, -cowboys und -indianer sowie ein Kasperltheater mit Handpuppen, darunter zwei Krokodile und Wachtmeister, Playmobil-Figuren und ihre Vorläufer von Play-BIG. »Ich hatte viel und wünschte mir immer mehr«, schreibt Wagner. »Mehr Piraten und das Wikingerschiff von Play-BIG, mehr Ritter für die Ritterburg und Weichen,

Waggons, Signale und Lokomotiven für die LGB, meine Eisenbahn, Spurweite fünfundvierzig Millimeter.« Die LGB war eine große Modelleisenbahn. »Ein Waggon kostete über fünfzig Mark«, notiert Wagner.

Krass, denke ich, inzwischen gut 40 Euro. Auch in unserem Keller parkten die LGB-Waggons und mehrere schwere Lokomotiven in einem Holzregal. Wir bauten Strecken vom Wohnzimmer durch den Flur bis nach hinten in unsere Kinderzimmer, oder im Sommer Runden durch die Naturwiese, die mein Vater wachsen ließ.

»Waren wir reich?«, fragt Wagner sich 35 Jahre später. »Im Rückblick sieht es so aus.« Das Haus mit den vielen Zimmern und dem Garten, dazu zwei Autos und eine Garage, in der sieben, acht Fahrräder standen. »Einmal«, schreibt er, »ich war in der zwölften Klasse, zählte ich alle Kassettenrekorder unseres Haushalts.« Inklusive der Doppelkassettendecks, der Radiorekorder, der Walkmen sämtlicher Geschwister und der Kassettenspieler in den Autos sei er auf 23 gekommen.

»Andererseits, richtig reich waren wir natürlich nicht«, notiert er – trotz der beeindruckenden Inventur des familiären Eigentums. »Wir lebten im westdeutschen Wohlstand, der erarbeitet war.« Er erinnert ein Abendessen, bei dem die Familie darüber debattierte, ob es so etwas wie unterschiedliche Klassen in den 1980er-Jahren überhaupt noch gebe. »Mir kam das nicht so vor«, schreibt Wagner. »Ich sagte: Nein, fast allen geht es doch so wie uns.«

Das stimmte so natürlich nicht. Es gab manche über den Wagners, wie die Nachbarn oder die Tante, die ein Schwimmbad im Keller oder im Anbau hatten. Es gab viele unter ihnen. Aber trotzdem beschreibt es den Zeitgeist präzise. Nie fühlte sich das »nivellierte Mittelschichtsparadies«,

wie Wagner es nennt, so real an wie in den 1980er-Jahren –
und nie war eine Gesellschaft der Verwirklichung dieses
Ideals so nahe gekommen wie die westdeutsche, ja wie die
der meisten wohlhabenden Industrieländer in den späten
Jahren der Periode, die der Ökonom Branko Milanović den
»sozialdemokratischen Kapitalismus« nennt.

Auch Christians Familie hatte das Gefühl teilzuhaben.
Denn es schien klar, wohin auch ihre Reise ging: bergauf.
Seit Christians Geburt hatten seine Eltern 10 Mark pro
Monat für ihn beiseitegelegt. Und weil ja in den 1980er-Jah-
ren selbst Sparbücher im Schnitt mit fünf Prozent verzinst
wurden – eine Marge, für die Menschen mit viel Geld heute
ein hoch dotiertes Family Office anheuern –, reichte das, als
Christian achtzehn war, für den Führerschein und sein erstes
eigenes Auto. Christian sagt: »Ich glaube, die 1980er waren
tatsächlich das beste Jahrzehnt. Erste Serien kamen auf, die
Musik war gut. Es ist heute noch so, wenn du auf einer Party
Achtziger-Songs auflegst: Es tanzen alle. Ich fand das Leben
damals unkomplizierter und entspannter.«

Auch weil der Grundpfeiler, auf dem Familien seit jeher
ihren Glauben an eine bessere Zukunft errichten, noch stabil
schien, der millionenfach wiederholte Satz: Die Kinder sollen es einmal besser haben.

Als Christian damals groß wurde, war ein Kinderleben
noch keine Abfolge sorgsam ausgewählter Bildungsstätten,
keine Schullaufbahn. Christian ging einfach zur Schule, und
das, ohne im Ranzen zu viele elterliche Erwartungen mitzu-
schleppen. Das Ziel war, dass etwas Gutes aus ihm würde.
Aber dafür, da war man sich einig, würde auch die Mittlere
Reife genügen. Bis zum Ende der Grundschule half ihm
seine Mutter bei den Aufgaben. Aber da sie als Kriegskind
nur auf die Volksschule hatte gehen können, musste er von

da an eh alleine laufen. Zunächst war er ein passabler Schüler, aber je heftiger die Pubertät, desto mieser wurden seine Noten. In der Zehnten blieb er fast sitzen. Egal, eine Lehrstelle war ihm trotzdem sicher.

Es war die Zeit vor dem elterlichen Wettrüsten um die Pole-Position des eigenen Nachwuchses, die auch der ehemalige Weltbank-Ökonom Paul Collier, der als Sohn der *working class* in Sheffield aufwuchs und aufstieg, beschreibt. »Als ich ein Kind war«, so Collier, »half mir niemand bei den Hausaufgaben, keine elterliche Nachhilfe oder Kontrolle, kein Privatlehrer. Meine Eltern waren weder von ihrem Bildungsstand noch finanziell dazu in der Lage. Aber zu meinem Glück bekamen auch Kinder aus elitären Elternhäusern kaum Nachhilfe, als ich zur Schule ging, sodass ich mithalten konnte. Doch als Vater, der heute selbst der Elite angehört, bringe ich meinem elfjährigen Sohn Alex Naturwissenschaften bei, während meine Frau ihm Lateinunterricht gibt, und außerdem bezahlen wir einen Privatlehrer.«

Christian lernte Konditor. Eigentlich hatte er Koch werden wollen. Als Kind hat er bei der Maggi-Hotline angerufen, um sich Rezept-Tipps diktieren zu lassen. Aber seine Eltern rieten der miesen Arbeitszeiten wegen ab. Also lernte er, Torten zu backen, Pralinen zu komponieren und etliche Grundtugenden, heute würde man *soft skills* sagen, die ihm in den Jahren danach nützen sollten: »Ich weiß, wie man drei, vier Dinge parallel im Auge hält. Ich kann mit beiden Händen gleichzeitig etwas machen. Ich plane meine Arbeitsschritte effektiv.«

480 Mark im dritten Lehrjahr. Nicht schlecht, fand er. Und als er nach der Lehre und dem Zivildienst mehr wollte, war auch das möglich. Christian zog in die nächste Großstadt, um dort, zum Stolz seiner Eltern, auf dem zweiten

Bildungsweg sein Fachabitur zu machen. Er war der Erste in der Familie, dem das gelang. Von montags bis freitags lernte er, samstags kellnerte er, am Sonntag stand er in der Backstube. 10 Mark die Stunde, 100 Mark pro Schicht. »Das war damals richtig gut«, sagt Christian. Nach dem Abitur zog er weiter in eine Universitätsstadt, studierte, ebenfalls eine familiäre Premiere, arbeitete bei einem Biobäcker für 10,50 Mark die Stunde. Er verdiente 1000 Mark im Monat und fühlte sich reich. »Das Geld war mehr wert, das Wohnen kein Problem. Im Wohnheim habe ich 300 D-Mark gezahlt. Es war ganz neu. Heute kommt ein Student in die Stadt und muss für ein Zimmer 400, sogar 500 Euro zahlen. Das muss er ja erst mal aufbringen.«

Das Leben lief voran, fast wie von selbst. Ach ja, Christian wiederholt: »Ich fand die Zeit, verglichen mit heute, wesentlich einfacher, freier und unkomplizierter.«

Es ist das Gefühl, das Florian Illies im ersten Absatz seines Bestsellers *Generation Golf* so gekonnt kondensiert hat:

»Es ist Samstagabend, ich sitze in der warmen Wanne, im Schaum schwimmt das braune Seeräuberschiff von Playmobil. Ich schrubbe mit der Bürste meine Knie, die vom Fußballspielen grasgrün sind. Das Badezimmer ist unglaublich heiß, seit circa drei Uhr nachmittags heizt meine Mutter vor, damit ich mich nicht erkälte. Nachher gibt es ›Wetten, dass …?‹ mit Frank Elstner. Dazu kuschle ich mich in den warmen Kapuzenmantel, den meine Mutter vorgewärmt hat, damit ich mich auch wirklich nicht verkühle.«

So umsorgt, so behütet in der überschaubaren elterlichen Welt, im sicheren Gefühl, dass alles von nun an noch besser werden würde, wurde ein erheblicher Teil der westdeutschen Kinder und Jugendlichen in den 1980er-Jahren groß. Illies nölt, es sei das langweiligste Jahrzehnt des 20. Jahrhunderts gewesen: »Es ging allen gut, man hatte kaum noch Angst, und wenn man den Fernseher anmachte, sah man immer Helmut Kohl.« Aber nicht nur Christian sehnt sich nach dieser entspannten Gemütsstimmung.

(Allerdings: Auf den knapp zwanzig Jahre nach Erscheinen teils bizarr wirkenden folgenden Buchseiten der *Generation Golf* liest man auch, welch verwöhnte Söhnchen dem vorgewärmten Kapuzenmantel entwuchsen. Illies schwärmt vom stillen Glück, mit Montblanc-Füllern zu schreiben und endlich offen zugeben zu können, dass man eine Putzfrau beschäftige. Autos werden nach ihrer Sylt-Tauglichkeit bewertet, das Leben (spätestens da schüttelt es den spätgeborenen Nicht-Erben) sei nur in Altbauten mit Stuckdecke und Parkettboden wirklich lebenswert, Menschen in Neubauten dagegen stillos. Spätestens, wenn Illies mit Rich-Kid-Augenzwinkern schreibt, dass sich seine Generation vor allem über den Umstand empören könne, »dass man Spekulationsgewinne an der Börse versteuern muss, wenn man die Aktien nicht mindestens ein Jahr lang in seinem Depot belässt«, ahnt man, dass in den 2000ern einige den Badewannen entstiegen waren, die die Risse, wenn nicht genossen, so aber zumindest mit den von Barbour-Jacken-umhüllten Schultern zuckend hingenommen haben.)

Das Bildungsparadoxon

Eine Generation später träumt auch Sait den Traum vom Bildungsaufstieg. Nicht mehr für sich, das hat er abgehakt, aber für seinen Sohn. Der, so der große Wunsch, solle Abitur machen und danach die Universität besuchen – so wie es Christian, wenn auch über Umwege, noch gelungen war.

Derartige Aufstiege sind in Deutschland aber mittlerweile selten geworden. Im Durchschnitt fangen von 100 Kindern, deren Eltern beide ungelernte Arbeiter sind, nur zwölf ein Hochschulstudium an. Sind die Eltern Facharbeiter, sind es 24. Haben aber Vater und Mutter selbst studiert, gehen 79 Prozent dieser Kinder auch zur Universität. Mit erschreckender Hartnäckigkeit weigert sich das deutsche Bildungssystem, denen hochzuhelfen, die nicht ins warme Badewasser hineingeboren wurden. Die Statistik stand also gegen Saits Traum. Und sein Junge auch. »Er ist ein Schrauber«, sagt Sait, ein Autoliebhaber. Schon als Fünfjähriger wollte er sein Taschengeld für eine Fahrt durch die Waschanlage hergeben. Wenn er mit seiner Mutter einkaufen war, brachte er Wunderbäumchen für den Rückspiegel mit. »Es gab also großen Ärger wegen des Abis. Er hat gesagt: Wenn ich das mache und ihr mich dann zur Uni schickt, werde ich mich danach trotzdem beim Kfz-Meister anmelden. Er hat seinen Willen. Und er hat gesagt: Wenn wir ihm den Mechatroniker nicht erlauben, wird er die Schule versauen. Er ist nicht doof, aber er hat sich doof gestellt. Ich habe Angst gehabt und nachgegeben. Sofort sind die Noten hoch«, sagt Sait. »Er hat die BBR und den MSA auf einmal geschafft.«

Also die »Berufsbildungsreife« und den »Mittleren Schulabschluss«, wie Hauptschulabschluss und Mittlere Reife mittlerweile heißen, als hätten Schulreformer ein bisschen Wörterschütteln gespielt. Saits Sohn ist heute tatsächlich Kfz-Mechatroniker-Lehrling, bei der BVG, die die U-Bahnen betreibt, deren Bahnhöfe sein Vater reinigt. »Er hat uns versprochen, nach der Lehre sein Abi zu machen und seinen Meister. Er spart schon für den Meisterbrief. Er hat einen Block, wo er aufschreibt, welche Einkäufe für ihn sinnlos sind.«

Auch Saits Tochter möchte nur bis zur zehnten Klasse zur Schule gehen, das Abitur, wenn überhaupt, später nachholen. Sie will Krankenschwester werden oder Zahnarzthelferin. Dabei hatte er auch für sie eigentlich andere Pläne. »Ich will ihr einreden, dass sie beim Bürgeramt unterkommt oder bei der Rentenversicherung. Die suchen doch Leute mit Fremdsprachenkenntnissen. Sie kann Türkisch, Kurdisch. Das wäre ein Job mit Zukunft.«

Auf dem Papier ist es eine Aufstiegsgeschichte, die Saits Familie geschrieben hat: Er, ohne Abschluss, ungelernt. Und seine Kinder werden, wenn nichts schiefgeht, beide eine Lehre absolvieren. Der nächste Schritt auf der Leiter.

Aber so fühlt es sich nicht an. »Werden es Ihre Kinder besser haben?«, frage ich.

Sait schüttelt den Kopf. »Schlechter.«

»Warum?«

»Hör dich doch um«, sagt er. »Es wird doch schlechter für die, die arbeiten. Ein Alleinstehender in meinem Job verdient 1500 Euro. Das hat man früher im Nebenjob bekommen. Und jetzt? Die Mieten steigen, Lebenskosten, Versicherung, alles, aber dein Gehalt bleibt, wie es ist. Deshalb wollte ich, dass mein Sohn Abitur macht und die Uni und sich erst dann entscheidet.«

Er hat das Gefühl, dass seine Kinder sich wappnen müssen für eine Zukunft, die härter sein wird als die Vergangenheit. Die guten Jahre für Menschen, die einfach nur ihre Arbeitskraft anbieten könnten, seien endgültig vorbei, sagt Sait – und erzählt von seiner persönlichen Dystopie, die ihn in Form einer Fernsehreportage heimsuchte. Es ging um die NEOM, was übersetzt so viel heißt wie »Neue Zukunft«, um die gewaltige Stadt, die Saudi-Arabien für rund 500 Milliarden Dollar bis 2025 unter der Leitung von Ex-Siemens-Chef Klaus Kleinfeld in der Wüste errichten will. Eine Kombination aus Silicon Valley und Disneyland, schreibt die *Süddeutsche Zeitung*, mindestens. Denn der saudi-arabische Kronprinz soll in einer Sitzung seine Vision des Lebens in NEOM so beschrieben haben: »Ich möchte keine Straßen und Gehwege. Wir werden 2030 fliegende Autos haben.« Die Bewohner würden mit Drohnentaxis zu ihrer Arbeit in Tech-Firmen fliegen, während Roboter ihre Häuser putzen.

»Dort soll es überall Roboter geben«, sagt Sait. »So gut wie keine Arbeit mehr für Menschen. Die Leute, die Geld haben, werden weiterleben. Aber wir?«

Lassen wir die Roboter ruhen. Ob und, wenn ja, welche Arbeiten sie in Zukunft übernehmen werden – *who knows*? Was viele Wissenschaftlerinnen aber für gesichert halten, ist, dass mit der Digitalisierung vor allem die relativ gut bezahlten Tätigkeiten der Mitte unter Druck geraten werden. Achim Wambach, Präsident des Zentrums für Europäische Wirtschaftsforschung, geht fest davon aus, dass es zu einer Spaltung des Arbeitsmarktes kommen wird: Die oberen 20 Prozent, all die Manager, Programmierer, Controller, Fachanwälte, seien wie immer *safe*. Vermutlich auch – meine Theorie –, weil diese Menschen oft die Entscheidungen treffen und nicht dazu neigen, sich selbst für verzichtbar zu halten.

Aber auch Hilfstätigkeiten seien oftmals, so zynisch das klingt, schlicht zu billig, um den Einsatz von Maschinen lohnend zu machen. »Hotelbetten machen, Bier eingießen, Brötchen verkaufen, vom Fließband gefallene Produkte aufsammeln – all das wird (auch in Zukunft) von Menschen erledigt werden«, schreibt Wambach. Bedroht aber seien die

Arbeitsplätze der qualifizierten Mitte. Facharbeiterjobs, aber auch ein Großteil der Bürotätigkeiten werden bald schlaue Maschinen erledigen können. In der Rentenversicherung, wo Sait seine Tochter gern sähe, beim Steuerberater, in der Bank, beim Anwalt, in Christians Branche, der Marktforschung, den Callcentern sowieso. Längst in der Forschung belegt ist allerdings Saits dumpfes Gefühl, dass eine Lehre nicht mehr reichen könnte. »Bildungsinflation«, nennen Wissenschaftler diese Entwicklung.

Sie gründet auf einem eigentlich erfreulichen Trend. Anfang der 1950er-Jahre besuchten 15 Prozent eines jeden Jahrgangs in Westdeutschland das Gymnasium, heute fast 50 Prozent. 1950 studierten 100 000 junge Menschen, heute über zwei Millionen. Ein gewaltiges Plus. (Und ja, natürlich ist das Abitur nicht mehr so anspruchsvoll, wie es vielleicht war, als nur eine schmale, elitäre Schicht die Prüfung ablegte. Aber lernintensiver als der Volksschulabschluss, der in der Generation der über 65-Jährigen der häufigste war, ist es dennoch.) Unter dem Strich gibt es keine Generation, die in der Breite besser gebildet war als die jetzige. Und ein paar Bildungs-Ungleichheiten wurden in den letzten Jahren tatsächlich weitestgehend getilgt: die zwischen Jungen und Mädchen und die zwischen Stadt und Land. Allerdings nicht die zwischen Kindern von Arbeitern und denen von Akademikern. Diese Kluft wuchs eher.

Um das zu verstehen, sei hier ein kurzes Rechenbeispiel angeführt: Stellen Sie sich vor, eine Ärztin verdient 3000 Euro und ein Pfleger 1500. Nun verdoppeln beide ihr Gehalt. Die Ärztin bekommt 6000, der Pfleger 3000 Euro. Beide erhalten prozentual gleich viel mehr, aber gleichzeitig ist der Abstand zwischen ihnen von 1500 Euro auf 3000 gestiegen. Genau das ist auch an den Schulen passiert.

Schaut man sich die soziale Herkunft Studierender vor und nach der Bildungsexpansion an, stellt man fest, dass aus allen Schichten mehr Abiturienten an die Uni wechseln. Aber genau das hat den Vorsprung der Akademikerkinder anwachsen lassen. Ein Beispiel: 1969 fingen drei Prozent der Arbeiterkinder ein Studium an, im Jahr 2000 waren es sieben Prozent, mehr als doppelt so viele. Bei den Kindern von Beamten stieg der Anteil von 27 Prozent im Jahr 1969 auf 53 Prozent im Jahr 2000. Danach wurde die Zählweise verändert, sodass die Statistiken nicht mehr vergleichbar sind, aber der Befund bleibt. Zwar ist die Quote derer, die studieren, in allen Schichten angestiegen, gleichzeitig wuchs aber der Abstand zuungunsten der Arbeiterkinder. 1969 betrug ihr Rückstand auf die Kinder von Beamten noch 24 Prozentpunkte, 2000 schon 46. Wissenschaftler tauften dieses Phänomen das »Paradoxon der Bildungsexpansion«.

Und längst ist vielfach belegt, dass der größere Erfolg der Akademikerkinder nicht allein in ihren smarten Genen begründet ist. Nicht in Deutschland und auch nicht anderswo. Der Harvard-Soziologe Robert Putnam hat Testdaten in den USA analysiert und herausgefunden, dass selbst die Kinder aus bildungsnahen Schichten, die bezüglich ihrer »kognitiven Fähigkeiten«, wie es höflich heißt, in der untersten Gruppe sind, höhere Chancen auf einen College-Platz hatten als jene Kinder aus bildungsfernen Familien, die, was die kognitiven Fähigkeiten angeht, in der Spitzengruppe landeten.

Hinzu kommt: Wenn das Abitur das neue »Normal« ist, verlieren alle anderen Zertifikate massiv an Wert. »Wo früher kein Abschluss oder einfache Abschlüsse ausgereicht hätten, um eine berufliche Laufbahn einzuschlagen, benötigt man nun mittlere und höhere Abschlüsse«, schreibt der

Soziologe Aladin El Mafaalani. »Die einfachen Abschlüsse sind fast gar nichts mehr wert. Der Befund ist also: Diejenigen, die heute ohne oder mit einem Hauptschulabschluss die Schule verlassen, haben es wesentlich schwerer als früher.« Aber, so schreibt er weiter: »Solange man sich in den unteren und mittleren Schichten darauf verlassen konnte, dass es die eigenen Kinder einmal besser haben werden, ließen sich ungerechte Verhältnisse legitimieren – so war es noch in den 1970er-, 1980er- und 1990er-Jahren.«

Hängen geblieben

Christian

Zunächst hatte auch Christian das gute Gefühl, nach seiner Lehre die Leiter langsam hochgestiegen zu sein, sich Stück für Stück etwas aufgebaut zu haben. Ohne Frage ging es ihm schnell ein bisschen besser als seinen Eltern. Aber mittlerweile hat er den Eindruck, auf der Sprosse hängen geblieben zu sein, eingefroren. Ja, seit die Chefin seine Beförderung rückgängig gemacht hatte, war er sogar wieder ein wenig hinabgerutscht. Der nächste Schritt, der noch in der Vorgängergeneration so selbstverständlich schien, so folgerichtig, wenn man sich so verhielt, wie Christian es gelernt hatte, fleißig, pflichtbewusst und anständig, fiel aus. Dafür sprangen andere an ihm vorbei. Es geht nicht nur Christian so: Die Erzählung des eigenen Lebens als gerade aufsteigende Linie ist gebrochen.

Rüdigers Lebenslaufbahn war, allem Karstadt-Drama am Ende zum Trotz, noch solch ein langsames Hochfahren auf der Rampe. »Mein Mann und ich haben etwas aufgebaut«, sagt er. Als junger Erwachsener lebte Rüdiger noch »auf Zimmer«, zur Untermiete, gönnte sich mit seinem Freund zwar die Fahrt mit der S-Bahn und die Erbsensuppe bei »Aschinger« am Zoo. Aber zurück liefen sie durch den Berliner Abend, um die 60 Pfennige für die Fahrkarte nicht ausgeben zu müssen. »Wir waren sparsam«, sagt Rüdiger. Aber sie wussten auch, wofür. Sie steckten das Geld in Bausparverträge, die – olé, olé! – noch verzinst waren. Und so konnte das Paar, Rüdiger Verkäufer, sein Mann angestellter Friseur, aus eigener Kraft eine Eigentumswohnung in Berlin kaufen. »Inzwischen ist sie abbezahlt. Wir haben uns etwas aufgebaut«, sagt Rüdiger. Nicht nur er. Nicht nur die Familie des Schriftstellers David Wagner.

Auch meine Eltern bauten in einer neuen Siedlung, diesmal waren die Straßen nicht nach Musikanten, sondern nach Vögeln benannt worden. Das Grundstück war nur 800 Meter von dem Haus entfernt, in dem meine Großeltern noch lebten, aber trotzdem Teil einer ganz anderen Welt. Keine, die geprägt war von beengten Arbeiterbuden. Hier gab es geräumige Einfamilienhäuser, drum herum große Gärten. 1977, da waren meine Eltern dreißig, zogen sie ein. 220 000 Mark hatten Haus und Grundstück gekostet. Heute schon viel Geld, damals war es noch mehr. Aber so ein Haus zu bauen, sagt mein Vater, sei damals in ihren Kreisen Usus gewesen. Ihre Freunde machten das so, also wollten sie auch. Und nicht nur sie. Der Anteil der Hauseigentümer in Westdeutschland stieg von 29 Prozent im Jahr 1960 auf 40 Prozent im Jahr 1980. Auch das ein Signal dafür, dass der Aufstieg breiter Schichten gelang.

Ich rufe meinen Vater an. »Wie hat das funktioniert, ganz ohne Eigenkapital?«

Er rechnet vor: 30 000 DM hatten meine Eltern in den

ersten drei Berufsjahren sparen können. 12 000 gab es von der Stadt dazu, die junge Lehrer halten wollte. Der Großteil des Kredits lief über eine Art umgekehrten Bausparvertrag der Beamtenheimstättenwerke, die die Arbeitsverträge als Sicherheit akzeptierten – und wie meine Eltern den Glauben hatten, dass es schnell aufwärtsginge. Und ging es ja auch.

»In meiner Kindheit in den 1980er-Jahren hat in unserer Familie ja dann eine wahnsinnige Wohlstandsvermehrung stattgefunden«, sage ich.

»Findest du?«, fragt mein Vater.

Ich zögere kurz verwundert und zähle dann auf: »Natürlich. Wir hatten plötzlich alles. Wir hatten ein Haus, im Garten einen Teich, später sogar einen großen Keller – mit Sauna.«

»Die habe ich doch selber gebaut«, sagt mein Vater.

Von da an spielen wir eine Art umgekehrtes Trumpfquartett. Ich zähle unsere Schätze auf. Mein Vater wiegelt zunächst ab.

»Wir hatten zwei Autos und eine Garage.«

»Weil wir die brauchten.«

»Wir hatten Fitnessgeräte im Keller«

»Ja, aber im Sauna-Raum.«

»Wir hatten einen Wohnwagen.«

»Mit anderen geteilt.«

»Wir hatten ein Bang-&-Olufsen-Telefon«, sage ich und meine den Klassiker mit den türkisgrünen Diagonalknöpfen.

»Günstig bekommen.«

»Wir hatten wertvolles Geschirr, Anteile an einem Boot und sind mehrmals im Jahr lange in den Urlaub gefahren.«

»Es war Lebensqualität«, antwortet mein Vater schließlich. »Aber Wohlstand?«

Ich erinnere ihn daran, dass er mir doch erzählt hatte,

noch als Teenager die Milch, die Brötchen und die Kleidung für seine Geschwister und sich anschreiben lassen zu müssen. »Mit dreißig hattest du dann ein eigenes Haus. Das ist doch eine Wohlstandsexplosion!«

Dieser letzte Trumpf sticht.

»Das stimmt«, sagt mein Vater. »So habe ich das nie gesehen. Ich habe das nie so hinterfragt, weil das ja in unserem Bekanntenkreis überall ähnlich war.«

»Ihr hattet alle relativ normale Berufe und habt aus eigener Kraft so viel aufbauen können.«

Ich denke an Sait, an Christian, an Alexandra, die sich auch Tag für Tag anstrengen und doch immer wieder das Gefühl haben, dass diese Belohnung – aus eigener Kraft vorankommen zu können – ausbleibt.

»Das war die Zeit«, sagt mein Vater. »Das war in der Tat ein irrer Schub, der aber nicht nur uns erfasst hat, sondern breite Teile der Gesellschaft. Es ging voran. Im Gleichschritt marsch! So wie wir lebten andere Leute ja auch. Und dann gab es die, die noch ganz andere Urlaube machten. Die gingen auf erste Kreuzfahrten oder kauften ein Ferienhaus in Südfrankreich oder in der Toskana. Dass man sich etwas leisten konnte, war ein gängiges Gefühl.«

Ein Gefühl, das in seiner Altersgruppe bis heute anhält. Die Menschen, die in Westdeutschland während der Nachkriegsjahre geboren wurden und heute in Rente sind, waren aus wirtschaftlicher Sicht immer zur richtigen Zeit in der richtigen Lebensphase: Sie sind die goldene Generation der Bundesrepublik – jetzt, im Alter, so wohlhabend wie nie eine Kohorte zuvor.

Der Fernsehjournalist Sven Kuntze, einst ARD-Korrespondent in Bonn, New York und Washington, Moderator des »Morgenmagazins«, bevor er 2007 in den Ruhestand ging, hat diese seine Generation in einem Buch porträtiert. Er schreibt, die in den 1940er-Jahren Geborenen seien als »Wirtschaftswunderkinder« in einer Atmosphäre grenzenloser Zuversicht aufgewachsen. Auch er berichtet, fast wortgleich, was mein Vater am Telefon sagte: »Es ging ständig aufwärts.« Wer Fahrrad fuhr, leistete sich bald ein Motorrad und dann das erste Auto. In die Küchen stellte man Gefriertruhen, Geschirrspüler und anderes elektrisches Gerät, die »Urlaubsreisen tasteten sich unaufhaltsam gen Süden vor. Aus Autobahnteilstücken wurden lückenlose Nord-Süd-Ost-West-Transversalen«, allerorten öffneten Schwimmbäder, die die Gäste gegen ein paar Pfennige einließen, Schulen wurden gebaut. Der Staat war nahezu schuldenfrei. »Wohin das Auge des Heranwachsenden auch schaute«, erinnert sich Kuntze, »herrschten Aufbruch und Optimismus.« Selten habe eine Generation »so wohlhabend und reich mit unerhörten Möglichkeiten ausgestattet begonnen« wie seine. Wer damals jung war, »brauchte nur noch zuzugreifen. Der Gabentisch war reich gedeckt, und das Auspacken der Geschenke konnte leicht ein ganzes Leben in Anspruch nehmen.«

Rüdiger, der Karstädter, sah den Bruch. Er hatte gesagt, er fände es furchtbar, dass es heutzutage einem jungen Paar, wie er und sein Mann es gewesen waren, so schwerfiele, Eigentum zu erwerben, Wohlstand aufzubauen.

Aber was ist mit den anderen? Begreifen die, die in den 1980er-Jahren junge Erwachsene waren, was sich verändert hat?

Die reichen Alten

Viola

Es ist die letzte Januarwoche, als ich durch einen kleinen Park in einer großen deutschen Stadt laufe. Meine Gesprächspartnerin hat in »gehobener Stellung«, wie es so schön heißt, bei einem öffentlich-rechtlichen Rundfunksender gearbeitet. Sie bat darum, dass ihr Name und die Sendeanstalt nicht genannt werden. Deshalb muss die Stadt ebenfalls geheim bleiben. Auch das Viertel, durch das ich gehe, ist gehoben. Gründerzeithäuser, Buchläden, die mit Kaffeespezialitäten locken, eine »Familienwohnung, ca. 100 Quadratmeter« in einem der Altbauten hier wird für eine knappe Million inseriert. Viola, wie ich sie nennen werde, hat mich in ihr Stammbistro geladen: *Paris-style*. Den Eingang behütet eine tiefrote Markise, beschrieben mit Goldbuchstaben, ein Teppich geleitet ins Innere, wo man unter einem Kronleuchter auf grünen Lederbänken sitzt. Die Fischsuppe sei sehr zu empfehlen, sagt sie.

Wir haben uns schon einmal hier gegenübergesessen. Sie hat lange mit sich gerungen, ob sie dieses Interview geben würde. Viele andere hatten mir vorher abgesagt.

Wenn man erzählen will, wie sich der Druck, der auf Arbeitnehmern lastet, innerhalb einer Generation verschoben hat, wie das Inhaltliche mehr und mehr vom Ökonomischen überlagert wurde, wie das Eheversprechen einer lebenslangen Festanstellung nach und nach ersetzt wurde durch On-und-off-Verhältnisse verschiedenster Art, lässt sich das tun, indem man aus dem Einzelhandel berichtet, Pilotinnen oder Paketboten befragt oder aber Journalisten.

Seit dem Jahr 2018 erhebt der Berufsverband Freischreiber die Honorare freier Journalistinnen und Journalisten. Im Schnitt lag das Brutto-Stundenhonorar bei 22,73 Euro – vor Abzug von Steuern sowie Urlaubs- und Krankheitstagen. Ähnlich dem, was Alexandra und Richard verdienen. Ein Viertel der Lokaljournalisten erhält weniger als 10 Euro brutto in der Stunde, ein »Taschengeld«, kommentiert der Berufsverband.

Auch im Journalismus gibt es längst verschiedenste Kategorien, was Lohn und Arbeitsschutzrechte angeht. In der untersten werden die freien Tageszeitungsreporter pauschal und brutto mit 10 Euro abgespeist. Journalismus wird hier eher wie ein Hobby behandelt, das man sich leistet, nicht wie ein Beruf, von dem man lebt. Beim Fernsehen werden freiberufliche Reporterinnen und Reporter in der Regel besser bezahlt. Aber auch hier wird das Eis dünner. Auch hier gibt es immer wieder Momente, in denen glasklar wird, dass sich Schutz und Fürsorge in erster Linie auf die mit Festvertrag konzentrieren. Beispiele gäbe es zahllose, hier nur eines:

Kurz nachdem ich Mutter geworden war, schnitt ich eine Dokumentation in der Spätschicht bis um halb zwei in der Früh. Der Säugling war ein paar Wochen alt, und ich fragte mehrmals nach, ob ich nicht tagsüber arbeiten könnte. Nichts frei, sagte man mir, Baby hin oder her. Stillende Mütter in Festanstellung beschäftigt der Sender natürlich nur bis 20 Uhr.

Klettern wir langsam nach oben, zum Gipfel der Privilegien. Dort findet sich eine ganz besondere Gruppe, und zwar diejenigen, die ihr Berufsleben gerade als festangestellte Redakteure bei den öffentlich-rechtlichen Sendeanstalten beendet haben. In manchen Sendeanstalten nennt man sie »Generation 110 Prozent«, weil sie, ähnlich wie ihre

Generationsgenossen bei großen deutschen Unternehmen, mit Betriebsrenten so »überversorgt« sind – wie es selbst die Gewerkschaft nennt –, dass sie im Alter ein höheres monatliches Netto haben als in ihrer aktiven Zeit. Bis Anfang der 1990er-Jahre machten die Sender ihren Redakteuren dieses teure Versprechen für die Zukunft, das jetzt, oh Wunder, die Etats einschnürt. Man habe das Ganze »auf der Zeitschiene wohl nicht so durchgerechnet«, sagt mir einer der Verhandler am Telefon. Scheint eine Spezialität der Nachkriegsgeneration gewesen zu sein. Rentenkasse? Klima? Staatsverschuldung? Aufstiegschancen? »Wir haben das auf der Zeitschiene wohl nicht so durchgerechnet.«

Ende der Polemik. Im Ergebnis gibt es jetzt in den Redaktionen jedenfalls drei Rentengenerationen: die »Überversorgten«, die bis Anfang der 1990er-Jahre anfingen, die »noch ziemlich gut Versorgten«, deren Verträge vor 2017 geschlossen wurden, und dann, tja, die Jüngeren, deren spätere Betriebsrente sich an den eingezahlten Beiträgen und der Zinsentwicklung orientiert und keinen beherzten Griff in die allgemeinen Kassen mehr erlaubt. Besser. Aber nicht wirklich fair. Denn auch die gesetzliche Rente der Jüngeren wird niedriger sein als die der letzten Generationen, wenn also jemand eine Aufstockung nötig hat, dann sie.

Die Altersversorgung gehorcht damit einem ehernen Gesetz, das sich die öffentlich-rechtlichen Sender wie auch viele Arbeitgeber auf die Fahnen geschrieben zu haben scheinen: Wir kappen Privilegien, aber nur einseitig, zulasten der Jüngeren.

Christoph Lütgert, fast zwanzig Jahre lang Chefreporter des Norddeutschen Rundfunks, mittlerweile in Rente, hat in der *Zeit* unter dem Titel »Unser Überfluss ist eure Armut« darüber geschrieben, wie sich die Arbeitsbedingungen im

Laufe eines Journalistenlebens geändert haben. Am Anfang, so Lütgert, räumte man ihm, obwohl Studienabbrecher, alle Chancen ein. Er bekam »eine Volontärstelle, damals automatisch der Einstieg in eine lebenslange Festanstellung«. An welchem Standort, das durfte er sich am Ende seiner Ausbildung aussuchen. In der Mitte ging es nur bergauf: »Gefiel es mir im alten Job nicht mehr, konnte ich jederzeit gehen. Jedes Angebot war besser dotiert als der Vertrag, den man bis dahin hatte.« Besonders kurios: »Natürlich flogen wir auf längeren Dienstreisen Business, wie auch der Ingenieur neben oder der Monteur von Thyssen zwei Reihen vor mir.« Das Ende, wie bekannt, geradezu luxuriös umsorgt: »In meiner Generation«, schreibt er, »können sich viele an ihren großzügigen Renten und Pensionen erfreuen«, und das, ergänzt er, ohne sich, wie die Alten zuvor, darauf berufen zu können, Deutschland nach dem Krieg wiederaufgebaut zu haben. »Wir sind auf vielfältige Weise bloße Nutznießer dessen, was unsere Vorfahren geleistet haben.«

Inzwischen herrsche überall ein eiserner Sparzwang. Gerade erst hat der NDR verkündet, in den nächsten vier Jahren 300 Millionen einsparen zu wollen, dichtgemacht wurde unter anderem die Redaktion »Die Box«, ein Labor, in dem jüngere Reporterinnen zahlreiche preisgekrönte Formate produziert hatten. Lütgert schreibt von einer jungen Kollegin, die es in vier Jahren auf neun Verträge gebracht hatte, bevor sie beim NDR aufgab; einem anderen, der, obwohl sein Film nicht nur im Fernsehen, sondern auch auf einem Festival gut ankam, nach vier Verträgen in vier Jahren den Sender verließ. »Beide Vollakademiker, beide besser qualifiziert als ich«, räumt Lütgert ein.

Eine seltene Stimme. Ich kenne ihn. Also habe ich ihn gebeten, ausführlich mit mir zu sprechen. Auch den Journalisten und Moderator Sven Kuntze, mit dem ich mal Fußball schaute in der guten alten Zeit, als mein Verein Werder Bremen noch gewann, rief ich an und fragte, ob ihm Gesprächspartner einfielen, und ich versuchte noch vieles mehr. Die Bereitschaft war allerorten überschaubar.

Viola aber, halblanges, glattes blondes Haar, akkurat geschminkt, seit zwei Jahren in Rente, davor Redakteurin, Moderatorin, Abteilungsleiterin, hat sich durchringen können, davon zu erzählen, wie es ist, zur »goldenen Generation« zu gehören – und den eigenen Mitarbeitern klarmachen zu müssen, dass für sie nun andere Regeln gelten.

»Danke!«, sage ich und drücke *record*.

Violas Berufsleben als Journalistin begann im Jahr 1980, 28 war sie damals, hatte ausgiebig Theaterwissenschaften studiert, eine journalistische Ausbildung angeschlossen, hatte sich, wie sie es ausdrückt, »ausgetobt, was Feiern, Reisen und Männer angeht«, und stellte sich nun mit gutem Gefühl an die Startlinie.

»Ich war total neugierig. Nicht nur das ganze Leben, sondern auch die ganze Berufspalette lag vor mir! Die ganze Fülle. Will ich lieber Politikberichterstattung machen? Lieber Hintergrundberichte? Lieber Kunst und Kultur? Ich hatte das Gefühl, ich kann aussuchen, was ich machen will. Keine Beschränkung, keine Ängste. Und es hat auch immer alles geklappt.«

Sie stellte sich in einer Redaktion vor, eine Regionalsendung beim öffentlich-rechtlichen Rundfunk. Alles prima: 14 Redakteure, thematisch die ganz große Freiheit. »Ich erinnere die Konferenzen. Dann wurde gefragt: ›Wer geht in den Landtag?‹ – ›Mach du doch, ich würde lieber zur Theaterpremiere gehen.‹ Ich konnte Beiträge machen, moderieren, jede dritte Woche. Da durfte man auch die Musik selber aussuchen. Es wurde alles selbst entschieden, selbst gemacht, natürlich nach professionellen Gesichtspunkten. Ich sehe mich heute noch ganz glücklich mit den Kopfhörern Musik für die Morgensendung heraussuchen. Ich dachte: Hier würde ich gerne meine erste feste Stelle haben.«

Allerdings war in der anvisierten Redaktion gerade keine zu haben. Man bot ihr eine freie Mitarbeit an. Nee, dachte sie und fing stattdessen fest bei der örtlichen Zeitung an, arbeitete dort ein Jahr als Redakteurin, bis der Chef des öffentlich-rechtlichen Rundfunks vermeldete, nun könne man sie einstellen, »nicht befristet, sofort eine Lebensstellung«, sagt sie.

Und so ging es weiter. Sie kündigte, weil sie der Liebe wegen in eine andere Stadt ziehen wollte. Aber auch da, beim nächsten öffentlich-rechtlichen Sender in einem anderen Bundesland, bekam sie nach kurzer Wartezeit wieder eine Redakteursstelle.

»Es war damals so, dass in jedem Sendegebäude unten am Fahrstuhl diese Kästen waren, wo die Zettel mit den Ausschreibungen hingen. Man guckte immer drauf, wenn man in den Aufzug stieg: Wieder eine Stelle angeboten! Ich musste nur wählen.«

Klingt das aus Sicht derjenigen, die 25 Jahre später in den Beruf starteten, schon einigermaßen erstaunlich, muten die Bedingungen, unter denen damals gedreht wurde, heute märchenhaft an.

»Kosten spielten am Anfang keine Rolle«, sagt Viola. »Die Überschrift war nie: Sparen. Unser Ziel war nicht, mit möglichst wenig Geld möglichst viele Zuschauer zu erreichen, sondern eine möglichst gute Sendung zu machen. Ich war feste Redakteurin, weil man mir zutraute zu beurteilen, was eine gute Sendung ist. Ich hatte mit Zahlen nichts zu tun. Wir hatten einen guten Etat. Wir konnten die Autoren dazuholen, die wir wollten. Und: Was hatten wir für große Teams! Um einen sechsminütigen Beitrag über die neue Ausstellung einer Künstlerin zu machen, fuhren wir mit einem kleinen Bus, in dem sechs Personen saßen: ein Fahrer, ein Kameramann, ein Tonmann, ein Lichtmann, eine Produktionsassistentin, die dafür gesorgt hat, dass alle Markennamen abgeklebt werden, und ich als Redakteurin. Das waren alles Leute, die fest angestellt waren, sicher in Lohn und Brot.« – Das Äquivalent zur Lebensmittelabteilung unten im Karstadt-Warenhaus, besetzt mit Körbchenschiebern, Obstabwiegern und drei Mann an der Kasse.

Ich denke an meine letzten Dreharbeiten für große Dokumentationsproduktionen. Das mehrstündige Interview im Oktober, nach dem der Kameramann und ich noch gut 600 Kilometer mit dem Auto zurückfuhren, natürlich ohne Fahrer, dafür leider mit Stau. An die Auslandsreise, bei der wir zu zweit mit sechzig Kilogramm Equipment am Flughafen in Baltimore standen und nicht wussten, wie wir das Material in den Bus zum Mietwagenterminal bekommen sollten. Ich denke an Filme, bei denen ich nicht nur die Fragen gestellt, sondern auch wackelig, weil amateurhaft, die Tonangel gehalten habe, um eine Person im Team einzusparen und dafür mehr Drehzeit zu haben; und daran, dass meine Arbeitsbedingungen noch immer privilegiert sind.

Ein Kollege fuhr das Team bei einem Auslandsdreh nach 16 Stunden Arbeit noch zwei Stunden ins billige Flughafenhotel. Alle um ihn herum waren längst eingeschlafen, als auch ihm mehrfach der klare Blick entglitt. Bei einem Dreh in den USA bemerkte er nach einem kompletten Arbeitstag und einem anschließenden Fünf-Stunden-Flug von LA nach New York, dass die Firma ein schäbiges Airbnb gebucht hatte, in dem es für fünf Teammitglieder zwei Betten und eine Couch im Flur gab. Nach heftigem Streit erkämpfte er zumindest, dass drei Kollegen in ein Hotel umziehen durften, bevor nach fünf Stunden Schlaf der nächste Drehtag begann.

Viola ist da schon weiter. »Ich habe bei meiner ersten Stelle 3300 Mark brutto bekommen.« Sie musste das zu Hause nachschauen, gewusst hätte sie es nicht mehr. »Geld spielte keine Rolle, es war nie mein Antrieb. Es war mir sogar egal – weil das Leben, das ich führen wollte, auf jeden Fall finanzierbar war: abends schön essen, eine Wohnung mieten, später kaufen, schön reisen. Das hatte ich alles. Ich wurde nie konfrontiert mit Summen, die ich von meinem Gehalt nicht hätte zahlen können. Aus dieser Sicherheit entsteht Zuversicht. Die gibt man weiter – an Kollegen, an Kinder, an Nachbarn. Diese Zuversicht gab es in meiner Generation durchgehend. Wir bauen weiter auf, was die Eltern aufgebaut haben! Es wird uns noch besser gehen als unseren Eltern! Es geht vorwärts!«

Und das Versprechen galt ja auch für sehr viele in ihrer Generation, der »goldenen« – ins Wirtschaftswunder hineingeboren, in den 1970er-Jahren studiert, in den 1980ern in den Beruf gestartet. Jetzt geht es nur noch für manche vorwärts. Für viele nicht. Sie seufzt. »Gestern habe ich noch mit meinem Italienischlehrer gesprochen, einem jungen Mann. Er kämpft, um über die Runden zu kommen. Seine Frau kämpft. Der ist in der Nähe von Padua aufgewachsen und sagte mir: ›Mein Vater hatte einen normalen Job, meine Mutter war Hausfrau. Meine Eltern hatten vier Kinder. Wir sind jedes Jahr mit vier Kindern in den Urlaub gefahren. Das ist doch heute unvorstellbar.‹«

Ich nicke und denke an die letzte Übernachtung, die wir –

zwei Erwachsene, zwei Kinder – gerade in Bayreuth gebucht hatten: 135 Euro, in der Jugendherberge. *Out of control.*

Aber zurück ins Bistro.

Nach uns die Sintflut, sagen die Boomer

»Mitte der 1990er-Jahre ging es los«, sagt Viola. »Da fing es an, dass im Sender Geld ein Thema wurde. Vorher wurde nie groß darüber gesprochen, was die KEF, die ›Kommission zur Ermittlung des Finanzbedarfs der Rundfunkanstalten‹, ist, wie viele Gebührengelder wir bekommen. Aber ab Mitte der 1990er-Jahre sickerte von oben nach unten durch: Wir müssen sparen.«

»Warum genau zu diesem Zeitpunkt?«, frage ich. »Gab es einen Anlass? Welche Ursache wurde Ihnen genannt?«

»Das weiß ich nicht«, sagt Viola. »Es hieß: Wir haben zu viel Personal. Von oben kam die Ansage, dass es so nicht mehr weitergeht. Plötzlich musste kalkuliert werden, eng kalkuliert werden. Und während früher noch ganz klar war, dass eine Stelle, die frei wurde, sofort neu ausgeschrieben und wieder besetzt wurde, gab es nun plötzlich ganz viele ›KW-Stellen‹: ›Kann weg‹. Meine jüngeren Kollegen waren die Ersten, die unter Druck gerieten: Um doch noch ange- stellt zu werden, so war ihr Gefühl, mussten sie doppelt so gut sein. Viele sind dann doch noch irgendwie reinge- rutscht. Das änderte sich erst um das Jahr 2000. Von da an war zumindest in meiner Abteilung auch für die Besten keine feste Stelle mehr drin.«

Als sie dann für die letzten zehn Berufsjahre die Leitung dieser Abteilung übernahm, dachte sie noch, der Einstel- lungsstopp sei ein Zwischentief. Sie kalkulierte: Drei ihrer

Redakteure würden bald in Rente gehen, mindestens einein-halb dieser Posten, da war sie sicher, würde sie neu besetzen können. »Solange ich gehofft habe, haben auch die freien Mitarbeiter gehofft. Wir konnten uns einfach nicht vorstel-len, dass diese Stellen einfach wegfallen.«

Aber sie fielen weg. In Violas Zeit als Abteilungsleiterin wurde keine einzige Position ausgeschrieben, kein jüngerer Redakteur rückte nach. Stattdessen wurde als Trostpflaster das Budget für die Freelancer erhöht. »Damit kam für mich die nächste Stufe. Ich habe in den Mitarbeitergesprächen den Freien gesagt: ›Ich habe den Kampf aufgegeben.‹«

Sie, die am Anfang ihrer Berufslaufbahn immer alle Chan-cen hatte, die sich »ganz natürlich, ganz linear«, wie sie es beschreibt, nach oben gearbeitet hat, bis zur Chefin, musste den Jüngeren in ihrem Team, egal wie begabt, egal wie enga-giert, mitteilen, dass keiner von ihnen diesen Weg würde einschlagen können.

»Inzwischen ist allen klar, dass es eine Berufsentschei-dung ist. Es ist nicht in allen Bereichen des Journalismus so, aber in meinem: Wer diese Redaktion wählt, arbeitet frei. Das ist dramatisch. Wer heute in den Job geht, muss wis-sen, dass es schwicrig wird, damit sein Leben zu bestrei-ten. Es gibt natürlich ein paar, die absolute Spitze sind, von denen jeder weiß: Egal, wo du sie hinschickst, sie kommen mit einem exzellenten Stück zurück. Die können gut davon leben. Aber auch sie haben immer das Gefühl: Wie geht es weiter? Werde ich wirtschaftlich auf Dauer existieren kön-nen? Ich glaube, dass diese Lage bei vielen einhergeht mit einer Desillusionierung, auch mit einer Müdigkeit, weil die Belohnung für die Anstrengung, die feste Stelle, gar nicht kommen konnte. Ich habe viele Jahre erfüllt für den Beruf gelebt. Aber wenn diese Aussicht gar nicht mehr da ist, dann gebe ich meine Kraft vielleicht auch nicht mehr gänzlich in ein Unternehmen, einen Sender, von dem ich sowieso nichts zurückbekomme.«

Es ist dieselbe Moral wie in Rüdigers Geschichte: Natürlich, würde auch er sagen, hat er, der Karstädter, sich anders für das Warenhaus eingesetzt als die, die heute von Subunternehmern an die Kasse beordert werden. Es ist die Idee, dass die dauerhafte Ehe zwischen Arbeitnehmer und Unternehmen die Lebensform ist, die die Mitarbeiter zum größten Einsatz anspornt, dass nur die Firma Loyalität einfordern kann, die selbst an langer Bindung interessiert ist. Allerdings behaupten einige Ökonomen und auch mancher, der sich in den Fluren der öffentlich-rechtlichen Sender auskennt, genauso entschieden und begründet das Gegenteil. Feste Strukturen können klaustrophobisch wirken, Stabilität kann Innovation verhindern und Druck Ansporn zu großer Leistung sein. Es ist ein uralter Streit. Während Adam Smith zum Beispiel in *Wohlstand der Nationen* argumentierte, Routine stumpfe den Geist ab, hielt Didier Diderot sie für eine der großen Lehrmeisterinnen der Menschen.

Schließen wir die Debatte mit dem salomonischen Urteil des Soziologen Richard Sennett, der schrieb: »Routine kann erniedrigen, sie kann aber auch beschützen. Routine kann die Arbeit zersetzen, aber auch ein Leben zusammenhalten.« So ist es wohl.

Es ist dann auch eine andere Sache, die mich lange nach dem Interview beschäftigen wird: das Mitarbeitergespräch in Violas Büro. Verbleiben wir kurz dort. Geräumig war es, aber nicht schick, klassische Funktionsarchitektur: links die Einbauschränke, rechts ein Bücherregal, dazwischen der Besprechungstisch, an dem sie, Viola, immer auf der sicheren Seite Platz nahm. Auf der anderen die Freien, auch exzellent ausgebildet, Studium, Volontariat, das ganze Programm. Treu haben sie über Jahre hinweg Dienst geschoben, waren aber eben in die Post-Festanstellungsphase der Redaktion hineingeboren.

»Wie ging es Ihnen dabei?«, hatte ich Viola gefragt, »mit welchem Gefühl haben Sie das Gespräch geführt? Bedauern? Scham? Und wie haben die, die Ihnen gegenübersaßen, reagiert? Wütend? Verzweifelt?«

»Nein«, hatte Viola gesagt, »da kam kein Generationenkampf auf. Ich habe ja nichts genommen. Ich bin zu einer anderen Zeit in den Beruf hineingewachsen. Das ist alles.«

Es ist das teilnahmslose Schulterzucken, das kennt, wer mit denen, die Teil dieser goldenen Generation sind, über ihre Karrierewege redet.

Eine, die auf der anderen Seite saß, wird mir später sagen: »Es ist sehr gemütlich, sehr bequem für eine Abteilungsleiterin, das so zu sehen. Hätte Viola wirklich nicht mehr kämpfen können?«, fragt sie. Immer mal wieder sei die Aussicht auf eine feste Stelle gedroppt worden, sagt sie, gab es Gerüchte, es ginge doch noch etwas. Daraus geworden sei nie etwas. »Ich habe sie nicht so erlebt, dass sie alles versucht hat. Ich habe nicht das Gefühl, dass sie wie so viele Festangestellte wirklich begreift, wie meine Lage wirklich ist, was es bedeutet, selbstständig zu sein und nicht angestellt.« Nicht zu wissen, wie viel Geld man im nächsten Monat verdient, keine Ahnung zu haben, wie es im nächsten Jahr aussieht, geschweige denn nach Jahrzehnten, im Alter.

»In meiner Generation gibt es noch anständige Renten«, hatte Viola gesagt. »Ich bin einer der letzten Jahrgänge, bei denen die Betriebsrente noch die Hälfte der Bezüge ausmacht. Ich habe aber kein schlechtes Gewissen. Ich habe ja dreißig Jahre einbezahlt.«

An dieser Stelle zitierte ich im Bistro brav meine Zahlen: Die Rücklagen für die Altersbezüge schnürten das aktuelle Programm ein. Für die Versprechen, die man Violas Generation gegeben hatte, zahlten auch die, die heute auf der anderen Seite ihres Schreibtischs säßen.

»Das kann ich nachvollziehen«, sagte sie. »Ich frage mich immer: Wer hat falsch gerechnet? Wieso hat man diese Entwicklung so laufen lassen? Es gab keine Instanz, die rechtzeitig eingegriffen hat.«

Nicht die Gewerkschaften, nicht die Leitung des Senders. Einmal, erinnerte sich Viola, sei sie Aufzug gefahren mit dem Verwaltungsdirektor. Da habe sie diesen Punkt angesprochen: »Warum steuern wir nicht bei den Betriebsrenten um? Vor allem oben, bei denen, die viel bekommen?« Darüber, so ihr Fahrstuhl-Eindruck, habe er nicht reden wollen. »Er bekommt ja noch mal mehr als ich.«

Vermutlich hat sie recht. Als ich später mit einem, der für die Gewerkschaft die Altersversorgung verhandelt, auf das Ungleichgewicht zwischen den Generationen zu sprechen komme, sagt er: »Stimmt«, aber die Zusagen, die man bis in die 1990er-Jahre machte, seien eben nicht mehr zurückzunehmen, die Ansprüche rechtlich geschützt.

»Haben Sie mal überlegt, die Menschen, die im Alter mehr als das letzte Netto bekommen, zum freiwilligen Verzicht aufzufordern?«, frage ich. »Zu einer Solidarzahlung in einen Zukunftsfonds zum Beispiel?«

Schweigen. Dann sagt der Verhandler, das sei doch ein abwegiger Gedanke.

Ich renne noch zweimal gegen seine Betonmauer, sage: »Finde ich nicht.« Wenn man so exzellent versorgt ist und sieht, dass das für die, die nachkommen, nicht mehr möglich ist, könne man doch etwas abgeben. Täten einige ja auch, entgegnet er, an die eigenen Enkel. »Die Älteren wissen schon ihr Geld zu verwenden.« Das hat auch niemand bezweifelt.

Viola wäre übrigens bei einem solchen Solidarfonds dabei. Sie sei bereit, umzuverteilen, sagte sie, zwischen Jung und Alt, heute und gestern. »Ich lasse mit mir reden. Nicht weil ich ein schlechtes Gewissen habe, sondern weil ich die gesamtgesellschaftliche Entwicklung im Blick habe«, lobt sie sich. Sie würde auf 100 Euro Rente im Monat verzichten, wenn das Geld dann ins Programm ginge. *Grazie mille*. Aber ob das reichen wird?

»Ihr werdet es einmal schlechter haben«

Die deutsche Rentenversicherung fußt auf einer cleveren Idee. Die arbeitende Generation finanziert mit ihren Zahlungen die aktuellen Rentner, im Vertrauen darauf, dass die nächste Generation dasselbe tun wird. So schützt man die Altersversorgung zum Beispiel vor Inflation und gibt den Älteren die Möglichkeit, am Wachstum der Wirtschaft teilzuhaben. »Der entscheidende Beitrag zur Rente« ist die Geburtenrate, schreibt der Journalist Sven Kuntze in seinem Generationenporträt. »Der Nachhaltigkeit ist dann Genüge getan, wenn die durchschnittliche Zahl der Nachkommen pro Familie 2,2 Kinder beträgt.«

Tut sie aber nicht. Schon lange nicht mehr. Manche sagen, es habe an der Entdeckung der Verhütungspille gelegen, andere glauben, es lag am Wunsch der Frau, im Beruf erfolgreich zu sein, und am mangelnden Willen des Mannes, im Ausgleich auch mal die Kinder zu hüten. Wieder andere wie Sven Kuntze sind der Meinung, es könnte auch die fehlende

Bereitschaft zu Verzicht und Verantwortungsübernahme gewesen sein. Wer weiß das schon? Auf jeden Fall war die »goldene Generation« die erste, die die Zwei-Kinder-Marke deutlich riss: 1,4 Geburten waren es im Schnitt pro Kopf. »Wer keine Kinder in die Welt setzt, kündigt demzufolge den Generationenvertrag«, urteilt Kuntze hart. Im Falle seiner Altersgenossen habe sich eine Generation »teilweise von ihm verabschiedet«.

In Zahlen liest sich das so: Als Viola jung war, finanzierten im Schnitt vier Beitragszahler eine Rente. 1992 waren es drei, und heute bezahlen zwei Arbeitnehmer mit ihren Sozialabgaben die Altersversorgung eines Durchschnittsrentners. Wenn ab dem Jahr 2025 der große Schwung der Babyboomer pensioniert wird, müssen die Beiträge von eineinhalb Zahlenden für einen Rentner ausreichen. »Demografische Belastung« nennen Wissenschaftler das höflich. Seit Jahren ist sie in Deutschland hoch, nur in Japan ist das Verhältnis zwischen Beitragszahlern und Rentnern noch ungünstiger.

Und weil die Menschen glücklicherweise immer älter werden, hat sich auch die Rentendauer seit den 1980er-Jahren fast verdoppelt. Zwanzig Jahre lang können die Deutschen ihren Ruhestand im Schnitt genießen. Das heißt aber auch: Zwanzig Jahre lang müssen sie von denen, die arbeiten, versorgt werden.

Wenn immer weniger arbeitende Menschen immer mehr Ältere für immer längere Zeit versorgen, kommt die Idee der Umlage an ihre Grenze. Schon jetzt gibt der Staat Jahr für Jahr mehr Geld aus Steuereinnahmen aus, um diese demografische Belastung zu mildern. 2019, als der Bundestag den letzten Haushalt vor der Corona-Pandemie verabschiedete, war der mit Abstand größte Posten der Zuschuss zu den

Rentenkassen: gut 100 Milliarden Euro, mehr als ein Viertel des gesamten Budgets von 360 Milliarden.

Und davon sind die Kosten für die Privilegiertesten in der der ohnehin schon gut versorgten Generation noch nicht beglichen. Den Beamten hat der Staat 72 Prozent des letzten Gehalts als Pension versprochen – ohne dass sie während ihrer Erwerbszeit in die Rentenkasse hätten einzahlen müssen. Vor allem in den 1970er-Jahren hat der Staat sie in großer Zahl eingestellt. Auch meine Eltern waren dabei. Hunderttausende Wechsel auf die Zukunft, die der Staat abschloss, ohne ausreichend Geld für die Alterszeit zurückzulegen. Inzwischen gibt es mehr als doppelt so viele Beamte und Soldaten in Pension wie solche, die noch arbeiten. Für sie haben Bund und Länder rund 46 Milliarden Euro Rücklagen aufgebaut. Niedlich, denn schon jetzt kosten die Pensionen jedes Jahr 70 Milliarden Euro. Die Rücklagen sollen ein Puffer für zukünftige, schon versprochene Zahlungen sein. Diese werden auf ungefähr zwei Billionen Euro geschätzt.

Das kam definitiv nicht überraschend. Schon im März 1980 schrieb der *Spiegel* über eine gescheiterte Reform der SPD unter Helmut Schmidt: »So wurde erwogen, daß Pensionen und Renten im Gleichschritt steigen und auch Beamte für ihre Pension Beiträge zahlen sollen. Doch alles, was das Gestrüpp der Altersversorgung ein wenig gelichtet hätte, fiel schließlich wahltaktischen Bedenken zum Opfer.« Und so wird Kevin Kühnert – als ich ihn zum Interview treffe, noch Vorsitzender der Jusos – diese Forderung vierzig Jahre später wiederholen: »Wann, wenn nicht zum jetzigen Zeitpunkt, sollen wir über eine Erwerbstätigenversicherung reden?«, wird er sagen und: »Meine Eltern sind Beamte. Ich kann ihre Altersversorgung nach außen hin nicht rechtfertigen. Es ist ein System, das abgelöst werden muss.«

Mit Milliarden Steuerzuschüssen wird man die Unwucht im System noch einige Zeit übertünchen können. Aber die Stützmaßnahmen werden immer teurer, und sie lösen das Problem nicht: Die Generation derer, die heute alt sind, hat ein Rentengebäude gezimmert, das für die, die nachkommt, nicht mehr hält. Sie hätten entweder mehr Kinder zur Welt bringen müssen, sich pro Jahr weniger Geld auszahlen dürfen oder, die naheliegende Lösung: länger arbeiten müssen. Eine Faustregel lautet: Damit die Gelder in den Rentenkassen für alle ausreichen, müssten die Menschen pro Jahr, das die Lebenserwartung und damit auch die Rentendauer steigt, acht Monate länger arbeiten und einzahlen. Tun sie aber nicht.

»Wir stehen mit dem Rücken zur Wand«, sagt mir Marcel Fratzscher, der Präsident des Deutschen Instituts für Wirtschaftsforschung. »In den nächsten fünf Jahren werden wir wenig merken. Die Beiträge werden kaum steigen. Die Renten werden gut sein. Dann aber wird es einen Schub geben, wenn die Babyboomer in Rente gehen. Ich vermute, es wird dann zu einem riesigen Aufschrei kommen, wenn Reformen unumgänglich werden. Dann ist es aber fast zu spät, um noch grundsätzlich etwas zu ändern. Eigentlich ist es jetzt schon zu spät, Menschen mit geringen Einkommen eine gute Perspektive für ihre Renten bieten zu können.«

Denn trotz der üppigen Stützgelder, die aus dem Haushalt jedes Jahr an die Rentenversicherung überwiesen werden, sackt das Rentenniveau seit 1990 ab. 55 Prozent des durchschnittlichen Nettoeinkommens, 53, 51, 50, 49, 48... Und so wäre es vermutlich weiter auf 41 gesunken, so eine Prognose des Arbeitsministeriums, hätte die Regierung nicht eine Haltelinie eingezogen. Da sich dieser Wert auf den lebensfernen »Standard-Rentner« bezieht, der 45 Jahre lang immer das Brutto-Durchschnittseinkommen erhalten hat, sehen die realen Zahlen für viele Menschen noch düsterer aus. Die 48 Prozent will der Staat absichern, koste es, was es wolle. »Unbezahlbar«, halten Forscher des Max-Planck-Instituts für Sozialrecht dem entgegen. »Die Jungen würden dann immer mehr einzahlen müssen, um die Alten zu finanzieren. Irgendwann werden sie das nicht mehr leisten können«, ergänzen andere. Zu groß ist die Unwucht im System.

Mein Exemplar des Buches, das Sven Kuntze schrieb, ist mittlerweile zerlesen, der Schutzumschlag längst zerrissen. Oft hatte ich es verliehen, an Menschen in Kuntzes Alter, von denen ich es wortkarg zurückbekam. Kuntze hat das Porträt seiner goldenen Kohorte *Die schamlose Generation* genannt. Im Gegensatz zu seinen Büchern davor, in denen er charmant darüber parlierte, wie ein Gentleman altern zu wollen, hat sich diese Abrechnung nicht so gut verkauft.

Erbarmungslos seziert er den Nachlass seiner Altersgenossen: Bildung, Klima, Kinder – und eben auch das Rentensystem und die Staatskasse. Seine Generation, so Kuntze, die noch heute außergewöhnlich viel von sich hielte, habe die idealen Startchancen, das Glück, sechzig Jahre in Wohlstand und Frieden verbringen zu können, vor allem für ein schönes, sattes und selbstbezogenes Dasein genutzt. »Was aber«, fragt Kuntze, »hinterlassen wir unseren Kindern und Enkeln als Gegenleistung? Hinterlassen wir ausreichend Kitaplätze, ein konkurrenzfähiges Bildungssystem, eine funktionierende Infrastruktur und volle Rentenkassen?« Rhetorische Frage. Die Antwort lautet: Leider Nein.

Kuntze erzählt von einer Runde mit alten Weggefährten in einer Wohnung im Prenzlauer Berg, wo man im kleinen Kreis eine Weinlieferung aus dem Elsass begrüßen wollte. Man plauderte und kam auf die Renten zu sprechen. Jeder in der Runde, so Kuntze, erfreute sich dank schöner staatlicher Versorgung und Arbeitgeberzulagen an mindestens 80 Prozent des letzten Nettogehalts, »Einkünfte aus anderen Quellen und Erbschaften nicht mit eingerechnet«. Ein Paar, schreibt Kuntze, kinderlos, gab sogar zum Besten, nicht recht zu wissen, wohin mit dem Geld. »Für die Nachkommen indes, waren wir uns einig, würde es nicht ganz so gut, vielmehr ›beschissen‹ aussehen.«

Plötzlich, erinnert sich Kuntze, aus heiterem Himmel einer Eingebung folgend, habe er einen Vorschlag gemacht: Sollte man nicht die gesamten Einkünfte von Rentnern auf stattliche 3500 Euro begrenzen und den Rest in einen Fonds einzahlen, aus dem später die »beschissenen« Renten der Kinder und Enkel erhöht werden könnten?

»Es folgte ein kleines, aufgeregtes Stimmgewirr, in dem auch mein Geisteszustand zur Sprache kam«, ein irritiertes: »Sag mal, wie bist du denn drauf?« Aber natürlich keine Zustimmung.

Auch seine zweite Idee, dass zumindest die Kinderlosen unter den Älteren, die, wie er meint, »im System der umlagefinanzierten Rente keine Ansprüche erworben haben«, einen Teil ihrer Einkünfte in einen Fonds einzahlen sollten, der die bedürftigen Alten zukünftiger Generationen unterstützt, dürfte kaum mehrheitsfähig sein. Denn die Tatsache, dass die Geburtenrate mit der Generation der heutigen Rentner einbrach, hat noch einen Nebeneffekt: Seit der Bundestagswahl 2017 sind die über 60-Jährigen die Altersgruppe mit den meisten Stimmen. Die bis 40-Jährigen, die von Mitte der 1960er-Jahre bis zu Beginn der 2000er stets die meisten Wähler stellten, sind abgesackt.

Und weil auch in diesem Feld Kuntzes weiser Rat verpufft, wonach seiner Generation empfohlen sei, »einer nervösen Regierung gelegentlich zu signalisieren, dass sie von der Macht ihrer Stimme wenig Gebrauch machen wolle«, sondern bereit sei, »ein zurückhaltendes Leben frei von zusätzlichen Forderungen zu führen«, opfert bislang noch jede Regierung lieber die Rentenansprüche der Jüngeren, statt die Wohlhabenden unter den Älteren zum Maßhalten zu zwingen.

»Bis wir umfallen« oder: »Ist das Gerechtigkeit?«

Und so wird die Lebensleistung der heute Arbeitenden im Alter weit weniger üppig honoriert werden als die der heutigen Rentner. Mit mehr als 30 Prozent der heute 40- bis 55-Jährigen werden mehr als doppelt so viele Menschen wie heute im Alter von Armut bedroht sein.

Christians Rentenbescheid verheißt ihm 1500 Euro brutto, das wären gut 1200 netto. Damit würde er als Single knapp über der Armutsschwelle liegen. »Ausreichend finde ich das nicht«, sagt er. »Ich habe die ganze Zeit gearbeitet.« Aber im Moment käme er damit über die Runden – als Single und gesegnet mit einem schon lange währenden und günstigen Mietvertrag. »Aber wenn ich hier raus müsste und etwas anderes anmieten sollte, hätte ich schon ein großes Problem.«

»Unsere Altersvorsorge wird sehr klein sein«, sagt Alexandra, 110 Schüler hin oder her. Gerade hat Richard den jährlichen Brief von der Rentenversicherung bekommen: 1300 Euro brutto würde er bekommen, netto wären das weniger, als allein die monatlichen Fixkosten für das Haus auffressen. Bei Alexandra wäre es ähnlich. Sie hoffen, dass sie dann den Kredit abbezahlt haben werden. Dann fiele zumindest ein großer Posten weg. »Damit hätten wir zwar Eigentum, aber du brauchst ja auch etwas zum Essen und zum Anziehen«, sagt Alexandra. »Wir werden davon nicht leben können.« Und so glauben die beiden nicht daran, nach einem Arbeitsleben mit 63 oder 65 oder 67 in Rente gehen zu können. »Es wäre keine Überraschung, für immer unterrichten zu müssen«, sagt Alexandra. »Bis wir umfallen.«

Als ich Sait nach seiner Rente frage, lacht er. »Laut Aussage der Rentenkasse werde ich, wenn sich nichts ändert, 739 Euro brutto bekommen.« Er rechnet: Schon jetzt liegt seine Miete bei über 600 Euro. Damit wäre seine Rente fast weg. Sie hätten noch die seiner Frau, höchstens 800, dazu. »Das reicht von vorne bis hinten nicht.« Vor zehn Jahren hat Sait deshalb zwei Zusatzrenten abgeschlossen, eine über Riester, das große Versprechen der 2000er-Jahre. »Ich zahle mich da doof und dämlich«, sagt er. 100 Euro im Monat. Rund 300 netto war das Versprechen in den ersten Angeboten der Versicherer. Inzwischen haben sie die Prognose nach unten korrigiert. »Jetzt bin ich bei 180«, sagt Sait.

»Wie blickst du auf die Zeit?«

Seine erste Antwort – spontaner Sarkasmus: »Verhungern kann ich.« Dann erzählt er von seinem Traum: »Zurückwandern«, so nennt er es, würde er gern und mit seiner Frau als Rentnerpaar in der Türkei leben. Er habe mal eine Reportage gesehen über eine Familie aus Naumburg an der Saale, die mit 1400 Euro Rente in einem hübschen Apartment in Antalya lebte. 200 Euro Miete, das Meer vor der Nase und sieben Monate lang Sonnenschein. Rund 250 000 Renten überweist die Deutsche Rentenversicherung ins Ausland, doppelt so viele wie in den 1980er-Jahren. Manche mag die Landschaft locken, die meisten Senioren zieht es in die Schweiz oder nach Österreich, aber die Zahl derer, die nach Polen, Bulgarien, Tschechien oder eben in die Türkei auswandern, steigt und lässt vermuten, dass der Alterswohnsitz von vielen auch der günstigen Lebens- und Pflegekosten wegen gewählt wird.

Sait hatte überlegt, sich gemeinsam mit seiner Frau in das türkische Rentensystem einzukaufen. Allerdings sind die Einmalzahlungen an die Sozialkassen, die der türkische Staat verlangt, massiv gestiegen. Sie bräuchten mehrere Zehntausend Euro, die sie nicht haben. Bleibt die Hoffnung darauf, dass die Lebenskosten in der Türkei langsamer steigen als die in Deutschland und die Rente hier für ein gutes Leben dort genügt. Ein Traum mit zwei Haken: »Die Kinder werden niemals mitkommen«, sagt Sait. Und die deutsche Krankenversicherung gilt nicht mehr für einen dauerhaften Auslandsaufenthalt. Er müsste sich teuer nachversichern. Zur Not, schließt er, zöge er im Alter in das Dorf, aus dem er stammt. Dort besitzt er ein Stück Land, nicht viel. »Aber es reicht für zwei Schafe oder Ziegen und eine Kuh.« Pause. Dann redet er weiter: »Im Ernst: Ich bin sauer. 900 Euro netto. Ein Arbeitsloser bekommt fast so viel wie ich, der ein Leben lang gearbeitet hat. Ist das Gerechtigkeit?«

Ich denke an Viola und frage Sait, ob er der Generation unserer Eltern Vorwürfe mache. »Nee«, sagt er, »man sollte das nicht so sehen.« Zwar hätte damals ein Einkommen in der Familie gereicht, aber sein Vater hätte hart gearbeitet, körperlich härter als er selber. Oft von zwei Uhr in der Früh an, bis ins hohe Alter, bis er vor zwei Jahren auf der Arbeit umgekippt sei, Herzattacke, und der Arzt endgültig gesagt habe: »Schluss.«

Auch bei Alexandra glimmt kein Groll gegen die Älteren,

die so viel besser versorgt sind, als sie es jemals sein wird. »Die, denen es heute gut geht, die haben auch dafür gearbeitet«, sagt sie. »Es war nicht unverdient. Es freut mich für sie, dass ihre Lage noch eine andere war.« Es wäre schön gewesen, wenn die Generation vor ihr die Rentenkassen pfleglicher behandelt hätte, fügt sie an, vielleicht ein bisschen mehr an die gedacht hätte, die nachfolgen. »Aber so ist der Mensch wohl. Es ist wie mit dem Klimawandel: Was in vielen Jahren ist, interessiert keinen.«

»Man sollte Vater Staat Vorwürfe machen«, sagt Sait. Allerdings nicht, weil der sich seit Jahren scheut, der aktuellen Rentnergeneration längere Arbeitszeiten zuzumuten. Sait schimpft wieder über den Euro und schwärmt von der guten alten D-Mark-Zeit. »Da war die Qualität besser. Alles war billiger. Nachdem EU-Land die Euro-Scheine eingeführt hat, ist alles den Bach runtergegangen.« Er hat einen neuen Beleg für seine Theorie. Er habe, sagt er, letztens vor den Getränkeautomaten am Bahnsteig gestanden. »Zwei Euro, die Cola. Als der Euro angefangen hat, waren es 90 Cent. Die haben 100 Prozent draufgeschlagen in 18 Jahren«, sagt er. »Und Vater Staat reagiert darauf nicht. Ach was. Keiner hat was gesagt.«

In den nächsten Wochen spreche ich nach und nach mit dem Nachwuchs von »Vater Staat«, wie Sait sagt, den zu dieser Zeit amtierenden Vorsitzenden der Jugendorganisationen von CDU, SPD, FDP und den Grünen. Die vier sind sich in vielem uneins, natürlich.

Anna Peters, Chefin der Grünen Jugend, wünscht sich, im Außenbereich eines Cafés in Berlin-Mitte sitzend, dass der Mindestlohn auf 15 Euro hochgesetzt wird. Sie fordert, die Wochenarbeitsstundenzahl auf 20 bis 30 zu reduzieren, und verlangt, dass Menschen vor allem solche Arbeit tun sollten, die sie auch erfülle. Saits Aufgaben, so spekuliert sie, könnten vielleicht bald Roboter erledigen, genau wie »Müllabfuhr fahren. Das sind hoffentlich Jobs, die bald nicht mehr von Menschen gemacht werden müssen.«

Tilman Kuban, Vorsitzender der Jungen Union, lehnt dagegen im Internet-Call – im Hintergrund ein Foto des Parteitags der Jungen Union – höhere Mindestlöhne ab. (Wobei seine Position dadurch geschwächt wird, dass er die aktuelle Höhe auf »11 Euro irgendwas« statt der tatsächlichen 9,35 Euro schätzt.) Er fremdelt mit dem Wort »Niedriglohnsektor«, für ihn offenbar ein schwieriger Begriff in einem Land wie Deutschland, in dem es den meisten doch sehr gut ginge. Mit seinen 33 Jahren scheint er für sich schon die Rolle des mahnenden Konservativen gefunden zu haben, der zu Verzicht und Sparsamkeit aufruft. »Die Wohlstandsspirale ging immer nur nach oben, nach oben, oben, oben«, sagt er. »Dass es irgendwann mal so sein kann, dass wir weniger verdienen, das kennt keiner mehr.« Und: »In Deutschland leben wir in einer Zeit, wo wir so individualisiert sind wie nie zuvor, wo jeder seine Freiheiten ausleben und so mobil wie möglich sein will. Gleichzeitig sagen wir aber: Alle Risiken soll mir der Staat abnehmen. Das allgemeine Lebensrisiko ist in Deutschland quasi abgeschafft.«

Ria Schröder, als wir sprechen, noch Chefin der Jungen Liberalen, eilt aus dem Bundestag in das Café »The Barn« am Hackeschen Markt. Draußen, vor den raumgroßen Fenstern, spazieren Menschen vorüber, die jedes Mitte-Klischee zu bestätigen scheinen. Einer trägt ein Longboard unter dem Arm, ein anderer führt ein winziges Hündchen an der Leine, etliche tragen Papiertüten, darin Shopping-Trophäen aus den umliegenden Läden. Drinnen sagt Schröder, die, ganz untypisch für die FDP, eine Besteuerung hoher Erbschaften befürwortet: »Das Entscheidende ist, dass man es in unserer Gesellschaft zu etwas bringen können sollte, indem man arbeitet.« Aber die Chancen, in Deutschland durch Arbeit reich zu werden, seien sehr begrenzt. Schröder fordert als eine Konsequenz, dass sich der Staat aus dem Leben des Einzelnen so weit wie möglich raushalten solle. Denn »ein Staat, der immer freigebiger verteilt, wird immer hungriger und belastet Leute, die vom Bruttolohn zur Mittelschicht gehören«, wird sie beklagen. »Hohe Abgaben machen es ihnen schwerer, zu Reichtum zu kommen.«

Kevin Kühnert schließlich, der in die obere Etage des Willy-Brandt-Hauses lädt, standesgemäß für einen, der längst zu den einflussreichsten Sozialdemokraten zählt, ist – ganz im Gegensatz zu Ria Schröder und vermutlich auch zu dem Schröder, der die SPD lange prägte – erleichtert, dass der »Staat sich Spielräume zurückholt, mit der Einführung des Mindestlohns zum Beispiel. Das ist nach vielen Jahrzehnten eine Richtungsumkehr«, wird er sagen. Und verlangen, dass die untere Lohngrenze möglichst zügig auf 60 Prozent des Medianlohns, also knapp 13 Euro, erhöht werden müsse, um jedem, der Vollzeit arbeitet, ein auskömmliches Gehalt und eine Altersversorgung über der Armutsschwelle zu sichern.

Das Pendel der Position schwankt also gewaltig zwischen den Polen viel und wenig Staat, zwischen der Forderung, Arbeitnehmerinnen kürzere Arbeitszeiten zu höheren Löhnen zu gönnen, und der gegenteiligen Mahnung, dass wir Kinder des Wohlstands lernen müssten, uns zu bescheiden. Aber eine Sorge sprechen sie mir unisono auf das Aufnahmegerät: dass die Politik in den großen Linien im Moment durchaus eine Unwucht zuungunsten der Jüngeren habe.

»Was die Absicherung der Jüngeren angeht, sind die Kennziffern bedrückend«, sagt Kevin Kühnert. »50 Prozent der Jüngeren machen zum Beispiel den Einstieg ins Berufsleben mit einem befristeten Arbeitsvertrag. Wenn das ein paar Jahre so geht, verändert das das Mindset einer jungen Generation, weil die es irgendwann nicht mehr anders kennen.«

»Wir haben dagegen heute eine Generation von Rentnerinnen und Rentnern, denen es im Durchschnitt sehr gut geht«, wird Ria Schröder hinzufügen, »eine Generation, die sehr früh in Rente gegangen ist, die relativ lange leben wird und eine ziemlich gute Altersversorgung hat.«

»Die Generation unserer Eltern hat zu wenig Kinder bekommen. Sie hat immer im Wohlstand gelebt und ist jetzt dabei – weil sie eine große Gruppe ist –, im Alter ihren Wohlstand zu sichern«, wird Tilman Kuban nachlegen. »Dieser Generation wurden zum Beispiel hohe Betriebsrentenversprechungen gemacht. Da haben wir wahnsinnige Belastungen, die auf die Unternehmen zukommen werden.« Denn diese hätten nicht genügend angespart. »Zudem erleben wir einen Mentalitätswandel«, wird Kuban bedauern. »Die Generation meiner Großeltern ist zu viel Verzicht bereit. Wenn man da hinkommt, kriegt man immer noch 20 Euro zugesteckt, obwohl die eigentlich eine kleine Rente haben. Wenn ich denen sage: ›Ihr müsst euch noch ein bisschen mehr einschränken, damit meine Generation auch eine Rente bekommt‹, würden die sofort antworten: ›Ja‹. Aber die Generation meiner Eltern ist dazu nicht bereit.«

»Meine Generation wird auf keinen Fall solch eine Rente haben wie die jetzigen Älteren. Deshalb würde ich mir wünschen, dass es einen Rentneraufstand gibt«, wird Ria Schröder hinzufügen, »dass die gut Versorgten sagen: ›Wir wollen auch unseren Beitrag leisten.‹«

Es klingt in diesen Momenten ganz nach dem, was der Wirtschaftsnobelpreisträger Joseph Stiglitz schrieb: Ein wesentlicher Riss in der Gesellschaft verlaufe nicht zwischen den Geschlechtern, den Bildungsschichten oder Steuerklassen, sondern zwischen den Generationen. Es ist nicht nur die Rente: Schaut man sich an, wie Vermögen und Einkommen zwischen Jung und Alt verteilt sind, blickt man auf eine historische Einmaligkeit.

Die vermögendste Kohorte ist die der 70- bis 75-Jährigen, Kuntzes Altersgenossen, die Generation meines Vaters. Kinder und Jugendliche sind dagegen besonders häufig von Armut betroffen. Als in der britischen Zeitung *The Guardian* große Datensätze altersgenauer Einkommen verglichen wurden, fand man heraus, dass in fast allen westlichen Industrieländern die Durchschnittsverdienste der Jüngeren im Vergleich zu denen der Älteren verloren haben. In Deutschland stieg das Einkommen der 65- bis 69-Jährigen von 1978 bis 2010 um fünf Prozent, bei den unter 30-Jährigen sank es im gleichen Maß. Vermutlich sei das – von Kriegszeiten abgesehen – das erste Mal seit der Industrialisierung, dass die Einkommen junger Menschen derart geschrumpft seien, heißt es im *Guardian*. Aber wenn dem so ist, werde ich schließlich Tilman Kuban, den ich als Letzten interviewe, fragen: Warum steuert die Politik dann nicht gegen? »Warum treten Sie nicht an die Älteren heran und fordern: ›Wir müssen umsteuern, wir müssen einen Ausgleich zwischen den Generationen finden‹«?

»Soll ich ehrlich sein?«, wird Tilman Kuban rhetorisch fragen. (Ja, natürlich. Was sonst?)

»Weil 60 Prozent der Wähler über fünfzig sind.«

Und seine Generation, sagt er, würde für das Thema leider nicht brennen. »Wir haben nie etwas anderes gesehen als Wohlstand. Geld kommt jeden Monat, und viele denken: So wird das auch im Alter irgendwie sein. Wenn ich auf der Straße Leute um die dreißig frage, welche Probleme sie sehen, wird vielleicht einmal in zwanzig Gesprächen das Thema Rente fallen. Die junge Generation will das nicht zu ihrem Thema machen.«

»Wir Jugendorganisationen der Parteien können diese Debatte nicht alleine führen«, wird die Grüne Anna Peters sagen. »Es würde uns schwächen, wenn wir den Zeigefinger heben würden, um immer wieder anzumerken: ›Aber unsere Generation …‹ Das ist eine gesamtgesellschaftliche Aufgabe.« Außerdem hätten sich die »Post-Boomer«, wie sie die Jungen nennt, vor allem dem Klimaprotest verschrieben.

Ist das ein Teil des Problems?

»Ich mache mir Sorgen«, sagt Kevin Kühnert, »dass wir jetzt eine junge Generation haben, die zwar den Kampf gegen die Klimakrise aufnimmt und da für sich Rechte einfordert, aber gar nicht mehr vergleichbar soziale Rechte reklamiert und sich daran erinnert, was eigentlich für ihre Eltern und Großeltern ein unumstößliches Versprechen des Sozialstaates gewesen ist.«

Die vier Politikerinnen sind nicht die Einzigen, denen ich in diesen Wochen die Frage stelle, warum in Deutschland der Konflikt zwischen den Generationen, anders als in den USA oder Großbritannien, nur ganz selten ausbräche. Warum behandeln die Jüngeren die Älteren so milde?

Der Ökonom Timm Bönke vermutet, weil sich die wirtschaftliche Waage in diesem Land längst endgültig zur Seite der Älteren geneigt hat. »In Deutschland ist die Bereitschaft der jüngeren Generation, sich gegen die demografische Mehrheit aufzulehnen, nicht so verbreitet. Die Baby-boomer und die Generation davor besetzen immer noch relativ viele Positionen.« Sie halten die großen Vermögen. »Und wir sehen, dass sie nicht bereit sind, auf Ressourcen zu verzichten. Das bedeutet unheimlich viel Macht.« Etliche Ältere würden nun – zu Recht – argumentieren, sie gäben ja ab, unterstützten die Kinder und Enkel mit Geschenken, Finanzhilfen und am Ende auch mit einem immer üppige-ren Erbe. Bis zu 400 Milliarden Euro werden im Moment Jahr für Jahr vererbt. Ein gewaltiger Geldtransfer von einer Generation zur nächsten.

Für viele Jüngere ist der Erbmarkt entscheidender als der Arbeitsmarkt. Einer Studie zufolge erben 12 bis 15 Pro-zent der Franzosen genauso viel oder mehr als das, was der Durchschnittsverdiener in einem ganzen Leben erarbeitet. Bönke und sein Team sind gerade dabei, diese Zahlen für Deutschland zu berechnen, und erwarten ähnliche Ergeb-nisse. Allerdings wird die Erbwelle an den meisten Ange-hörigen der *working class* vorüberschwappen. Die Hälfte der Deutschen erbt nichts oder Schulden. Und selbst den Begünstigten wird oft klar, dass es nicht dasselbe ist, Geld selbst zu erarbeiten oder von der Großzügigkeit der Vor-gängergeneration abzuhängen. Ein Bekannter erzählt mir, dass die Eltern seiner Frau ein üppiges Budget hätten und dazu den dringenden Wunsch, den Kindern etwas Gutes zu tun. Sie schickten deshalb häufig extrem teure Kleidung für die Enkel, Kaschmirpullis für das Kita-Kind. Nicht gerade das, was der Familie am dringendsten fehlt. All dies zeigt: Wenn die Jungen ökonomisch in dem Maße von den Älteren abhängen, könnte die Rebellion teuer werden.

2016 schrieb der *Zeit*-Redakteur Alard von Kittlitz, Jahr-gang 1982, unter der Überschrift: »Ihr macht uns arm!«

einen wütenden Text anlässlich des jüngsten beherzten Griffs der Generation 65+ in die Rentenkassen: »Kommt eine junge Frau zum Chef«, schreibt er. »Sagt der Chef: ›Wir schätzen Ihre Arbeit sehr und wissen, dass Sie eine Gehaltserhöhung verdient hätten. Leider ist das zurzeit nicht möglich.‹ Steigt in seinen Dienstwagen und gleitet am nächsten Tag in die Frühpensionierung, zu 80 Prozent seiner derzeitigen, für die junge Frau unvorstellbar hohen Bezüge. Sie finden diese Beobachtung vielleicht missgünstig, aber es ist eine, die meine Generation ständig machen kann.«

Schon eine Woche später hielt ihm ein älterer und natürlich hierarchiehöherer Kollege entgegen, weinerlich, selbstmitleidig und auch ein bisschen faul zu sein. »Generation OOHHH!« nannte dieser seinen Text und leugnete die Substanz der Kritik: Junge Menschen mit prekären Arbeitsverträgen? Seien doch kaum existent. (Er ignorierte, dass inzwischen die Hälfte der Berufsanfänger einen befristeten Arbeitsvertrag hat.) Wohnungsnot? Gäbe es, wenn überhaupt, nur in den zentralen Innenstadtlagen. Wem es dort zu teuer sei, der solle doch an den Stadtrand ziehen. Und überhaupt: Seine Generation hätte es auch nicht leicht gehabt.

»OK Boomer«, würde man ihm heute wohl entgegnen. Aber als sein Text erschien, war das Meme, mit dem Jüngere im Netz auf besserwisserische Ältere reagieren, noch nicht erfunden.

Und so trete ich für das Schlusswort in diesem Kapitel beiseite und überlasse es Sven Kuntze, der seine Generation, die er »schamlos« nennt, mit letzten dringlichen Appellen versorgt, denen ich mich still, wie es den Jüngeren in dieser Frage zu eigen ist, anschließen möchte:

Die Kinder sollten es einmal besser haben, dieser Satz sei den Vorgängern seiner Generation stets heilige Pflicht gewesen, schreibt Kuntze. »Die Vierziger indes haben das alte Gebot bedenkenlos beiseitegelegt. Keiner von ihnen würde diesen Satz heute noch äußern wollen.« Er sei, so Kuntze, spurlos aus dem Katalog der Pflichten seiner Generation getilgt. Zum einen, weil viele ohnehin kinderlos seien, »zum anderen wissen sie, dass ihr Lebensstandard von keiner nachfolgenden Generation je wieder erreicht werden kann«. Und weiter: »Ein Schuldgefühl wäre sicherlich ganz praktisch. Denn daraus erwachsen gelegentlich Einsicht und das Bedürfnis, den Misserfolg ungeschehen zu machen. Davon aber kann bislang keine Rede sein.«

WINTER

Rückkehr unter Schmerzen

Christian

Im Januar will Christian wieder in der Firma sein, seinem Körper fast neun Stunden pro Tag am Schreibtisch abringen. Dafür trainiert er hart, geht zweimal in der Woche ins Fitnessstudio, bewegt sich mit dem Schmerz, wie es sein Physiotherapeut nennt, in der Hoffnung, dass seine Muskeln ihn irgendwann wieder halten, dass er ohne Schmerzmedikamente wird leben können. »Ich bin diszipliniert«, sagt er.

Es ist die Saison der Firmenweihnachtsfeiern, auch in Christians Unternehmen. Von Kollegen weiß er, wann und wo das Fest stattfinden wird. Aber die Einladung hat die Chefin nur an den internen Verteiler geschickt, nicht an ihn. Sie hat ihm auch, anders als die Kollegen, keine Karte, keine Blumen ans Krankenbett geschickt. Erst vier Monate nach dem »Vorfall« hat er zum ersten Mal mit seiner Chefin telefoniert.

»Da habe ich erzählt, was ich habe. Und sie: ›Das wusste ich nicht.‹ Ich hätte mir mehr Unterstützung gewünscht«, sagt Christian – die aber auch nach dem Telefonat ausblieb.

Für Schwerkranke wie ihn, die zurück in den Job wollen, hat der Sozialstaat ein kluges Wiedereingliederungsprogramm entwickelt: das »Hamburger Modell«. Der Mitarbeiter kommt erst für wenige Stunden, dann halbtags zurück in den Betrieb, kann sich stufenweise wieder an die Belastung gewöhnen. Statt des Gehalts bekommen die Beschäftigten in dieser Zeit Übergangsgeld aus der Rentenkasse, sind also, eigentlich ein unschlagbares Angebot, für die Firma gratis.

»Ich wollte das ›Hamburger Modell‹ sehr gern machen, erst mit drei Stunden am Tag, dann vier, dann sechs«, sagt Christian. Es gab nur einen Haken: Das Unternehmen muss zustimmen. Seine Chefin aber lehnte ab. Zu kompliziert, er solle lieber seinen Resturlaub nehmen, um dann in Vollzeit wieder einzusteigen.

»Das ist ein großer Druck, der da jetzt entsteht«, sagt Christian. »Für mich bedeutet es, dass ich ab Januar wieder voll funktionieren muss. Ich hoffe, ich schaffe es. Ich habe aber auch immer noch das Gefühl, dass meine Chefin mir kündigen wird. Warum? Weiß ich auch nicht. Ich habe es schon durchgerechnet: Es wäre dann zu Ende März. In meinem Delier-Zustand habe ich so viel von der Arbeit gesprochen. Eine Kollegin hat mich gestern gefragt: ›Willst du wirklich zurückkommen?‹ Ich habe ›Ja‹ gesagt. Aber ich habe Bammel.«

Er überlegt, in einer Mitarbeiterversammlung allen Kollegen auf einmal zu erzählen, wie schwer verletzt er war.

»Ich glaube, das Verständnis der anderen ist größer, wenn sie mehr wissen, und darauf bin ich am Anfang angewiesen. Ich will das, was ich sagen werde, aufschreiben und üben. Ich will lernen, es möglichst schnell vorzulesen. Es wäre doch gut, wenn ich erst am Ende weine.«

Christian weint. »Entschuldigung.« Er presst die Finger vor die Augen. »Wenn ich nur sage: Das Schlüsselbein ist gebrochen, zwanzig Brüche und Quetschungen, ist es okay. Aber wenn ich dann weitermache, dann geht es nicht. Ich muss den Unfall aufarbeiten.«

Endlich gute Aussichten

Alexandra

Es sind noch fünf Tage bis Weihnachten. Alexandra öffnet die Tür. Sie trägt ein pinkfarbenes Kleid, Perlenkette und schwarze Stiefeletten. Das Auftritt-Outfit für das Schülervorspiel am Nachmittag. Im Ofen schmort das Lamm, das sie für die Kinder zum Mittagessen vorbereitet hat. Richard sitzt am Tisch und ölt die Klappen der neuen Klarinette seines Sohnes. Es hat geklappt! Eine Wurlitzer ist es geworden, Qualitätsware aus der bayerischen Manufaktur. »Das, was hier drin ist, kostet neu 26648 Euro«, sagt Richard und zeigt auf den Instrumentenkasten. »Ich hatte die schon lange im Auge.« Als eine Stiftung zusagte, 6500 Euro zuzuschießen, fand Richard eine Musikerin, die ihre Klarinette gebraucht anbot. »Der Jonas übt so viel.« Sorgfältig verstaut Richard die frisch geputzte Klarinette. Gerade hat die Familie beschlossen, im kommenden Jahr nicht wie sonst in ein Ferienhaus in Frankreich zu fahren. Der Sommerurlaub wird ausfallen. Stattdessen wollen sie Jonas im Herbst zu zwei Wettbewerben nach Italien begleiten. Es wäre der nächste Karriereschritt.

»Alles, was in Deutschland machbar war, hat er gewonnen«, sagt Richard. In Süditalien aber könnte er an einem internationalen Concours teilnehmen, danach noch ein Auftritt in der Nähe von Venedig. »Wir haben den Livestream vom letzten Jahr gehört, da kann er locker mithalten«, sagt Richard. »Der erste Preis wären 400 Euro.« – »Ich versuche, bei Stiftungen Fahrtkostenzuschüsse für die 4000 Kilometer zu beantragen«, sagt Alexandra. Das Bewerbungskonzert hat

Jonas schon mit einem Tontechniker der Universität aufgenommen. »Der war darauf eingestellt, dass das den ganzen Tag dauert«, sagt Richard. »Der hatte Tupperware mit Spaghetti dabei.« Aber Jonas habe es fehlerfrei in einem Rutsch eingespielt. »Das ist unglaublich.«

Natalja kommt aus der Schule, zieht sich ihre Hauskleidung an und setzt sich mit dem Matheheft an den Wohnzimmertisch. Morgen beginnen die Ferien. Zeit, von den Weihnachtswünschen zu träumen. »Eine sprechende Elsa-Puppe wäre was«, sagt sie. Sobald Jonas da ist, wird er mit ihr Mittag essen und sie dann im Bus zum Ballett begleiten. »Jeder weiß, was er zu tun hat«, sagt Alexandra zufrieden, als sie gemeinsam mit Richard aufbricht.

Um halb fünf stehen sie nebeneinander in einer Fachwerkscheune, dem Kulturzentrum der Kleinstadt, in der sich eine ihrer Musikschulen befindet, und begrüßen ihr Publikum. Musikschüler, deren Eltern, ein paar Großmütter und Großväter. Man sieht, dass vielen Familien dieser Tag wichtig ist. Manche Kinder tragen blaue Rüsche, andere rosafarbene Seidenbluse, wieder andere weißes Hemd und schwarze Stoffhose. »Schon wieder neigt sich ein Jahr dem Ende zu«, eröffnet Alexandra. »In diesem Jahr haben wir viele kleine Siege über die eigene Faulheit gesehen. Die, die hier sind, waren alle fleißig.«

Dann wird vorgetragen. Die Anfänger blasen »Kling, Glöckchen, klingelingeling«. Eine blonde Grundschülerin mit glitzernden Ohrringen spielt Claydermans »Ballade für Adeline«. Eine Jugendliche im knappen schwarzen Rock, roten Pumps und engem Shirt hämmert als Höhepunkt kraftvoll »All of Me« in den Flügel. Höchste Schwierigkeit. Küsschen von der Mutter, die sich Tränen der Rührung aus den Augen wischt, liebevoller Blick des Vaters, Applaus. Sie sei sehr stolz, dass die Musikschule so hervorragende Lehr-kräfte habe, sagt die Leiterin.

Danach fahren wir durch den Winterabend. Alexandra kündigt den Kindern an, dass die Eltern in einer Stunde zu Hause sein werden, früher als gewöhnlich.

Die Geschenke sind gekauft, an Weihnachten wird es Spanferkel geben, ohne Ohren, aber mit Apfel im aufgerisse-nen Maul. Alexandras Mutter wird in einigen Tagen in Russ-land in den Bus steigen, 19 Stunden Fahrt, um die Feier-tage mit der Familie zu verbringen. Morgen ist noch einmal Unterricht, dann ruht die Arbeit für zweieinhalb Wochen. Verdienen werden die beiden in dieser Zeit nichts. Aber auch die Sorgen sollen jetzt mal ruhen.

»Wir haben verdammt viel erreicht bis hierher«, sagt Richard – mit harter Arbeit. »Ich habe aber auch kein Recht, es anders zu machen«, fügt Alexandra hinzu. »Wir brauchen die Mittel, um den Kindern alles zu ermöglichen.«

Zu Weihnachten liegen unter dem Baum: ein Elsa-Par-fum, zwei gute Kleider und eine Handyhülle für die Kleine und Bluetooth-Kopfhörer bester Qualität, für ein Drittel des Preises gekauft am Black Friday, für den Großen. Dann beginnt 2020. Es soll ein gutes Jahr werden.

FRÜHLING

Auftritt Pandemie

Alexandra

Und dann: Beep, beep, beep – kommt Corona. Das Virus zwingt das Land in die Knie. Deutschland bremst. In der Frühlingsluft eine letzte Runde durchs Viertel. Im »Zapfhahn« ist die Kaffeemaschine mit einem Tuch abgedeckt. Die angelieferte Zeitung liegt, von Eskafi nicht mehr abgeholt, auf dem Tresen. Beim Franzosen an der Ecke Abschiedsstimmung: Der Wirt sitzt auf den Stufen vor der Tür. Wird es der letzte Abend sein?

»Wissen wir nicht«, sagt er.

»Wir sehen uns danach.«

»Wer weiß«, sagt er.

»Wie lange könnt ihr durchhalten?«

»Gar nicht.«

Ein Freund hat am Morgen drei Mitarbeitern gekündigt. Ein anderer hat erfahren, dass die beiden Bars, in denen er arbeitet, schließen. Kurzarbeitergeld? Nur für die Festangestellten. Per Crowdfunding soll ein Notfonds gefüllt werden. Überall diese Schilder an den Türen:

Am Café: »Es tut mir sehr leid, liebe Freunde und Gäste, aber wegen des Corona-Virus haben wir zum Wohle der Gesellschaft zu.«

An der Bar: »Aus gegebenem Anlass haben wir bis auf Weiteres geschlossen. Viel Spaß beim Homedrinking!«

An der Modeboutique: »Wir alle gehen durch beispiellose Zeiten. Die Konsequenzen dieser Entwicklungen treffen jedoch nicht jeden im gleichen Maße. Es wird eng – sehr eng!! Jede Spende hilft, unsere Ladenmiete zu begleichen.«

Alexandra erfährt am Freitag, während sie unterrichtet, dass die Musikschulen wie alle Schulen im Land ab dem nächsten Montag schließen werden. Für fünf Wochen, so die erste Prognose. Niemand kann ihr in diesen ersten Tagen sagen, was das für sie und Richard bedeuten wird.

Über Jahre hatten mir Ökonomen in Interviews immer eindringlich eingebläut: Eine Krise wird vor allem die Arbeiter in diesem Land hart treffen. Vermögen sei ein Airbag für die Unfälle des Lebens, hatten sie gesagt. Die Hälfte der Deutschen sei quasi kaum geschützt unterwegs. Die Ökonomen dachten dabei an die gängigen Crashs der modernen Existenz: Jobverlust, Scheidung, Krankheit. Nun ist es ein Virus, das den ökonomischen Totalschaden auslöst. Schon in der ersten Woche wird sichtbar, wer ungepolstert gegen die Wand rauscht. Während Essayisten darüber sinnieren, ob nicht im Stillstand der Welt eine Chance liege, und zum Beispiel im *Spiegel* schreiben: »Alles könnte anders sein – mit dem Unabweisbaren der Pandemie und unserer Hilflosigkeit ergibt sich ein Moment der Freiheit«, fühlt sich die Freiheit für viele andere allenfalls nach freiem Fall an.

Alexandra und Richard wissen in diesen ersten Tagen nicht, wie es weitergeht. Für den Montag hat Richard unlängst einen Festvertrag aushandeln können. Sein Tagesverdienst ist nun so privilegiert wie der eines städtischen Angestellten. Das Gehalt läuft weiter. Der Rest der Wochenverdienste aber droht sofort wegzubrechen. Es ist die erste Teilung, die das Virus vornimmt: die in Menschen mit festen Verträgen und Beamte und die anderen: Freiberufler, Café-Betreiber, Unternehmer.

Alexandra schreibt all ihren 55 Schülerinnen eine Nachricht. Sie erklärt die Lage und bietet an, den Unterricht digital fortzuführen. Noch hält die Solidarität bei den meisten: »Eine Mutter, die auch unsere Schülerin ist, hat die Situation erkannt und ihr Mitleid ausgesprochen. Sie hat mir auch angeboten, wenn es hilft, jeden Tag online Unterricht zu machen. Das fand ich sehr süß.« Zwei Eltern aber schreiben sofort, ohne Gruß und Dank für die Nachricht: »Was ist denn mit den Beiträgen von der Musikschule? Das kostet so viel Geld.«

Die Musikschulen reagieren unterschiedlich. Manche versichern, sich um Lösungen zu kümmern. Zwei aber schicken sofort Hiobsbotschaften:

»Liebe Honorarkräfte, inzwischen gibt es eine eindeutige Aussage: Die Honorare für den durch die Corona-Schließung ausfallenden Unterricht darf ich nicht auszahlen. Ein Ersatzunterricht per Videochat oder Ähnliches ist ebenfalls unzulässig«, heißt es – aus Gründen des Datenschutzes.

Eine andere Musikschule schreibt:

»Folgende Entscheidungen sind gefallen: Honorarkräfte werden nicht weiter bezahlt. Alternative Unterrichtsformen sind nicht gleichwertig mit vertraglich vereinbartem Unterricht und können damit auch nicht entsprechend vergütet werden.« Darunter:

»Ich wünsche allen viel positive Energie.« Sehr witzig.

»Wir sind Leute zweiter Klasse«, sagt Alexandra.

Draußen sind es an diesem Tag 16 Grad, »pure Sonne«. Die Kinder sind im Garten und sammeln die Blätter vom Rasen. »Die Virologen empfehlen ja: So viel rausgehen wie möglich«, sagt Alexandra.

Es sind die Tage der Klopapierpanik, der Verkauf hat sich versiebenfacht. Eine halbe Stunde von Alexandras Kleinstadt entfernt wird zwei Tage später der Kampf an einer Supermarktkasse eskalieren. »Nur ein Paket pro Person, bitte!«, wird eine Kundin aufgefordert werden. Die wird ausrasten und sich in einer Art improvisiertem Sitzstreik aufs Kassenband setzen, bis die Polizei sie in Handschellen abführt.

Auch Alexandra war am Morgen einkaufen. Nur eine Kasse hatte geöffnet, die Schlange zog sich bis zur Rückwand des Supermarkts, die Menschen nervös, Desinfektionsspray in der Hand. »Zucker, Mehl und passierte Tomaten waren ausverkauft«, sagt Alexandra, »das Toilettenpapier auch. Wir haben noch eine Packung, die liegt unten im Keller.« Lösbare Probleme.

Mit dem Homeschooling haben sie längst begonnen, der Wochenplan steht. »Die Kinder bekommen ihre Aufgaben, und dann setzen sie sich hin und lernen.« Alexandra hat Zusatzhefte für die Kleine besorgt. »Mir ist aufgefallen: Sie schreibt ›Mutter‹ mit ›d‹ und ›Käse‹ mit ›e‹.« Jetzt ist Zeit, diese Lücken zu füllen. Mit Jonas werden sie viel Zeit im Musikzimmer verbringen, um neue Programme einzuüben. Während andere Eltern entnervt twittern: »Ich unterrichte lieber 30 fremde Kinder als 1 eigenes zu Hause« und »Gleichzeitig Home-Officing, Homeschooling, Home-Haushalting und Home-Bespaßungsclowning ergibt Home-Nervenzusammenbruching«, oder in Tageszeitungen Bekenntnisse formulieren: »Wie ich beim Homeschooling versage«, stellt Alexandra schlicht fest: »Das bekommen wir gut hin.«

Sie quält etwas anderes, etwas Größeres, Grundsätzlicheres: Alexandra und Richard haben Existenzangst. Angst, dass das, was sie sich aufgebaut haben, nun zusammenklappt. Sie haben die Zahlungen an die Krankenkasse und die Rentenversicherung gestoppt. »Sollen die doch eine Mahnung schicken.« Alexandra will das Geld, das da ist, unbedingt zusammenhalten. »Ich habe die letzte Zahlung von der Musikschule gerade bekommen, 1000 Euro. Hätte ich die sofort weiterüberweisen sollen? Ich weiß ja nicht, wann wieder Geld kommt.«

Alexandra hat sich sofort einen 450-Euro-Job gesucht als Seniorenassistentin. Sie fährt nun viermal pro Woche zu alten Menschen, kauft ein, kocht Kaffee, leistet Gesellschaft. »Damit kann ich ein bisschen was abfangen«, sagt sie.

»Wie lange könnt ihr überbrücken, von den Reserven leben?«, frage ich.

Sie lacht nervös. »Wenn alles ausfällt? Vielleicht einen Monat. Ja, einen Monat würden wir schaffen, danach wird es kritisch.«

Seit zwölf Tagen haben die Schulen geschlossen. Es ist der fünfte Tag der Isolation, die manche Bundesländer »Ausgangssperre« nennen und manche »Kontaktsperre«. Mein Vater hört von Bekannten, die sich auf ihr Landgut in Frankreich zurückgezogen haben. Andere schicken Fotos vom Fachwerkhaus mit Hängematte: »Wir genießen Haus und Garten.« Es ist die zweite Trennung, die das Virus vornimmt: Die einen haben Platz und privates Grün, die anderen drängen sich auf wenigen Quadratmetern. In Berlin wird Menschen polizeilich untersagt, sich auf eine Picknickdecke in Parks zu setzen, nur Spaziergänge und Sport sind noch erlaubt. Der Druck in vielen Wohnungen steigt.

Gewalt gegen Frauen und Kinder nehme zu, berichten die ersten Hilfestellen. In China sollen sich entsprechende Zahlen während der Isolation verdreifacht haben. In Frankreich geben Frauenrechtlerinnen den Tipp, Frauen in Gefahr sollten in Apotheken mit dem Codewort »Maske 19« um Hilfe bitten. Familienministerin Franziska Giffey fordert die Bundesländer auf, leer stehende Hotels anzumieten, um Frauen, die vor Gewalt fliehen, eine Zuflucht bieten zu können. Später wird eine repräsentative Studie der Universität München belegen, dass gut drei Prozent aller Frauen zwischen Ende März und April, als die Kontakbeschränkungen am strengsten waren, von ihrem Partner vergewaltigt wurden. In Familien mit Kindern unter zehn Jahren wurde jedes zehnte Kind und jede fünfzehnte Frau in dieser Zeit geschlagen.

Die Tafeln schließen, Sozialeinrichtungen auch. Eine Mutter, die ich für eine Recherche begleite, ruft an: »Ich darf mein Kind nicht mehr sehen!« Die Kleine lebt bei einer Pflegefamilie. Normalerweise finden die wöchentlichen Treffen in den Räumen einer Erziehungshilfe statt – weil die geschlossen hat, ist der Kontakt ausgesetzt.

Beim Frühstück fragt der Moderator im Deutschlandradio den Soziologen Heinz Bude: »Sorgt das Virus für Gleichheit?« Die Antwort: »In gewisser Weise ja.« Alle seien betroffen, und so schaffe Corona eine Verbundenheit auf Augenhöhe.

Das sieht er wie die Ex-Queen of Pop, Madonna, die bei Instagram ein Video von sich postet. Sie sitzt in einem Bad aus Milch und Rosenblättern und preist das Virus: »Es ist der große Gleichmacher. Und was so schrecklich daran ist, ist auch so großartig daran.« Bullshit.

Für Alexandra und Richard hat das Virus andere Folgen als für die Kollegen mit Festvertrag. Für Friseure und Masseurinnen andere als für verbeamtete Lehrer oder Richterinnen. Kurzarbeiter in IG-Metall-Betrieben wie VW oder BMW, die ohnehin oft gut verdienen, bekommen bis zu 90 Prozent des Lohns, weil die Gewerkschaft aufstockt. Die meisten anderen fallen auf 60 Prozent. Und auch die fühlen sich mit einem Nettolohn von 4000 Euro anders als mit 2000 Euro. Aber auch Menschen mit geringem Einkommen trifft Corona in einem Land, in dem der Sozialstaat ein Netz spannt, gänzlich anders als ihre Kollegen in den USA zum Beispiel.

In der ersten Woche des Shutdowns stellten 3,3 Millionen Amerikaner einen Erstantrag auf Arbeitslosenhilfe. So viele waren es noch nie in einer Woche. Zwischen Anfang März und Ende Mai 2020 verloren in den USA rund 40 Millionen Beschäftigte ihre Arbeit.

My mum ist a housekeeper, schreibt Angelica Martinez bei Twitter, *for 4 different people in Manhatten, naturally they all cancelled her indefiniteley, without pay.*

Plötzlich Krisenheld

Saša

An diesem Mittag fahre ich zum ersten Mal seit zwei Wochen endlich wieder U-Bahn. Aber meine Liebe, wie hast du dich verändert! Nichts mit Verbundenheit und Augenhöhe, die der Soziologe Bude im Radio verheißen hatte. Die Station wirkt wie die Kulisse eines Katastrophenfilms. Vor dem Eingang kniet eine Frau auf dem Pflaster und versucht, Münzen aus einem Bodengitter zu pulen. Ein Mann mit notdürftig verbundenem Fuß schlurft heran und fragt sie nach dem Weg in den nächstgelegenen Park. In der Eingangshalle schläft ein Mann im Schlafsack auf dem Boden. In der Bahn ist die Stimmung beklemmend. Obwohl der Zug nur noch alle zehn Minuten fährt, ist er so leer wie sonst nur tief in der Nacht.

Mein Wagenteil riecht nach Alkohol. Ein Mann mit Motörhead-Shirt und grobschlächtiger Tätowierung am Hals, die nach selbst gestochen ausschaut, trinkt Bier und kratzt sich, während der Zug dreimal hält, Türen öffnet, Türen schließt und peep, weiterfährt, ausführlich im Schritt. Ein anderer, mit Umhängetasche und grauen Sneakers, steigt leicht schwankend ein, hustet, immer wieder stößt er seinen Kopf gegen das Fenster. Die Fahrgäste, die im Normalbetrieb meist auf ihre Handy schauen, beäugen sich gegenseitig. Manche tragen einen Mundschutz, andere zumindest einen Schal oder ein Tuch, viele Handschuhe.

Die Taktung, in der Menschen um Geld bitten, ist eng wie nie, alle zwei, drei Minuten ein neues »Entschuldigen Sie die Störung…« Eine bleiche junge Frau, die nach Geld und Essen fragt, zieht erleichtert ihr schwarz-weißes Tuch beiseite, als ihr eine Mitreisende einen Geldschein in die Hand drückt. Man sieht, dass ihr oben vier Zähne fehlen. »Danke«, sagt sie und ergänzt, dass das Geschäft hart sei in diesen Zeiten. Leere Bahnen und dann diese Blicke. »Hab ich das Tuch um, denken alle, ich habe Corona, und geben nichts. Nehme ich es ab, bin ich bald infiziert.« Ihre Stimme wird lauter, als sie dem Wagen ihre Wahrheit zur Lage mitteilt. »Schlimmer als das Virus ist die Krise, die nachkommen wird«, sagt sie. »Der Euro wird zusammenbrechen. Lasst uns die D-Mark zurückholen!«

Ich steige am verabredeten Bahnhof aus und warte auf Sait. Am Bahnsteig kaum Menschen. Eine Maus flitzt vorbei. Auf dem Boden viele Spuckspuren, ein bisschen Plastik, Papierreste, ein paar weiße Einmalhandschuhe und eine halb ausgetrunkene Flasche Schöfferhofer Grapefruit.

Da kommt Sait. Er stemmt sich auf der Rolltreppe gegen den Putzwagen. Die blauen Säcke sind voll. Der neongelbe

Mundschutz, den er von seiner Firma bekommen hat, steckt in der Tasche seiner Arbeitsjacke. »Damit zu atmen ist unerträglich.«

Trotzdem ist Sait zufrieden. Es war ein entspannter Tag. »Wie Weihnachten. Alle sind zu Hause, die Bahnhöfe sauber, richtig sauber.« Ein guter Arbeitstag, der erste seit Beginn der Ausgangssperre.

Als es losging mit dem Shutdown, knapp zwei Wochen zuvor, drückte Sait erst mal die Exit-Taste und nahm Resturlaub. Zu unsicher schien ihm die Lage in der U-Bahn, zu groß seine Sorge, sich das Virus einzufangen. »Manche haben immer noch keine Manieren«, sagt er. »Die nehmen die Hand beim Niesen nicht vor den Mund. Die Leute drängeln noch und verteilen sich nicht immer. Sie sind wie Schafe, die zusammen in einer Ecke der Weide stehen. Auch wenn genug Platz da ist.«

Schon vor Beginn der Ausgangsbeschränkungen war die Zahl der Fahrgäste fast um die Hälfte gesunken. Schon da hatten sie unter Kollegen von Handschlag auf Ellenbogen-Check gewechselt. Schon da saß in der Pause die Sorge mit dabei: »Hustet einer der anderen? Hat einer Fieber? Ist einer gefährlich für mich?« Schon da waren die Hände der U-Bahn-Reiniger rau vom ständigen Waschen. »Hauterkrankungen«, sagte Sait. »So habe ich meine Hände noch nicht gesehen, als hätte ich bei minus 30 Grad gearbeitet.« Schon da waren die Hamsterer durch die Läden gezogen. »Die Leute drehen durch. Du gehst ins Kaufland, früh um sieben, und in der Kassenschlange stehen die Leute mit Klopapier und Taschentüchern.« Schon da war Desinfektionsmittel in den Drogerien und Apotheken ausverkauft, wurden die Flaschen im Internet zu Fantasiepreisen verticht. »Die Firma rät uns, wir sollten öfters desinfizieren«, sagt

Sait. »Aber wie? Wir hatten Desinfektionsmittel in der Toilette, aber das wird ja geklaut. Wie die Verrückten schleppen es die eigenen Mitarbeiter mit nach Hause.« Schon da hatten etliche Kollegen beschlossen, dass sie das alles nicht für 10 Euro und ein paar Cent pro Stunde in Kauf nehmen wollen. »Neunzehn Kollegen sind krank gemeldet«, sagt Sait. Bei etlichen lautet die Diagnose, so vermutet er: Angst vor dem Virus.

U-Bahnhöfe lassen sich nicht aus dem Homeoffice reinigen. Eine Grafik in der *New York Times* zeigt, dass das Homeoffice ein Privileg der Gutverdienenden zu sein scheint, eben derer, die sonst Office machen. Von den Menschen, die im unteren Viertel der Einkommensverteilung liegen, können neun Prozent ihre Arbeit auch von zu Hause aus erledigen; von denen, die zur unteren Mitte der Einkommen gehören, 20 Prozent; von denen, die ein wenig mehr als der Durchschnitt verdienen, 37 Prozent; und gut 60 Prozent derer, die mit ihren Löhnen zum Top-Viertel gehören. Daten, die die Universität Wien später so ähnlich auch für Österreich erheben wird: Dort konnten 56 Prozent der Menschen mit einem Nettoeinkommen von über 2700 Euro im Homeoffice arbeiten, aber nur 21 Prozent derer mit einem Gehalt unter 1350 Euro. Bei Befragungen von Arbeitnehmerinnen in Deutschland fanden Ökonomen später heraus, dass im April, auf dem Höhepunkt der ersten Infektionswelle, 60 Prozent der gut Ausgebildeten im Schutz des Homeoffice arbeiteten, aber nur 10 Prozent derer mit niedriger Ausbildung. Folgerichtig waren die Schauplätze größerer Infektionswellen Logistikzentren oder Schlachtbetriebe.

»Hätten Sie gern einen anderen Job im Moment?«, hatte ich Sait an diesen ersten Shutdown-Tagen gefragt.

»Gern mache ich es nicht. Aber jetzt, bei der Krise, sage ich doch nicht: Ich werfe hin. Ich muss arbeiten. Angst habe ich natürlich. Aber ich muss.«

Während Sait seine neun Tage Resturlaub nimmt und »in der Bude hockt«, wie er es nennt, ändert sich draußen der Blick auf Arbeiter wie ihn. Während er sich müht, dass sie sich zu viert in der Dreiraumwohnung nicht zu sehr auf den Keks gehen, während der Sohn und die Tochter in dem gemeinsamen Kinderzimmer lernen, das er geteilt hatte, indem er einen Schrank in die Mitte schob, während bei seiner Frau die Panik vor Corona wächst und sie sich nicht mehr nach draußen traut, nicht mal mehr zum Spaziergang in den Park, und Sait denkt: »Hart für die Kinder, aber was soll man machen?«, werden Menschen wie er zu Helden gekürt, plötzlich beklatscht und gefeiert. Die Pfleger, die Polizistinnen, die Verkäufer, die Feuerwehrleute, die Essenslieferantinnen, die Lkw-Fahrer und eben auch die Putzleute. Sie alle heißen nun »#krisenhelden«, wie das Bundesarbeitsministerium postet.

Abends applaudieren wir für sie aus dem Fenster in den leeren Hof hinein. Genau wie George, Charlotte und Louis, die drei Urenkel der Queen, Rod Stewart oder Victoria und David Beckham. Im Bundestag erheben sich die Abgeordneten, *standing ovations* für all die, die mit ihrer Arbeit »buchstäblich den Laden am Laufen halten«, wie auch Angela Merkel in ihrer Ansprache an die Bürger dankt. Und Herbert Grönemeyer singt in blauem Blouson, die Sonnenbrille vor den Augen:

»Sie sind die Helden dieser Zeiten / Unsere Rückgrate / Unser Stand / Trauen ihre Grenzen weit zu überschreiten / Für dich und mich / Nehmen's Land in ihre Hand / Sing ein Lied für sie / Isoliere dich für sie / Sie arzten, pflegen, transportieren, kassieren / Bewachen, forschen, schützen, ziehen / Sorgen für das Morgen / Für das Lebenskoffein.«

Sait hat zum Schichtende einen Kaffee gekauft, in seinem Stammkiosk, wo jetzt Abstandsmarker auf dem Boden kleben und Plexiglas von der Decke hängt. Er hat mit dem Inhaber gefrotzelt: »Für wen von uns beiden ist Corona gefährlicher?«

»Für dich«, lacht Sait, »du bist alt.«

»Aber du begegnest jeden Tag vielen, vielen Leuten!« Touché!

»Wenn ich jetzt ein Alleinlebender wäre, hätte ich keine Angst«, sagt Sait. »Aber ich habe die Kinder und die Frau dazu. Da mache ich mir Sorgen. Weiß ich, was ich nach Hause schleppe?«

Wir stehen vor dem Bahnhof in der Frühlingssonne. Dort, wo Sprayer die runtergelassenen Rollläden des China-Imbisses »Good Choice« längst als Leinwand genutzt haben.

»Jetzt in der Krise merkt ihr, dass alles den Bach runtergeht, wenn wir nicht wären«, sagt Sait. »Die Verkäufer, wir Reinigungskräfte, wenn wir jetzt sagen: ›Wir bleiben zu Hause‹, dann viel Spaß!«

»Freut Sie der Applaus?«

»Das ist nicht mehr als eine Aufmunterung«, sagt er, »gut fürs Gemüt.«

Aber was nützt der Dank nur in Gedanken?

Sait hätte einige Ideen, wie man ihm wirklich helfen könnte. Als Sofortmaßnahme: weniger Bahnhöfe pro Schicht, sodass mehr Zeit fürs Desinfizieren, für die Pflege der rissigen Hände bliebe; einen Krisenaufschlag als Honorar dafür, dass er weiter die Böden schrubbt und den Müll in die blauen Plastiksäcke füllt, nicht ausbüxt, nicht blaumacht.

»Am wichtigsten aber wäre, dass die Politik nicht nur jetzt an uns denkt, sondern immer«, sagt Sait.

In diesen Tagen zitieren viele Zeitungen die Studien der Wirtschaftswissenschaftler, die belegen, dass Menschen, die den Laden am Laufen halten, häufig weniger verdienen als die, die auch mal eine Weile verzichtbar sind. Das Deutsche Institut für Wirtschaftsforschung berechnet, dass der Bruttostundenlohn vieler #Krisenhelden-Berufe im Schnitt um 15 bis 20 Prozent niedriger ist als der in anderen Jobs. »Eine ganze Reihe systemrelevanter Berufe – wie Reinigungskräfte oder Beschäftigte im Lebensmitteleinzelhandel – erhält eine so geringe Bezahlung, dass sie in den Niedriglohnbereich fallen, also einen geringeren Lohn als zwölf Euro brutto pro Stunde verdienen«, notieren die Forscher.

»Wann wird die akute Krise vorbei sein?«, frage ich Sait.

»Ich denke, im Mai«, antwortet er, also in sechs Wochen. »So habe ich es im Internet gelesen, und so sind die Aussagen der Politiker.«

Auf Abruf

Christian

Kurz vor Ostern hat Christians Firma Kurzarbeit angemeldet. Er ist auf 50 Prozent runtergedimmt, arbeitet halbe Tage im Homeoffice an seinem Wohnzimmertisch und bekommt dafür 60 Prozent seines Gehalts, 400 Euro weniger im Monat. »Ich habe im letzten Jahr von Krankengeld gelebt und weiß, dass ich damit hinkomme«, sagt er. » Das ist nicht das Problem. Es ist der Preis, den ich gern zahle, keine Frage.« Die Frage, die ihn umtreibt, ist eine andere:

Wie füllt er die Zeit außerhalb der vier Stunden Arbeit? Wie schützt er sich vor Einsamkeit?

Er hat sich ein paar Regeln aufgestellt: Morgens um sieben aufstehen, lautet die eine. Dann raus in den Wald mit der Hündin. Spazieren, bevor am Vormittag die Dogwalker kommen und es voll wird auf den Wegen. Zeit für Frühjahrsputz, lautet eine andere. Gründlich reinigt er Raum um Raum: Möbel abrücken, Steckdosen putzen, Fenster wienern – wie seine Mutter früher. Aber nur Stück für Stück, nicht alles auf einmal, damit die Aufgabe nicht zu schnell erledigt ist. Netflix nie tagsüber, erst abends! Gerade schaut er Staffel 7 der Anwaltsserie »Suits«. Und sonst?

»Am Wochenende war mein Highlight, mit dem Auto durch die Waschanlage zu fahren«, sagt Christian. »Schon krass. Ich habe niemanden getroffen, nichts unternommen. Ich halte mich an die Kontaktsperre.«

Seine Kartenspielrunde läuft virtuell. Gestern Abend hat er sich mit seinen liebsten früheren Arbeitskollegen aus den Anfangstagen der Firma per Videoplattform Zoom auf einen Wein zusammengeschaltet. Das war's. Christians Leben ist im Großen und Ganzen wieder auf die 45 Quadratmeter zusammengeschrumpft, auf denen es sich seiner schweren Verletzungen wegen schon das vergangene halbe Jahr abgespielt hatte. Ein komisches Gefühl, wo doch gerade endlich wieder alles anders geworden war. Anfang Januar hatte Christian sich mit viel Disziplin dazu gezwungen, nach mehr als einem halben Jahr Pause wieder hochzufahren, den noch immer lädierten Körper zu voller Leistungsfähigkeit zu bringen. Er hatte doch keine Rede gehalten an seinem ersten Tag, »zu emotional und eigentlich auch zu privat«, sagt er. Viele Kollegen hätten einzeln gefragt: »Wie geht es dir?«

»Meine Vorgesetzte nicht«, sagt Christian. Sie hat ihm ein Projekt zugeteilt und ihn angewiesen, sich beim Teamleiter zu melden. »Da habe ich gedacht: Krass. Das war jetzt die Begrüßung? Nach mehr als sechs Monaten?«

An den ersten Arbeitstagen fiel ihm auf, dass man ihn aus mehreren E-Mail-Verteilern herausgenommen und alle Organisations- und Personalplanungsaufgaben anderen übertragen hatte. Zuerst zweifelte er noch: War es Fürsorge oder der Schubs aufs Abstellgleis?

Die ersten Tage im Büro waren ein ständiger Kampf gegen den Schmerz, der bis heute immer da ist. Er merkte, dass er das Telefon nicht mehr so halten konnte wie gewohnt – mit der linken Hand rüberziehen zum rechten Ohr, um mit rechts mitzuschreiben. Die schräge Position hielt sein Schlüsselbein nicht aus. Den Hörer direkt zum linken Ohr zu führen, ging auch nicht, da hörte er seit dem Sturz schlechter. Er spürte, wie sein Rücken gegen das Sitzen rebellierte, und fluchte still, dass er nicht reduziert im »Hamburger Modell« starten durfte.

»Ich habe mich diszipliniert, einfach ausgehalten.« Nach Dienstschluss liegt er in den ersten Tagen auf der Couch und krümmt sich. »Ich bin eingegangen vor Schmerz.«

Nach zwei Wochen bat ihn die Chefin zum Wiedereingliederungsgespräch. Für Christian ein Tiefpunkt. »Es war sehr negativ. Sie hat betont, wie gut es mit meinem Ersatz lief und – das war mein Eindruck – wie unzufrieden sie mit mir sind. Dann fing sie noch mal damit an, was sie mir schon vor einem Jahr gesagt hatte: ob ich überhaupt belastbar sei.«

Er zwang sich, durchzuhalten, baute seinen Arbeitsplatz um, besorgte sich ein Stehpult, ein Headset, sendete Druckaufträge einzeln, um immer wieder aufstehen, ein paar Schritte gehen zu können. Langsam wurde es besser. Der Schmerz war immer noch da, rund um die Uhr, aber anders, sagt Christian, halbwegs erträglich. Aber die Stimmung im Büro, so schien es ihm, war in dem halben Jahr, in dem er weg war, noch schlechter geworden.

Christians Firma beschäftigt nur einen Teil des Personals fest. In seinem Team haben viele »Abrufverträge«, seit den 2000er-Jahren der neue heiße Shit unter Personalern. Damals schrieb der Gesetzgeber in § 12 des Teilzeit- und Befristungsgesetzes: »Arbeitgeber und Arbeitnehmer können vereinbaren, dass der Arbeitnehmer seine Arbeitsleistung entsprechend dem Arbeitsanfall zu erbringen hat.« »Kapovaz« heißt diese Beschäftigungsform, »kapazitätsorientierte variable Arbeitszeit«, und hat für Unternehmen besonderen Charme: Sie verlagern das wirtschaftliche Risiko auf die Beschäftigten, die nur kommen, wenn Bedarf da ist.

Für einen Film hatte ich im Jahr 2017 eine junge Frau befragt, die als »Flexkraft« bei H & M arbeitete. Zehn Stunden pro Woche waren ihr zugesichert worden, der Rest lief flexibel. In manchen Monaten arbeitete sie nur 40 Stunden, in anderen 100, manchmal auch 150. Ihre Lohnabrechnungen schwankten, mal waren es 440 Euro netto, mal über 1000. Es gab keinen Vertrag, auf dessen Grundlage man eine Wohnung mieten oder guten Gewissens eine Familie gründen konnte, klagte sie. 2019 sind die Regeln für Arbeit auf Abruf verschärft worden, es gelten höhere Mindestarbeitszeiten, sodass es zu geringeren Schwankungen kommt.

Aber in Christians Firma änderte das den Alltag kaum. Die Mitarbeiter wurden tageweise gebucht, wenn Arbeit da war, manchmal kurzfristig bestellt »wie eine Pizza«, sagte eine Mitarbeiterin aus Christians Firma. Das wirtschaftliche

Risiko lag bei ihnen. Es sei immer schwieriger geworden, die Einsätze und die für ein ausreichendes Einkommen notwendigen Zweitjobs zu koordinieren.

Vor dem »Vorfall« hatte oft Christian die Dienstzeiten der Abrufkräfte geplant, sie betreut, mit vielen ist er befreundet. Nun waren andere zuständig, und in den ersten Wochen zurück im Büro sah er sein altes Team auseinanderbrechen, nach und nach kündigten die Abrufkräfte. Eine Kollegin, die fast zwanzig Jahre bei der Firma war, schrieb nach ihrem Weggang eine Mail, beklagte die mangelnde Wertschätzung durch die Abteilungsleitung. Die reagierte harsch, beleidigt, woraufhin der nächste von Christians alten Kollegen eine wütende Replik verfasste. Christian war sich da längst sicher, dass man seine Aufgaben nicht aus Nächstenliebe reduziert hatte. »Ich hatte zwar null Stress, sogar Leerlauf«, sagt er. »Aber mir war auch klar: Sie haben mich kaltgestellt.«

Zu wichtigen Briefings rief man ihn nicht mehr dazu. Bei entscheidenden Telefonkonferenzen war er außen vor. »Ich weiß nicht, ob sie mich schon ganz abgeschrieben haben oder mich nur dulden, weil sie keine andere Möglichkeit haben. Ich bin rausgekickt worden. Aber ich spreche das nicht an. Ich werde nicht versuchen, mich da wieder reinzudrängen. Die Energie muss ich sparen.«

Stattdessen traf er einen Bekannten, der inzwischen als Coach arbeitet. »Er ist der Hammer«, sagt Christian. Über den »Vorfall« sprachen sie kaum. Christian wollte nach vorn blicken. »Ich möchte einfach wieder gern zur Arbeit gehen und nicht immer Angst haben: Ist jetzt wieder eine blöde E-Mail von meiner Chefin im Postfach?«

Sie spielten Gespräche nach zwischen ihr und ihm. Der Coach kritisierte ihn, wie sie es so oft tat. Christian übte souveräne Reaktionen ein. Sachlich bleiben, Gegenfragen stellen, sie sprechen lassen, statt selber zu reden. »Ich passe auf, dass ich nichts mehr von mir preisgebe, dass mir nicht so etwas rausrutscht wie: ›Mann, ich bin noch so krank. Ich schaffe das Pensum nicht.‹ Das würde sie gegen mich verwenden können.«

Als der Coach nach zwei Stunden ging, fühlte Christian sich erleichtert. »Ich habe gedacht: Die können mich mal! Wenn sie wollen, sollen sie mich kündigen.« Und er fasste den Entschluss, sich ab Sommer woanders zu bewerben. »Ich habe immer gedacht, dass ich bis zur Rente bei der Firma bleiben würde. Aber ich wusste plötzlich, dass das nicht möglich sein würde. Mir war klar, dass ich nicht sofort eine andere Stelle finde. Ich wollte meine Unterlagen fit machen, Bewerbungsgespräche führen. Erst wenn man etwas loslässt, entwickelt sich etwas Neues.«

Aber dann, beep, beep, beep, grätschte bekannterweise Corona dazwischen. Eine seiner Kolleginnen, die vor ihm mit der Stellensuche begonnen hatte, erzählte, dass alle Vorstellungsgespräche abgesagt wurden und es kaum Ausschreibungen gebe in ihrer Branche. Der Arbeitsmarkt sei wie eingefroren, würde später auch Detlef Scheele, der Chef des Bundesagentur für Arbeit, sagen. Keine gute Zeit für einen Neuanfang. Seitdem harrt Christian aus. Er achtet penibel darauf, seine Arbeitszeiten auch im Homeoffice einzuhalten. Keine Unterbrechungen, keine Hausarbeit währenddessen, pflichtbewusst, verlässlich wie eh und je.

»Mir ist klar, dass es nicht mehr die Firma ist, die wir mal hatten. Es hat sich viel verändert, und ich gehöre da nicht mehr hin. Aber ich kündige jetzt nicht freiwillig. Erst wenn ich eine Stelle habe. Bis dahin lasse ich alles über mich ergehen.« Ein Leben auf *hold*.

Er merkt, dass er dünnhäutiger ist. Ihm fehlt die Bewegung, das Auspowern im Fitnessstudio, der Kontakt zu anderen. Es gibt Tage, da nervt ihn sogar die geliebte Hündin. Sie läuft ihm in der Wohnung permanent hinterher. Taps, taps, taps, rund um die Uhr. Auch sie vermisse Abwechslung, sagt Christian.

»Am Ende Luxusprobleme«, sagt er. »Als die Pest kam, hatten die Menschen kein WLAN und lebten mit viel mehr Leuten auf engem Raum. Ich nehme die Situation hin, als Herausforderung. Wie in meiner Firma. Ich muss kein Rebell sein. Auch so ist das Leben ja schön. Nur anders.«

Für Pfingsten, für den Sommer hatte er Reisen geplant: Ostsee, Frankreich – als Aufmunterung nach dem harten vergangenen Jahr. Ob das klappen wird? Noch verdrängt er das alles.

»Bis wann wird die Ausnahmesituation anhalten, Christian?«

»Es wird noch ein bisschen dauern, bis die Routine und der Alltag wieder da sind. Ich glaube, dass das bis Juni sein wird.«

Bis Juni?

Aggro

Sait

Wieder Kaffee mit Sait am China-Imbiss mit den heruntergelassenen Rollläden. Er merke, dass der Druck steigt, sagt Sait und ahnt damit, lange bevor in Stuttgart und Frankfurt Wütende und Betrunkene die Innenstädte auseinandernehmen, was kommen würde. »Ich musste heute in der U-Bahn dazwischengehen, als sich zwei geprügelt haben.« Ein Fahrgast habe einem Paar einfach so »eine reingedonnert«. Ein ganz normaler Mensch. »Der wollte seinen Frust rauslassen, vielleicht wegen Kurzarbeit oder weil er gekündigt wurde. Aber doch nicht an Menschen!«

Auch einer von Saits Freunden war schon beim Arbeitsamt, ein Taxifahrer. »Der hat den Schlüssel abgegeben«, sagt Sait.

Sein Unternehmen verhalte sich bisher anständig, sehr anständig, lobt er dankbar. Niemand sei auf Kurzarbeit. Manche der Kollegen, die sonst in den nun verwaisten Büros oder am Flughafen putzen würden, seien ins Team U-Bahn versetzt worden. Sie seien jetzt oft zu zweit in der Schicht, manchmal gar drei oder vier Leute. »Wir können alles picobello reinigen«, sagt Sait. »An sich ist die Firma in diesen Tagen super.«

Ein Konkurrent hat längst für zahlreiche der Reinigungskräfte Kurzarbeit beantragt. Weil viele aber so wenig verdienen, dass die 67 Prozent Lohnausgleich zum Leben nicht reichen, hat der Betriebsrat das Unternehmen aufgefordert, die Staatsleistung auf zumindest 85 Prozent des Lohns aufzustocken, wie es andere Firmen auch taten. Der Konzern habe in den Boomjahren finanzielle Rücklagen bilden können, viele Mitarbeiter bei 10,80 Euro Stundenlohn aber nicht, argumentierte der Betriebsrat. Die Firma aber kündigte stattdessen an, Dutzenden Mitarbeitern fristlos zu kündigen, sollten die sich weiter querstellen.

Während wir reden, kommt ein Mann näher, viel näher als 1,50 Meter. Ein paar Zähne fehlen, er bittet um eine Zigarette. Als Sait ihm die gibt, setzt er zu einem maskenlosen Redeschwall an. »Heute ist Montag, oder? Sind Montag und Dienstag Nachbarn?« Wir nicken. »Montag und Mittwoch nicht, oder?« Wir schütteln die Köpfe. Er, nächste Story: »Mein Nachbar aus Kanada war ein reicher Mann. Vor zwanzig Jahren mache ich meine Kellertür auf. Da sehe ich seine Tasche: 50000 Dollar! Ich habe das meinem Nachbarn gebracht. Hat er gesagt: ›Ich haue alles auf den Kopf, alles auf den Kopf.‹«

»Hau ab!«, sagt Sait und wedelt mit der Hand. Der Mann schreit im Weggehen: »Ich haue alles auf den Kopf!«

In Saits Dreiraumwohnung wird die Luft dicker, die Zeit immer länger, sagt er. »Der Junior sitzt zu Hause an der Playstation. Das, was ich nicht mag.« Wenn seine Frau mit den Teenager-Kindern fast wie früher zur Beschäftigung UNO, Monopoly oder Mensch-ärgere-dich-nicht spielt, ist Sait selten dabei. »Das macht mir keinen Spaß. Die Kinder wollen ein bisschen schummeln, normal. Aber das vertrag ich nicht mehr.« Auch Nachrichten mag er nicht mehr schauen. »Corona, Corona, Corona, egal wo du hinguckst, das nervt!«

Deshalb hat auch Saits Familie – wie 16 Millionen Menschen in diesem ersten Vierteljahr – ein Netflix-Abo abgeschlossen, Krisensieger. Eigentlich waren Sait und seine Frau dagegen, der Kinder wegen. Doch jetzt, wo die nicht mehr rausdürfen? »Man wird dazu gezwungen, internetsüchtig zu werden«, sagt er.

»Aber was will man machen?« Er zuckt die Schultern. »Wir sind alle genervt. Aber wenn es ernst wird, haben wir Angst. Ich vermeide auch Kontakte. Guck: Ich habe vielleicht Corona. Du hast Corona. Wir treffen uns mit der Familie. Dann haben es alle. Und wenn wir es nicht wissen und weitergeben?«

»Wie lange wird es dauern?«, frage ich Sait wieder. »Du hattest gesagt, bis Juni?«

Sait schüttelt den Kopf. »Bis August, September wird uns Corona noch beschäftigen.«

Der Preis der Krise

Alexandra

An dem Abend, bevor wir sprechen, hatte Alexandra zum ersten Mal das Gefühl, dass das Virus ihr näher kommt. In ihrer Kleinstadt, die sich doch so weit weg von allen Menschenansammlungen in die Talsenke des Mittelgebirges duckt, gab es den ersten Corona-Toten. Ein Mann starb, nur wenig älter als Richard. »So holt es einen ein«, sagt Alexandra. Der Mann hatte sich auf einem Kreuzfahrtschiff angesteckt. Zumindest das könnte ihr nicht passieren.

Alexandra spart. Sie hat den Osterurlaub storniert. Sie hat die Umsatzsteuervorauszahlung gestoppt und die Beiträge für eine Versicherung. Während das Finanzamt freundlich schrieb: Okay, melden Sie sich, wenn absehbar ist, wie das Jahr abläuft, hat die Versicherung unverzüglich mitgeteilt: Das einmalige Nichtzahlen der Prämie habe zur Folge, dass der Schutz nun erloschen sei. »Das finde ich unpassend in dieser Situation«, sagt Alexandra – und hakt es ab. Nach dem ersten Schock hat sie das gemacht, was sie besonders gut kann: Sie hat Pläne geschrieben, neue Pläne, und sich und ihrer Familie damit wieder eine Struktur verordnet.

Nach dem Frühstück setzen sich die Kinder an die Hausaufgaben. Von der Grundschule gibt es Wochenpakete, aber der Kleinen haben sie das Programm mit Zettelchen auf ein Tagespensum heruntergebrochen. Montag, Deutsch: Seite 11–13, Mathe: Seite 37–40 und so weiter. »Vieles schafft sie allein«, sagt Alexandra. »Sie gibt uns die Aufgaben dann nur zur Überprüfung.« Wenn es hakt, hilft der große Bruder, oder sie geht kurz raus in den Garten. Zehn Minuten Luft schnappen, rumrennen, dann weitermachen. Alexandra ist vormittags nun oft als Seniorenassistentin unterwegs. Sie geht mit den alten Menschen spazieren, kocht Essen, kauft ein.

Gestern war sie bei einer Dame, die einen Schlaganfall hatte. »Können Sie mir vier Bananen besorgen?«, fragte die. »Mehr nicht?«, staunte Alexandra. »Ich glaube, die Frau will vor allem nicht allein sein.«

Mittags erledigt sie ihre Haushaltsarbeit. Danach wird parallel unterrichtet, online, per Video-Plattform. Richard hat sich im Gästezimmer einen Unterrichtsraum gebaut: Notenständer, Sessel, Tablet. Alexandra sitzt am Klavier im Wohnzimmer. Manchmal hakt das WLAN. Die Klangqualität ist miserabel. Der digitale Unterricht ist viel anstrengender als der reale, bei dem sie aufstehen, selbst ein paar Sequenzen vorspielen oder mal ans Fenster gehen und nach draußen schauen können, während die Schülerin spielt. Manche Eltern verweigern den Online-Unterricht aus Datenschutzgründen. Andere haben die technischen Möglichkeiten nicht, haben kein Netz dort, wo das Klavier steht. »Aber was soll's. Hauptsache, es geht irgendwie weiter. Ich denke von Woche zu Woche«, sagt Alexandra. »Die wirtschaftliche Lage macht uns Sorgen.«

Bislang hat nur eine Musikschule die Honorarzahlungen komplett gestoppt und den Online-Unterricht untersagt. Der Verlust in den ersten Wochen: 1400 Euro. Alexandra bereitet gerade den Antrag auf staatliche Soforthilfe vor. »Man soll das Geld relativ einfach bekommen«, sagt sie. »Passkopie, Schreiben der Künstlersozialkasse, Vertrag mit der Musikschule.« Mehr braucht es angeblich nicht, um 2000 Euro Zuschuss erhalten zu können.

»Es ist unser Glück, dass bislang nur eine Musikschule nicht mitgezogen hat«, sagt sie. »Ich wüsste nicht, was ich machen würde, wenn alle so gehandelt hätten. Das Recht hätten sie, weil unsere Verträge so sind.«

Und so erwischt sich Alexandra immer wieder dabei, dass sie doch mit großer Sorge über die nächste Woche hinausdenkt.

Wenn nun »Staatshilfen gezahlt werden, muss dieser Topf ja auch gefüllt werden«, sagt sie. »Woher kommt das Geld? Machen wir mehr Schulden? Zahlen wir mehr Steuern? Werden die Preise erhöht?«

Gerade hat sie mit einer Kollegin telefoniert. »Sie ist sehr pessimistisch. Sie sieht eine große Kündigungswelle der Musikschulverträge nahen.« Weil Musikunterricht nicht überlebensnotwendig sei, weil die Menschen kein Geld haben werden, um die Stunden zu bezahlen.

»Wie geht das Ganze aus?«, fragt sich Alexandra manchmal bang in solchen Momenten. Wird auf die Pandemie eine Wirtschaftskrise folgen?

»Ein paar Wochen wird ein Land wie die Bundesrepublik Deutschland alles überbrücken können. Aber was, wenn es ein halbes Jahr dauert? Das wäre für alle katastrophal. Ich hoffe, dass wir nie schwarze Zeiten bekommen, in denen wir nicht wissen, wovon wir unser Brot bezahlen sollen.«

Umso wichtiger, umso schöner, dass sie merkt, dass gerade in dieser Zeit die Musik, diese Sprache, wo Sprachen enden, vielen Schülern Halt gibt, Trost spendet, Freude bereitet. »Manche üben viel«, sagt Alexandra, »weil sie mehr Zeit und Ruhe haben, weil sie das Bedürfnis haben zu spielen.«

Gerade hat sie zwei kleine Mädchen per Video unterrichtet. Erste Klasse die eine, dritte Klasse die andere. Die beiden, sagt Alexandra, hätten sich extra hübsch gemacht für die Stunde, hätten sich vor der Kamera gedreht, damit sie jedes der vielen frisch geflochtenen Zöpfchen sieht. »Gucken Sie mal, wie toll meine Haare sind! Danke, dass Sie weitermachen!«

Diese Augenblicke, sagt Alexandra, sind die gute Seite an der ganzen Geschichte, dieser Geschichte, die mit dem Frühjahr leider nicht endet.

Karstadt

Sechs Wochen dauert der Ausnahmezustand jetzt schon. An einem der ersten richtig warmen Abende spaziere ich durch das Viertel zum Karstadt am Hermannplatz. Eigentlich wäre in den Straßen an einem Tag wie diesem jetzt alles voll. Aber statt Bar- und Cafétischen pflastern nur die Abstandsmarker der Lokale, die mit Mitnahmegerichten ein bisschen Umsatz machen wollen, den Gehweg. Viele Schaufenster sind abgeklebt mit Packpapier. Wird dahinter renoviert oder abgewickelt? Wer wohl wieder öffnen wird?

Gelb-schwarze Klebepfeile weisen mir den Weg zum einzigen nun wieder nutzbaren Eingang des Karstadt-Warenhauses. Unten in der Parfumabteilung hat man 800 Quadratmeter mit ein paar Stellwänden abgetrennt. Ein bisschen sieht das ehemals stolze Haus nun nach Ramschladen aus. Aber das bleibt wohl nicht aus, wenn man versucht, so viele Dinge wie möglich auf kleinem Raum zusammenzustopfen. Vorne ein paar Gitterkisten mit Bällen, ein Tisch mit Fitnesskrams: Trainingsgeräte, Bücher, ein paar Protein-Päckchen, dann: Spiele, Sandkisten-Sachen, Stifte, dahinter: ein Ständer mit BHs, Grabbeltische mit Unterhosen und Socken. In der Behelfsumkleide hängt noch ein Schild: Karnevalsartikel vom Umtausch ausgeschlossen. Helau! Das war vor neun Wochen in einer anderen Welt.

Dafür werde ich als Kundin so engmaschig betreut, wie es früher in Rüdigers Lebensmittelabteilung gewesen sein muss. Eine Verkäuferin kommt auf mich zu, fragt, was ich suche. Per Telefon gibt sie meinen Wunsch in die dritte Etage: »Kindersocken in den Größen 30 und 36, Farbe egal, nur nicht rosa«, und übermittelt mir die Rückfrage der Kollegin: »Sneaker-Socken oder Kniestrümpfe?« Wieder gibt sie meine Antwort weiter. Wenig später trägt eine Verkäuferin zwei Dreier-Packs die lahmgelegte Rolltreppe hinunter. Als ich, gewünscht kontaktlos, durch die Plexiglasscheibe zahle, ist die Stimmung der Karstädter um mich herum ausgelassen, sogar ein bisschen überdreht, fast *flirty*. Vor mir hatte einer im Blaumann bezahlt, der auf der Rampe Pappe packt. »Küsschen«, hatte er sich von der Kassiererin verabschiedet. Sie: »Geht nicht.« Er: »Nach Corona wieder.« Sie: »Dann mit Zunge.« Und als er vorschlug, für den Restbetrag auf seinem Mitarbeitergutschein ein Pack Kondome zu kaufen, schrie eine der Kolleginnen über die verbliebene Verkaufsfläche: »Haben wir welche in XXS?«

Unten im Keller ist der »Zapfhahn« immer noch verwaist. Ein Kollege vom Sicherheitsdienst hat seine Plastikflasche mit Apfelschorle auf der Theke abgestellt. Kein Zettel weist darauf hin, ob und, wenn ja, wann Reza Eskafi zurückkommt. Gegenüber der Nachsaison-Stand für Oster-Süßigkeiten. 70 Prozent Rabatt, alles muss raus, irgendwie. Eskafi hat mir in den letzten Wochen immer mal geschrieben.

»Die Arbeit im ›Zapfhahn‹ ist ein großer Teil meines Lebens. Mit Gästen zu sein, mit denen zu plaudern – was Wertvolles, das ich gerade vermisse.« Mit den Stammgästen telefoniert er, schickt Nachrichten, Videos. In einem: Bilder von tanzenden Menschen, vollen Fußgängerzonen, fahrenden U-Bahnen. Dazu ein Piano und eine Frauenstimme, die sagt: »Schulen, Büros, Läden, Klubs. Alles auf Pause.« Dann: ein Auge mit einer Träne, ein Dax-Chart. Die Stimme ergänzt: »Aber auch Wettstreit, Neid, Missgunst«. Pause. Geigen setzen ein. »Das neueste Handy, das größte Auto, die teuersten Schuhe: Das alles spielt auf einmal keine Rolle mehr.«

»Für ein gutes Leben ohne Corona-Virus müssen wir alle einen Preis zahlen«, schreibt mir Eskafi«, einer mehr, einer weniger.«

In der Tat. Während Eskafis Mietzahlungen weiterlaufen, kündigt der Signa-Konzern, dem Karstadt gehört, im April an, keine Mieten mehr zu zahlen. Genau wie es zuvor Adidas, Deichmann und H & M gemacht hatten. Signa hatte da schon große Teile seiner Belegschaft in Kurzarbeit geschickt. Mehrmals soll sich Inhaber René Benko persönlich bei verschiedenen Bundesministerien gemeldet haben, um Staatshilfe zu verlangen. Das sei, soll ein Signa-Manager gesagt haben, für den Staat immer noch günstiger, als wenn jetzt 30 000 Leute auf der Straße stünden.

Dabei hätte René Benko Reserven. Sein Vermögen wird auf fünf Milliarden Dollar geschätzt. Noch im Jahr vor der Pandemie hatte er österreichischen Medien zufolge geprahlt, seine Signa mache eine Milliarde Gewinn pro Jahr. Auf alle Fälle genügte es, um Teile der österreichischen *Kronen Zeitung* zu kaufen, den Chrysler-Tower in New York und eben Karstadt. Später wurde bekannt, dass allein Signa Prime, Teil der Holding, gut 200 Millionen Euro Gewinn an die Aktionäre ausschütten würde.

Benko, der gerade in einem seiner seltenen Interviews betont hatte, dass die Rolle des Unternehmers zu Recht Reichtum brächte, da dieser ja auch die Risiken trage (»Man darf aber nicht vergessen, dass der, der als Unternehmer tätig ist, immer auch Risiken eingeht. Gewinn ist der Lohn für unternehmerisches Agieren«), verlangte nun, kaum hatte die Krise begonnen, dass der Staat bürgen und absichern und am Ende zahlen solle. Gleichzeitig lancierte er Sanierungspläne: 80 der 170 Karstadt-Filialen könnten geschlossen werden. Es kursierten Listen, auf denen schließlich auch das Haus in Dessau landen sollte.

Auch BMW schüttete Mitte Mai 800 Millionen Euro Dividende allein an die Geschwister Susanne Klatten und Stefan Quandt aus – während 40000 Mitarbeiter in Kurzarbeit waren –, weil man, so hieß es in der Hauptversammlung, die »treuen« Aktionäre durch eine »zuverlässige Dividendenpolitik« belohnen wolle. Und Heinz-Hermann Thiele, Inhaber der Firma Knorr Bremsen und einer der zehn reichsten Deutschen mit fast 13 Milliarden Dollar Vermögen, schickte 4000 Mitarbeiter subventioniert vom Staat in Kurzarbeit, während er sich und seiner Familie 200 Millionen Euro Dividende auszahlte.

In der Fernsehsendung »Panorama« kommentierte Marcel Fratzscher, der Präsident des Deutschen Instituts für Wirtschaftsforschung, den Fall Thiele so: »Ich halte es für sehr problematisch, wenn Unternehmen auf der einen Seite sich Dividenden ausschütten, also den Eigentümern Geld geben, aus dem Unternehmen Geld abziehen und gleichzeitig das Unternehmen dann staatliche Unterstützung beansprucht. Denn die Logik einer Marktwirtschaft ist es, dass als Allererstes die Eigentümer geradestehen müssen und nicht der Staat. Und das wird hier eben pervertiert und wird umgedreht.«

Wo sind die Reichen, wenn man sie mal braucht?

An einem der ersten Tage, an denen man sich zumindest im Freien wieder recht sorglos zusammenfindet, treffe ich Marcel Fratzscher zu einem Interview. Redend laufen wir am Ufer des Landwehrkanals entlang. Fratzscher, der in diesen Tagen murmeltiergleich, stets gekleidet in dunklem Anzug, aus diversen Talkshow-Studios grüßt, erscheint leger in Strickjacke. Eigentlich hatte er mit dem Rad kommen wollen, aber der Videocall zuvor dauerte so lange, dass er doch ins Sharing-Car gesprungen ist. Eine passende Beschreibung seiner Tage gerade: Sie seien wie eine einzige überlange Videokonferenz mit unterschiedlichsten Teilnehmern. Lauter Operationen am offenen ökonomischen Herzen des Landes.

»Wie viel langsamer wird es schlagen? Und wer wird für die Therapien zahlen?«

Einige *sad facts* zu Beginn: »Es wird sehr lange dauern, diese wirtschaftliche Krise zu überstehen, drei, vier Jahre, wenn alles gut läuft, bis man wieder die Anzahl der Jobs hat, die es vorher gab. Die Einkommen werden geringer sein, und ich befürchte, dass es im Arbeitsmarkt dazu führen könnte, dass wieder mehr prekäre Jobs entstehen werden«, zählt Fratzscher auf. Schon jetzt sehe man in den Zahlen, dass die ökonomische Pandemie, anders als die Finanzkrise von 2008, eher die Beschäftigten träfe, die besonders verletzlich seien, weil sie gering qualifiziert sind, weil sie ein niedriges Einkommen haben oder Mütter kleiner Kinder seien –

Menschen in Dienstleistungsjobs, im Handel, in der Gastro, im Tourismus.

»Was hammerhart sein wird, ist der Druck auf die Sozialausgaben. Wahrscheinlich werden gezwungenermaßen soziale Leistungen gekürzt werden.« Das deutsche Rentensystem, das ohnehin schon wackelte, könnte schneller gen Sturz wanken. »Man wird das Rentenalter zügig erhöhen müssen. Die Rente mit 70 wird kommen, und die Rentenleistungen könnten sinken.«

Kurz vor der Kottbusser Brücke erkundige ich mich nach denen im Heißluftballon. Werden sie unbeeindruckt über die Krisenlage hier unten hinwegfliegen? »Werden die Vermögenden einen Teil der Rechnung zahlen?«, frage ich.

»Das ist die große offene Frage«, sagt Marcel Fratzscher.

In den USA gibt es die Initiative »The giving pledge« von Warren Buffett. Die superreichen Mitglieder verpflichten sich, zu Lebzeiten einen Großteil ihres Vermögens abzugeben. Ich hatte mich gefragt, ob sich die deutschen Reichen in der Krise animiert fühlen könnten, einen ähnlichen Klub zu gründen: »The giving pledge – Corona edition«. Natürlich hatte ich ein paar Beispiele der Krisen-Charity gefunden: Hier und da sagten Vermieter zu, Privatleuten die Kosten zu erlassen. BVB-Star Marco Reus startete die Initiative #HelpYourHometown zur Unterstützung kleiner Betriebe und gab sofort die erste halbe Million. Die Bayernspieler Leon Goretzka und Joshua Kimmich sammelten mit WeKickCorona fünf Millionen Euro Spendengelder ein. Gute Aktionen aus dem Mittelfeld der Wohlhabenden. Aber was war mit den Superreichen?

»Ist Ihnen bekannt, dass deutsche Vermögende in großem Umfang sagen, dass sie Geld abgeben, damit diese Krise bewältigt werden kann?«, frage ich Marcel Fratzscher.

Er schüttelt den Kopf. »In meinen Augen wäre es aber wichtig, auch darüber zu diskutieren, wie Vermögende Verantwortung in der Krise übernehmen.«

Zu Hause schaue ich mir noch einmal die Zahlen an: Seit Anfang der 1990er-Jahre haben sich die Vermögen der Reichsten verdoppelt. Für die meisten Menschen mit Geld waren es gute Jahre. Wann steht man der Gemeinschaft zur Seite, wenn nicht jetzt?

Am Morgen war die Steuerschätzung veröffentlicht worden. 98,6 Milliarden Euro weniger, so die Vermutung, würden Bund, Land und Städte im Corona-Jahr einnehmen. Zuvor hatten schon die Wirtschaftsweisen vorhergesagt, dass die deutsche Wirtschaft um drei bis fünf Prozent schrumpfen könnte. Anfang Juni sollten sie diesen Wert noch einmal nach unten korrigieren. Die OECD wird die Pandemie als schwerste Wirtschaftskrise seit dem Zweiten Weltkrieg bezeichnen. Der Wirtschaftshistoriker Adam Tooze schreibt: »Eine solche Bruchlandung hat es noch nie gegeben. Das ist etwas völlig Neues. Und es ist entsetzlich.«

Nach und nach wird allen klar, dass weder im Juni noch im Juli und auch nicht im August alles wieder normal sein wird. Und dass wichtiger als die Antwort auf die Frage, wann der Corona-Schlaf endet, eine andere sein wird: In was für einem Land werden wir aufwachen, wenn das Virus besiegt ist?

Darüber wird in diesen Wochen spekuliert. Das Wissenschaftszentrum Berlin veranstaltet ein wöchentliches Zoom-Kolloquium: »Soziologie der Pandemie« mit den Top-Leuten des Landes, die alle um Deutung ringen. Am Anfang stockt es und stottert. Aber die Informationsdichte ist enorm. Es gibt Sofort-Studien mit ersten Ergebnissen: Die Maßnahmen gegen die Pandemie trennen Eltern und

Kinderlose. Eltern arbeiten weniger Stunden oder gar nicht, haben häufiger finanzielle Sorgen, ihre Arbeitszufriedenheit sinkt massiv. »Familien mit Kindern sind die *Hotspots* der Krise«, fasst der Soziologe Stefan Liebig zusammen. Finanziell sind Selbstständige besonders stark von den Auswirkungen der Pandemie betroffen. »Unternehmerische Existenzen und ganze Lebensentwürfe stehen auf dem Spiel«, kommentiert Mareike Bünning, Forscherin am Wissenschaftszentrum Berlin, die erste Auswertung ihrer Studie »Leben in der Lage«.

Unbeantwortet bleiben bislang die riesigen Fragen: Wird die Sterblichkeit steigen und die Pandemie zum dritten Einschnitt der jüngeren Geschichte nach der Spanischen Grippe und dem Zweiten Weltkrieg? Werden Frauen die Krisengewinnerinnen sein, weil sie häufiger in systemrelevanten Berufen arbeiten, oder die Verliererinnen, weil sie es sind, die hauptsächlich die Arbeitszeit reduzieren und die Doppellast aus Kinderbetreuung und Beruf schultern? Aber vor allem: Wird die Krise die soziale Ungleichheit nivellieren oder verschärfen?

Wieder malt der Soziologe Heinz Bude die Welt mit großen Worten in Pastell. Als Ergebnis von Corona habe man nun »eine neue Idee von Gesellschaft. Wir sind in der Lage, ein effektives Wir zu konstruieren«, sagt er. »Auf der Ebene des Ichs wird die Idee der Vulnerabilität ins Zentrum gestellt und nicht die der Freiheit. Wir stehen vor einer Transformation der sozialen Marktwirtschaft, dem Bruch mit der langen Phase von vierzig bis fünfzig Jahren, die man als Ära des Neoliberalismus bezeichnen könnte, vor einer Renaissance der Solidarität.«

15 Minuten später switcht die Kamera zum nächsten Soziologen, Aladin El Mafaalani, der entschlossen Grau

in Budes Gemälde kippt: »Wie weit geht es mit der Solidarität?«, fragt er. »Es wird zu Verteilungskämpfen kommen«, prophezeit er. Und das in Zeiten knapper Geldmittel. »Die Weltwirtschaft muss gerettet werden«, wieder mal. Die Krisentaktung werde enger, so El Mafaalani, erst die Finanzkrise, dann die darauf folgende Wirtschaftskrise, nun Corona. »Wie wollen wir mit den Katastrophenfällen in der Gesellschaft umgehen?«, fragt er und trifft damit den Nerv.

Schmerzen, überall Schmerzen

In den letzten Jahrzehnten haben wir den Kapitalismus hochgerüstet und von möglichst vielen Fesseln befreit. Im Ergebnis ist er nun beschleunigt, globalisiert, finanzialisiert und digitalisiert. Er hat uns die unglaublichsten Konsumträume erfüllt, unseren Alltag vereinfacht, uns unterhalten, uns die fernsten Winkel der Welt entdecken lassen. Er hat etliche aus der Armut geholt, vielen Wohlstand gebracht und ein paar Menschen unfassbar reich gemacht. Wir haben ihm nach und nach die privatesten Bereiche unseres Lebens überlassen. Es sei kein Unfall, dass die Haushalte wohlhabender Gesellschaften im Schnitt kleiner seien, schreibt der Ökonom Milanović. »Was der moderne Kapitalismus uns als Konsumenten erlaubt, ist, solche Aktivitäten auf dem Markt einzukaufen, die zuvor quasi als Naturalien von Familien, Freunden oder der Gemeinschaft zur Verfügung gestellt wurden.« Er meint Kinderbetreuung, Essenszubereitung, Pflege der Alten und Kranken.

Aber jetzt offenbart die Pandemie die Schwächen dieses hochgetunten Kapitalismus. Er ist hoch verwundbar, gerade weil er die gesamte Welt umspannt. Nun reißen die Liefer-

und Verkaufsketten. Im ersten Monat der Krise brechen die Exporte deutscher Unternehmen um ein Drittel ein, der größte Rückgang seit Beginn der Zeitreihe, wie das Statistische Bundesamt nüchtern meldet. Nun wird klar, wie sehr unser Wohlstand am Wachstum hängt, diesem kapitalistischen Koks, dessen Gewinnung die Erde doch längst ächzen lässt. Es wird offensichtlich, wie anfällig eine Gesellschaft ist, die auch die privateste Sorge, das Kümmern um die Alten und die Kinder, gegen Geld Dritten überlassen hat.

Aber was wird die Konsequenz sein? Wird das, was wir kennen, wirklich abgelöst werden durch eine solidarischere Wirtschaftsform? Wird man jetzt, unter Druck, das korrigieren können, was während der letzten dreißig Jahre schiefliefʔ

In der U-Bahn ist die andächtige Weihnachtsstimmung der ersten Tage endgültig einer immer größeren Aggressivität gewichen, wie Sait beim nächsten Kaffee im zugigen Durchgang seines Stamm-U-Bahnhofs feststellt. Fast alle tragen nun Masken, wie vorgeschrieben, »sogar die Junkies«, wie Sait anerkennend bemerkt. Die einen den weißen Einmalschutz, die anderen die selbst genähten mit Herzchen und Blümchen und bunten Streifen. Freundlich sieht das aus. Aber hinter der Maske scheint es bei vielen Menschen zu gären.

Als ein Bettler ohne Mundschutz durch den Wagen läuft, springt der Mann mir gegenüber auf und rennt bis an die Rückwand des Waggons, stößt auf seiner Flucht vor dem vermeintlichen Infektionsrisiko eine Frau beiseite. Als ich aussteige, sehe ich einen jungen Mann in grauem Jogginganzug, der sich schwankend hinter einen Pfeiler duckt – so schief wie seine Einmalmaske, die Mund und Nase allenfalls halb bedeckt. Plötzlich schießt einer im Blaumann um die Ecke und brüllt: »Du Mistsau!« Der Junge stolpert los. Der andere hinterher, er hat eine Botschaft zu überbringen und will unbedingt, dass der im Jogginganzug sie hört: »Geh doch raus zum Pinkeln, du Schwein!«, schreit er. »Jeder pisst und scheißt sich hier aus.« Und noch einmal: »Alte Mistsau!«

Sait nickt wissend, als ich ihm davon berichte. »Die Stimmung in der U-Bahn ist aggressiv«, sagt er, »gefährlich.« Am Morgen habe ihn ein Mann angeschrien: »Sei froh, dass du Moslem bist, sonst hätte ich dich abgestochen!« Zwei Kollegen auf einer anderen Linie hätten Schläge abbekommen. »Die Menschen können sich nicht mehr abreagieren«, sagt Sait. »Nicht mehr raus, keine Freunde treffen, nicht in Discos, nicht in Bars, nicht zum Sport. Sie müssen den Frust ablassen, und manche machen das in der U-Bahn.«

Ich denke an den Mann, der vor ein paar Tagen unvermittelt ein rohes Ei in den Gang zwischen die Sitze warf. Alle hatten es gesehen, aber niemand reagierte. Auch die Frau nicht, die nach Geld fragte und dabei mit ihren Pantoffeln durch das Eigelb rutschte. »Wenn das noch lange so weitergeht, bekommen wir noch mehr Probleme«, befürchtet Sait. »Irgendwann werden wir einen Blutfleck nach dem anderen wegwischen müssen.«

Auch er bedeckt jetzt Mund und Nase, sobald er die Bahn betritt, trägt die neongelben Staubmasken, die ihm seine Firma schon zu Beginn der Pandemie übergeben hat. »Ich muss ja«, sagt er. Aber sobald er auf dem Bahnsteig ist, reißt er sie runter. Arbeiten, sagt er, könne er mit dem Ding noch immer nicht. Sait hat Sorge, Wasser in die Lunge zu bekommen, wenn er immer dieselbe feuchte Luft, die in der Maske hängt, ein- und ausatmet. Eine der vielen Horrorgeschichten, die über das harmlose Stück Stoff kursieren. Aber immerhin: Es hat sich, soweit Sait weiß, noch keiner seiner Kollegen angesteckt. Das ist eine gute Nachricht.

Ich berichte ihm von der Theorie des Soziologen Heinz Bude, dass die Gesellschaft sich häuten und die Pandemie am Ende eine solidarischere Variante hervorbringen wird.

Erst sagt Sait ziemlich perplex: »Warum?« und »Wie kommt der Mann denn darauf?« Und: »Das Einzige, was besser geworden ist, ist die Luft in der Stadt, mehr nicht.«

Obwohl Sait trotz Corona weiter die Bahnhöfe putzte, mit seiner Arbeit in vorderster Linie den Laden also am Laufen hielt, wie es Angela Merkel in einer ihrer Ansprachen zu Beginn der Pandemie formulierte, hat ihm noch niemand einen Bonus in Aussicht gestellt. »So etwas kann man in der Reinigungsbranche vergessen«, sagt er.

In der Tat hat man den Eindruck, dass die Einheit derer in vorderster Linie längst wieder gespalten wurde. Die großen Supermarktketten Lidl, Kaufland, Netto, Rewe und Penny haben an ihre Verkäufer Warengutscheine zwischen 100 und 300 Euro ausgegeben oder Rabatte gewährt. Nicht gerade großzügig, waren die Umsätze der Lebensmittelgeschäfte doch massiv angestiegen. Aber immerhin. Das Land Berlin zahlt seinen Pflegern und Ärztinnen, seinen Polizistinnen und Feuerwehrleuten, den Angestellten in Gesundheits- und Ordnungsämtern sowie Erzieherinnen in der Notbetreuung eine steuerfreie Prämie von bis zu 1000 Euro. Die Putzkräfte aber sind weitgehend übersehen worden. Bei einigen Betrieben sei die Landesprämie an die Reiniger weitergegeben worden, teilt die Gewerkschaft mit. Aber dass eine Firma aus eigenen Mitteln einen Corona-Bonus an seine Putztrupps gezahlt hat? Nee, das sei nicht bekannt. Die Gewerkschaft habe versucht, einen Pandemievertrag für die Putztrupps zu verhandeln, heißt es. Vergebens.

Wochen später wird Sait erzählen, dass sich die Chefs in einem Video bei den Mitarbeitern bedankt hätten.

»Und gab es ein Dankesfest?«, werde ich ihn fragen.

»Natürlich, mehr Arbeit«, wird er sagen,

»Und im Ernst? Ein Geschenktütchen? Mit einer Flasche Sekt oder einem Duschbad?«

»Nee«, wird Sait sagen. »Ich hätte mich darüber gefreut, und der Chef hätte sich das ja auch leisten können.« Nur mit dem U-Bahn-Bereich habe die Firma zuletzt Millionen Euro Überschuss gemacht.

»Da wäre ein Duschbad drin gewesen.«

Sait wird wie so oft eine seiner Metaphern rausholen. Wenn er mich bitten würde, ob ich ihm eine Flasche Wasser kaufe, was wäre meine Reaktion?, wird er fragen.

»Klar, mache ich«, werde ich antworten.

»Chefs ticken anders«, wird er sagen. »Frag den mal, der wird dir entgegnen: ›Nein, wieso?‹ Der rechnet anders als wir. Gieriger.« Müsse er vielleicht auch, um dort zu landen, wo er steht.

Aber zurück an den U-Bahnhof. Dort erzähle ich Sait außerdem, dass der Soziologe Bude auch verheißen habe, dass der Preis der Arbeit von Pflegerinnen und Verkäufern, von Busfahrerinnen und Reinigungskräften nach der Krise steigen werde: Die systemrelevanten Berufe, hatte er gesagt, würde man in zwei Jahren mit ihren Niedriglöhnen nicht im Regen stehen lassen.

»Ach«, sagt Sait. Er winkt ab, wirkt jetzt fast böse. »Ach, das wird nie passieren.«

Dasselbe hatte auch Christian gesagt. »Es wird danach wieder alles so sein wie früher«, meinte er. »Die Leute werden vergessen haben, dass sie in der Krise den Verkäufern zugejubelt haben oder den Pflegern. Manche bekommen jetzt einen Bonus. Aber warum zahlt man denen nicht grundsätzlich mehr Geld?«

»Hast du irgendeine Hoffnung, dass diese Löhne steigen werden?«, frage ich nach. »Nein«, sagt Christian, »das ist alles nur etwas Kurzfristiges.«

Er erzählt von einem Bericht, den er gelesen habe. Darin war von den Näherinnen in Bangladesch die Rede, die von heute auf morgen ihre Beschäftigung verloren haben, weil die großen Modefirmen die Aufträge storniert hätten und manche, wie der Discounter Primark, selbst die fertige Ware nicht abnahmen. »Die Leute, die da für 100 Euro nähen, die werden keine Arbeit mehr haben. Primark hat dank ihnen wahnsinnig viel Umsatz gemacht und schafft es nicht, die Leute zu unterstützen.«

Egal, ob dort oder hier, da ist Christian sich sicher: »Es wird kein Umdenken geben. Die Leute, die etwas verändern könnten, die Geld haben, denen ist das egal.«

Auch Sait hatte auf die Frage, ob er glaube, dass die, die in den ersten Wochen am Fenster applaudierten, sich in Zukunft dafür einsetzen würden, dass der Lohn in Berufen wie dem seinen steige, den Kopf geschüttelt. »Nee«, hatte er entschieden gesagt, »wenn die Krise vorbei ist, sind wir schnell wieder vergessen.«

Wenn sich das Land verändert, so befürchten beide, dann zum Schlechteren.

Alexandra

Schlechter vor allem dort, wo es am meisten schmerzt. Im Gegensatz zu Sait hatte Alexandra immer fest an den Zaubersatz des liberalen Kapitalismus geglaubt: »Meine Kinder werden es besser haben.« Ihr war klar, dass dafür harte Arbeit nötig sein würde. Aber das hatte sie ihren Kindern

schließlich vorgelebt. Sie hat ihnen die Überzeugung mit-
gegeben, dass sie mit Disziplin und einem guten Plan viel,
wenn nicht alles erreichen können.

Der Plan für dieses Jahr war gewesen, Jonas' Karriere
entscheidende Zentimeter voranzubringen. An Ostern wäre
er als Stipendiat in eine bayerische Musikakademie gereist.
Die Familie hätte ihn begleitet. Er hätte Konzerte spielen
wollen, um mehr Bühnenerfahrung zu sammeln, und dann –
als Ziel- und Höhepunkt – die Wettbewerbe in Italien. »Es
ist schwierig für ihn«, sagt Alexandra. Denn so etwas lässt
sich nicht einfach um ein Jahr verschieben. Jonas hätte im
Herbst, mit fünfzehn, noch gegen andere Jugendliche antre-
ten dürfen. Im nächsten Jahr ist er sechzehn und wird im
Erwachsenenfeld spielen. »Ich sage ihm: Es ist traurig. Aber
es ist nicht dein letzter Wettbewerb. Du bist so jung.«

Alexandra und Richard müssen viel mit ihrem Jungen
reden, um ihm das Gefühl zu nehmen, durch die Pandemie Chancen zu versäumen. »Für ihn ist es schwierig«,
sagt Alexandra. »Ihm fehlt die Bühne.« Sie versuchen alles,
um die Lücke zu schließen. »Wir sagen ihm, dass es auch
etwas Positives ist, dass er nun viel Zeit hat.« Er könne neue
Stücke einüben. »Er hat ja noch vier Jahre, um den Grund-
stein für sein Repertoire zu legen. Dann beginnt das Studium, und da muss er schon bestimmte Sachen draufhaben.
Diesen Rat hat er gut aufgenommen und versucht, es so zu
machen.« Alle zwei Wochen fahren sie ihn 100 Kilometer
zu einem Professor, der ihn privat unterrichtet. Sie machen
ihm Hoffnung, dass ein Ende der Zwangspause absehbar ist.
»Vielleicht kann er ab Oktober wieder auf der Bühne stehen.
Zumindest für kleine Konzerte, bis hundert Leute. Er soll
doch dieses Gefühl für die Bühne nicht verlieren.«

Aber es ist ja nicht allein die Sorge um Jonas. Das, was

Alexandra und Richard so wertschätzen, die Bildung, hat in diesen Wochen keine Priorität. Dabei gibt es zahlreiche Studien, die belegen, dass Krisen vor allem den Jüngeren auf Dauer schaden. Lange Schulschließungen haben Folgen für das gesamte Lebenseinkommen. Vor allem ärmere Schüler werden die Lücken nicht wieder schließen können. Wer in einer Rezession in den Ausbildungs- und Arbeitsmarkt kommt, hat über Jahre mit schlechteren Chancen und niedrigeren Einkommen zu rechnen. »Ökonomische Vernarbung«, nennen Wissenschaftler das. Während sich die große Mehrheit der Kinder und Jugendlichen mit den Älteren solidarisch zeigte und zu Hause blieb, um das Virus nicht zu verbreiten, werden sie in der Zeit nach dem Lockdown ignoriert.

Baumärkte und Möbelhäuser, Restaurants und Cafés, Großraumbüros und Konferenzsäle, Kirchen und Moscheen, Fitnessstudios und Friseure haben längst wieder geöffnet. Aber noch immer sitzen, toben und schreien die meisten Kinder die meiste Zeit zu Hause. Notdürftig wird für wenige Stunden in der Woche unterrichtet – und zwar, gefühlt, an jeder Schule auf andere Art und Weise. Alexandra erzählt von der Mutter eines Klavierschülers. Vier Kinder habe die Familie, alle müssen zu jeweils anderen Zeiten und anderen Tagen in die Schule. »Die Mutter sagt: ›Ich muss aufpassen, dass ich nicht das falsche Kind schicke.‹«

Alexandra führt inzwischen noch einen neuen Plan – und zwar den der Corona-Regeln an den verschiedenen Schulen, mit denen sie zu tun hat. Und der neuen Schulzeiten ihrer eigenen Kinder.

Die Kleine geht jetzt jeden Mittwoch für vier Stunden in die Schule. Die Kinder sitzen zu zehnt in der Klasse. Die Fenster sind auf Kipp gestellt und die Türen weit geöffnet.

Die Tische stehen auf Abstand und werden in der Pause desinfiziert. Auf dem Hof tragen die Kinder Maske. Von diesem Schultag bringt Natalja einen Stapel Blätter Aufgaben mit nach Hause, »so dick wie ein Telefonbuch einer Kleinstadt«, sagt Alexandra. »Die müssen sie durcharbeiten.«

Der Große geht auch Ende Mai noch nicht in die Schule. Er soll im Juni beginnen, 79 Tage nach seinem letzten Schultag. Dafür dann aber zweimal in der Woche. Er hat auch keine Blätter, sondern lädt sich die Aufgaben von einem Internetportal herunter und seine Lösungen wieder hoch. Manchmal schicken ihm die Lehrer auch E-Mails. Per Video zum Unterricht zusammengeschaltet wurde seine Klasse noch nie. Zu Beginn hatte seine Lehrerin geschrieben: »Schickt mir Eure Nummern. Ich werde anrufen und mit jedem einzeln sprechen.« – »Aber das ist nicht passiert«, sagt Alexandra, »warum auch immer.«

In einer wohlhabenden Nachbargemeinde soll es eine Schule geben, die jedes Kind mit einem Tablet ausgestattet und per App mit der Klasse verbunden hat. »Die haben dort ganz normale Schulstunden«, sagt Alexandra. »8.15 Uhr Mathe, dann zweite Stunde Deutsch.« Es könnte also funktionieren. »Aber das macht natürlich nicht jede Schule.«

Niemand hat sich in den vergangenen zweieinhalb Monaten die Mühe gemacht, einen Masterplan Bildung unter der Pandemie zu schreiben.

Nach langen Tagen starre ich jetzt manchmal leer aus dem Fenster ins Nichts und denke darüber nach, was die Ursache ist für die Wut, die ich in mir trage. Die Gleichgültigkeit der Mehrheit der verantwortlichen Politiker, mit der sie demonstrieren, dass ihnen die Chancen der Jüngeren, das Wohl der Kinder, die Stabilität der Familien, in denen beide Eltern arbeiten, egal sind? Schon auf gerader Strecke funktioniert die Vereinbarkeit zweier Berufe und kleinerer Kinder nur leidlich – weil Fürsorge Zeit braucht, weil die Betreuung oft weder ausreichend organisiert noch finanziert ist, weil vielen die Frage, wer sich wann und wie um die Kinder kümmert, noch immer als »Gedöns« erscheint.

Jetzt hat die Strecke erhebliche Schäden. Und so habe ich – wie viele andere berufstätige Eltern auch – den Eindruck, in einem der vielen Schlaglöcher stecken zu bleiben. Aber was sollte die Lösung sein? Einfach aufhören zu arbeiten? Das wäre wohl noch vor einer Generation die Option gewesen.

Ich denke an die Serien aus den 1980er-Jahren, schaue mir zwei Folgen noch einmal an: erschütternd baugleich.

Zum einen die finale Episode von »Ich heirate eine Familie«. Dort haben Angi und Werner inzwischen noch ein viertes Kind bekommen. Weil sein Grafikerjob lahmte, hat sie Karriere gemacht und verkauft nicht mehr halbtags in einer kleinen Boutique Kinderbekleidung, sondern bundesweit. Zum Missfallen aller. »Sie sind ja auch wieder mal da«, begrüßt die Haushälterin Angi naserümpfend, als die nach einer Dienstreise aus dem Taxi steigt. »Du bist eine Außerhausfrau«, schimpft Werner. Angi aber hängt an ihrem Job, bis – ja, bis Werner fast an einem Blinddarmdurchbruch stirbt, den sie natürlich – der Karriere wegen – nicht bemerkt hat. Reumütig überreicht sie ihm ihren Kalender: Alle Termine sind durchgestrichen.

Derselbe Plot in der sechsten Staffel der »Schwarzwaldklinik«. Auch Schwester Christa hat eine steile Karriere gemacht. Sie hat Medizin studiert, ist Chirurgin geworden und hat schließlich eine Stelle in Konstanz angenommen, am Institut für Immunforschung. Aber auch sie ist mittlerweile Mutter, hat mit ihrem Mann, Professor Brinkmann, den Sohn Benjamin bekommen, gerade drei Jahre alt. Der Kleine fiebert oft, hat Durchfall, scheinbar ohne Grund. Besorgt suchen die Brinkmanns einen Spezialisten auf. Der aber will das Kind nicht untersuchen. Nach fünf Minuten Gespräch kennt er die Ursache der Krankheit: Es ist der Job der Mutter. »Ihr Sohn verträgt Ihre Abwesenheit nicht«, sagt er. »Hängen Sie Ihren Beruf an den Nagel. Ihr Sohn braucht Sie täglich.«

Und ihr Mann? Dem fällt zu alledem nur ein, ihr vorzuhalten, dass er sich nur ihrer Abwesenheit wegen abends mit einer Kollegin zum Stelldichein auf einer Bank trifft. Ob daraus mehr werden wird?, fragt Christa. Das hinge von ihr und ihrem Job ab, antwortet Professor Brinkmann. Schließlich suche ein Mann natürlicherweise die Nähe und Wärme einer Frau. Und wenn die eigene außer Haus ist?

Christa Brinkmann zögert nicht. Zack, gibt auch sie ihre Stelle auf und kehrt ins Haus zurück. Die Folge lief im Januar 1989 im Fernsehen, drei Jahre zuvor musste Angi sich entscheiden.

Nochmals denke ich: Welch ein Segen, dass die 1980er-Jahre vorüber sind! Welch ein Fortschritt in nur einer Generation! Welch ein Glück, dass wir uns nicht mehr entscheiden müssen. Aber wir könnten es auch nicht: Zu fahrlässig oder, wie Sait sagen würde, unmöglich ist es, eine Familie nur auf ein Einkommen zu bauen.

Vor allem ein Modell ist in den letzten drei Jahrzehnten unter Druck geraten: der »Mehrpersonenhaushalt im Einverdienermodell ohne Vermögen«, wie es in den Statistiken der Ökonomen heißt. Eltern, Kinder und ein Arbeitsplatz – lange das Fundament eines guten Lebens. Es trägt nicht mehr. Welch ein Versäumnis, dass es in dreißig Jahren nicht gelungen ist, ein neues Fundament zu bauen, auf dem Familien auch mit mehreren Kindern sicher stehen, eine Architektur, die stabil ist, obwohl beide Eltern arbeiten. Wenn früher ein Elternteil 50 Stunden außer Haus arbeitete – warum genügen dann heute nicht 30 Stunden für beide?, frage ich mich. Wenn der Kapitalismus wirklich ein Innovationstreiber ist, warum hat er es dann nicht geschafft, in den vielen Jahrzehnten, in denen nun auch Mütter arbeiten, ein Wirtschaftsmodell zur Marktreife zu bringen, das nicht ignoriert, dass Menschen jenseits der Erwerbsarbeit auch noch anderes zu tun zu haben – die Fürsorge für Kinder zum Beispiel?

Auch Alexandra und Richard haben wieder mit dem Unterrichten in den Räumen der Musikschulen begonnen. »Auf der einen Seite freuen wir uns, dass es weitergeht«, sagt sie.

»Aber?«

Alexandra sagt, die sich von Schule zu Schule und von Tag zu Tag ändernden Regularien hätten sie ganz »wuschig« gemacht. »Jede Schule hat andere Regelungen. Wann muss wer eine Maske aufsetzen? Wo wird desinfiziert? Wie lange wird zwischen den Unterrichtseinheiten gelüftet? Und wer bezahlt diese Zeit? Was ist mit den Räumen ohne Fenster? Ich arbeite für eine Stadt, die der Überzeugung ist: Da passiert nichts. Eine andere Stadt hat die Klassenräume mit Klimaanlage und Teppichboden gesperrt. In einer Schule wurden zunächst 15 Minuten Lüftungspausen zwischen den Schülern vorgeschrieben. Als dann Fragen aufkamen, wie man das zusätzlich zu der Unterrichtsdauer einplanen soll oder wer uns Honorarkräften diese Zeit bezahlt, hieß es: Das sei nun doch nicht nötig, solange man Abstand hielte. Ich versuche, die Schüler fünf Minuten früher rauszulassen, um zu lüften. Wir bekommen aber vom Berufsverband auch Studien, in denen es heißt, dass sich die ansteckenden Tröpfchen viel länger im Raum halten.«

Alexandra rief bei der Corona-Hotline des Gesundheitsamtes an und fragte: »Was gilt denn nun? An welche Schutzmaßnahmen soll ich mich halten?«

Es sei ein netter Mann am Apparat gewesen, sagt sie, der aber noch nicht wusste, dass die Musikschulen wieder geöffnet hatten. Am Ende schickte er ihr ein Blatt der Landesregierung mit den allgemeinen Corona-Regeln für jedermann.

Von den Musikschulen hat sie Desinfektionstücher für die Tasten, Spray für die Hände und zwei Masken ausgehändigt bekommen. Sie putzt gründlich, lüftet ein bisschen und bedeckt außerhalb des Unterrichtsraums Mund und Nase. Der Siebenjährigen, die im Unterricht weinte und klagte: »Du bist so anders!«, weil sie ihr nicht wie vor der Pandemie über den Kopf streichelte, wenn sie gut gespielt hatte, oder an den Fingerchen zeigte, wie sie sie halten solle, sagt sie: »Du hast recht. Das kann ich jetzt nicht. Aber eines Tages wieder.« Und von den Kindern, deren Eltern auf die Nachricht mit den Abstands- und Schutzregeln antworteten, dass Corona doch nur eine Erfindung und all die Maßnahmen Quatsch seien, hält sie ein paar Zentimeter mehr Abstand.

Manche Schüler schicken WhatsApp-Nachrichten: »Corona ist Fake.« Manche Eltern schreiben: »Hände waschen vor dem Unterricht? Maske? Warum? Wir kommen ohne!«

Alexandra versucht das alles zu verdrängen. »Unsere größte Sorge ist schon, dass wir uns infizieren. Wir haben die Angst im Nacken. Wir passen auf und hoffen einfach, dass uns keiner etwas anschleppt. Wenn wir krank werden, können wir nicht unterrichten. Dann ist es natürlich ganz schlimm. Die Zeit jetzt wäre anders, wenn wir einen Puffer auf dem Konto hätten.«

Einen Notgroschen. Ein finanzielles Netz. Einen Zentimeter auf Markus Grabkas Blatt Papier. Dann wäre es halb so schlimm, dass die Musikschulen nicht nur Lüftung, Raumfrage und Dauer und Häufigkeit von Online- und Offline-Unterricht auf ihre ganz eigene Art regeln, sondern auch die Bezahlung.

»Jede macht es anders«, sagt Alexandra. Eine Musikschule verbietet den Präsenz- und Online-Unterricht ganz und zahlt nichts. »Manche überweisen das komplette Honorar. Auch wenn die Schüler keinen Online-Unterricht wollen. Andere legen fest: Wenn Schüler keinen Video-Unterricht wollen, ist das deren Recht. Dann bekomme ich es nicht bezahlt.«

Gestern erst hat einer von Alexandras Schülern eine Mail geschickt. Er schrieb, die Schutzmaßnahmen seien eine Frechheit. Solange sie gelten, würde er den Unterricht verweigern. »Das ist nicht meine Schuld«, sagt Alexandra. »Aber ich bekomme diese Stunden nicht bezahlt.«

Alexandra notiert alles in ihr Einnahmenbuch. Die Zeile »Staatliche Soforthilfe« bleibt leider leer. 2000 Euro hatte sie beantragt, aber eine Ablehnung bekommen, weil die Gelder ausgeschöpft seien, wie es hieß. Sie versuchen nun, einen Landeskredit zu ergattern.

Gerade vermeldet das Zentrum für Europäische Wirtschaftsforschung, dass jeder vierte Soloselbstständige davon ausgeht, in den nächsten zwölf Monaten aufgeben zu müssen. Bei knapp 60 Prozent sei der monatliche Umsatz um mehr als drei Viertel eingebrochen.

»Wir werden auch das überleben«, sagt Alexandra. »Noch mussten wir nicht zum Pfandhaus und auch nicht zu Hartz.«

Karstadt

Reza Eskafi war heilfroh, als er den »Zapfhahn« Anfang Juni nach zweieinhalb Monaten Zwangspause endlich wieder öffnen durfte. Jetzt, eine Woche später, steht er an seinem eigenen Automaten und hofft auf drei Straßenbahnen, den Jackpot. Den könnte er gut gebrauchen. »Ich habe gedacht, es kommen mehr Gäste«, sagt er.

»Wie viele sind es am Tag?«

»Dreißig, vierzig Prozent im Vergleich zu normalen Zeiten. Wenn überhaupt. Das geht nicht lange so weiter. Irgendwann geht es zu Ende.«

Manche bleiben weg, weil sie von den Hygienemaßnahmen genervt sind, die bei Karstadt gelten. Der Zugang ist reglementiert, es patrouillieren Sicherheitskräfte. Statt fünf Hockern sind am Tresen nur noch drei erlaubt. Auf dem Weg durchs Kaufhaus gilt Maskenpflicht. Im »Zapfhahn« eigentlich auch, außer der Gast trinkt gerade sein Bier, sagt Eskafi. Er sei erst am Vortag von einem Kontrolleur gerügt worden, weil sein Mundschutz am Kinn hing.

Andere Gäste kommen nicht, weil sie sich vor Ansteckungen fürchten. »Ich tausche mich mit den Stammgästen regelmäßig aus«, sagt Reza. »Einige schreiben: ›Ich habe Angst. Es tut mir leid.‹« Er zeigt mir die WhatsApp einer treuen Kundin, die sich entschuldigt. Sie sei in Behandlung wegen ihrer Schuppenflechte, da wolle sie sich unter keinen Umständen das Virus einfangen. ›Wir stoßen an, wenn alles wieder gut ist‹, versprechen sich Wirt und Gast.

Aber wann wird das sein? Und vor allem: Wird der »Zapfhahn« so lange überleben?

Am Vortag fand in der Filiale am Hermannplatz – wie

überall im Land – eine Betriebsversammlung statt. Die Mitarbeiter hatten gehofft, konkretere Informationen zu bekommen, welche Standorte gefährdet sind und welche nicht. Aber die, die Eskafi am Morgen ansprach, sagten: »Wir wissen so wenig wie du.«

Zu diesem Zeitpunkt ist der Sanierungsplan, den Karstadt bis Ende Juni beim Insolvenzgericht Essen vorlegen muss, noch geheim. Es kursieren die Namen der Standorte vieler Filialen, die angeblich geschlossen werden sollen. In Dessau ahnen sie noch nicht, dass sie dabei sein werden. »Es tut mir weh«, sagt Rüdiger, als wir noch mal telefonieren. »Ich bin ein Karstädter durch und durch, und selbst wenn ich im Ärger gegangen bin, bin ich immer noch mit der Firma verbunden, ich war doch eine kleine Säule.« Schon dass Karstadt nach der Fusion mit Kaufhof im neuen Namen »Galeria Karstadt Kaufhof« nur noch an zweiter Stelle steht, schmerzt, sagt er. Als solle man sich daran gewöhnen, dass der Name eines Tages ganz verschwinden könnte.

»Wie lange können Sie trotz sinkender Umsätze durchhalten?«, frage ich Eskafi. »Eigentlich nicht mehr lange«, sagt er.

14 000 Euro Staatshilfe hat Eskafi bekommen. Aber die waren schnell weg. Er hat seine Angestellten bezahlt und die Mai-Miete überwiesen. Der Steuerberater will Geld. Die Krankenkasse kostet für seine Frau und ihn 800 Euro im Monat. Reza Eskafi ist gerade 67 geworden. »Eigentlich Rentenalter«, sagt er. Aber nicht für ihn, der kaum in die Kassen eingezahlt hat. Er hat ein paar Rücklagen, von denen er im Alter leben wollte. Die aber schmelzen gerade dahin.

»Wir versuchen, so lange es geht, durchzuhalten«, sagt er. »Aber wenn es nicht mehr geht, ist es vielleicht besser, wenn ich hier aufgebe und irgendwo arbeiten gehe. Dann habe ich meinen festen Lohn und komme über die Runden.«

Dann wischt er, ganz Wirt, die schlechte Stimmung weg, die über der Theke hängt, und sagt: »Es gibt andere Leute, die haben es schlimmer als ich. Viele sind schon pleitegegangen.« Und dann gäbe es ja auch gute Nachrichten bezüglich Corona. »Ich habe Bilder von Stränden in Thailand gesehen: Das Wasser ist blau. Alles ist sauber, weil keine Touristen mehr da sind. Und in der Serengeti freuen sich die Löwen, dass sie wieder ungestört jagen können.«

Da kommt Manfred, eine gestreifte Stoffmaske unter dem Kinn. Er zumindest trinkt treu jeden Morgen um halb zehn sein Weizen, als wäre nichts geschehen. Und schon nach drei Sätzen ist klar, dass er sich während der Pandemie kein bisschen verändert hat. Manfred setzt sich, trinkt und legt los: Ob ich schon gehört hätte, dass es im Dachrestaurant Frühstück jetzt erst ab zehn Uhr gäbe? »Was soll das? Jahrzehntelang konnten die Leute um acht frühstücken. So spät brauche ich auch keine Schrippe mehr.« Und überhaupt, das Karstadt-Haus: »Alles rostet vor sich hin. So nehmen die doch kein Geld ein. Die Figuren, die auf den Etagen rumlaufen, die Verkäufer sein sollen, die haben von Tuten und Blasen keine Ahnung.« Er habe eine Mikrowelle gekauft und eine Plastikabdeckung dafür gesucht, erzählt er. »Haben wir nicht«, habe ihm der Verkäufer gesagt. »Stimmte nicht, hatten sie doch«, fand Manfred kurz darauf auf eigene Faust heraus. »Karstadt soll ruhig pleitegehen. Das ist ja Quatsch, dass man das Ganze künstlich noch erhält.«

Während ich noch denke: Aber an welcher Theke wirst du dann dein Weizen trinken?, rast er schon weiter. »Oder die Lufthansa. Weiß ich, wie viele Millionen und Milliarden die eingesackt haben? Alle kriegen etwas. Aber so viele Rentner haben nichts.«

Die Renten sind doch gerade erhöht worden, um gut drei Prozent, wende ich ein.

»Sagen sie. Aber die Zahlen sind doch eine Lüge! Die Summe ist brutto. Das Geld kriegt man doch nicht.« Und überhaupt, raunt er, ob all das zuträfe, was zu Corona gesagt würde, wisse er auch nicht. Er ist kein Verschwörungstheoretiker. Was genau faul sein soll, kann er nicht sagen. Manfred zweifelt einfach – an den Zahlen, an den Gefahren, an der Sinnhaftigkeit der Maßnahmen, an allem. »Warum dürfen nur drei Leute hier am Tresen sitzen?«, fragt er. »Man kommt wegen der Gemeinschaft. Aber jetzt ist keiner mehr da.« Warum gäbe es im zweiten Halbjahr der Pandemie noch keinen Impfstoff, kein Medikament?, schimpft er. Milliarden seien da reingeflossen. »Da hätte doch jetzt schon mal was in Marsch sein müssen. Und wenn jetzt einer was findet, dann kommt noch eine Testphase von einem halben Jahr oder so. Das ist mir auch zu lang«, klagt er. »Das Ganze geht nie zu Ende. Die Verunsicherung der Menschen wird weiterleben.« Dabei wisse niemand, wie groß das Risiko tatsächlich sei. »Jeder, der in dieser Zeit aus dem Fenster springt, wird doch als Corona-Toter gezählt.«

»Deutschland ist so ein Scheißland geworden«, sagt Manfred. »Ich bin echt enttäuscht.«

»Gäbe es denn viele andere Länder, in denen Sie lieber gewesen wären in den letzten Monaten?«

Manfred schweigt kurz. Dieses eine Mal fällt ihm keine Entgegnung ein.

»Wenn sich die Leute an den Abstand und an die Lappen vorm Gesicht halten, dann geht es«, sagt er kleinlaut. Aber dann, Blinker rechts gesetzt, biegt er wieder ab auf seine liebste Spur. »Es gibt viele, die diese Regeln missachten. Ich bin kein Rassist. Aber vor allem die aus arabischen Ländern, die amüsieren sich prächtig, und die kontrolliert ja auch keiner. Da kommt kein Ordnungsamt.«

Ich danke Reza Eskafi für den Kaffee und gehe. Ich weiß, dass es unter all dem Frust einen anderen Manfred gibt oder zumindest mal gab: den, der mit Freunden der National-mannschaft nachreiste, auch nach England, und der dort in einem Pub eine Frau sah, von der er wusste, dass es die *eine* war. Und als er um sie warb, als er ihr täglich Ansichtskarten aus Berlin schrieb, um sie von sich und der Stadt zu überzeu-gen, war es ihm ganz egal, dass sie weder deutsche Wurzeln noch einen deutschen Pass hatte, sondern Kroatin war, die nach London zum Arbeiten und später nach Deutschland zu Manfred kam.

Auch wenn ich grundsätzlich überzeugt bin, dass sogar die Manfreds ohne guten Kern an den Theken Anschluss und, ja, irgendwie auch Gehör finden müssen, so falsch und so schwer erträglich sie daherreden, einfach weil es nicht besser wird, wenn man so tut, als wären sie nicht da, denke ich: Jetzt gerade nicht mehr bei mir.

Christian

Am Tag, bevor wir uns treffen, war Christian in der Psychi-atrie. Er hat einen Freund besucht, der dort ist, weil ihn die Panik vor Corona krank gemacht hat. Er hatte sich direkt zu Beginn der Pandemie in totale Quarantäne begeben und mehr als drei Monate lang eisern durchgehalten. Er fasste keine Klinken mehr an, desinfizierte und kochte aus, was auszukochen war. Aber die Angst davor, sich das Virus einzufangen und, schlimmer noch, irgendwen anzustecken, wurde zu groß. Als Christian ihn traf, bat der Freund, auch beim Spaziergang draußen, Mund und Nase zu verhüllen. Auch Christians Eltern haben seit drei Monaten kein einziges Mal mehr die Wohnung verlassen. Sein Bruder liefert einmal pro Woche Lebensmittel an, das war's an sozialem Kontakt. Die Pandemie wirkt auch als großer Einsamkeitsverstärker.

Christian kämpft. Jeden Tag, selbst wenn es nicht einfach ist. Er steht am Morgen früh auf, fährt mit der Hündin in den Wald und läuft dieselbe einstündige Runde, bei der er seit Wochen dieselben Menschen sieht, oft an derselben Stelle. Murmeltiertage, auch bei ihm. »Ein Glück, dass ich die Hündin habe«, sagt er. »Nicht dass sie mit mir redet, aber sie gibt meinem Tag noch immer Struktur.«

Bevor er in den Wald geht, duscht er, er zwingt sich, tagsüber straßentaugliche Kleidung zu tragen. Er verabredet sich, so viel es geht, digital, draußen, auf Balkonen. »Ich muss aufpassen, dass ich nicht abstürze«, sagt er. »Ich bin über die Wochen tatsächlich ein bisschen depressiv geworden. Ich habe keine Energie mehr. Während ich am Anfang noch geputzt habe, ist mir das inzwischen völlig egal. Ich brauche wieder einen normalen Alltag. Ich muss ins Büro gehen können.«

Das scheint ihm allerdings weiter weg als noch in den schlimmen Monaten des letzten Jahrs, als Ziel und Perspektive klar waren. Christian fühlt sich Homeoffice-Tag um Homeoffice-Tag weiter ins Abseits geschoben. Anfang Mai, am Ende der Freitags-Telko, sagte seine Chefin: »Christian, von jetzt an bist du zu hundert Prozent auf Kurzarbeit.« Dann wünschte sie allen ein schönes Wochenende.

Für Christian war es keins. »Es war nicht das Geld«, sagt er. »Ich geb ja nichts aus. Nur für Benzin und die Einkäufe im Supermarkt. Es hat mich gestört, dass sie es einfach so zum Schluss ankündigt. Ich dachte: Okay? Andere im Team sind gar nicht von Kurzarbeit betroffen. Wieso ich? Mich ärgert am meisten, dass niemand offen mit mir redet. Diese Entscheidungen hinter dem Rücken, das mag ich nicht. Da bin ich anders erzogen worden. Man ist es offensichtlich nicht wert, dass mit einem geredet wird.«

Er sagt, es gebe Gerüchte, seine Abteilung könnte aufgelöst, Bürofläche aufgegeben werden. Inzwischen ist er sich fast sicher, dass ihm bis Ende des Jahres gekündigt wird. An vielen Tagen hofft er, dass es so schnell wie möglich so kommt. »Wenn sie mir kündigen, bekomme ich eine Abfindung, weil ich schon so lange dabei bin. Nur deshalb halte ich still.«

Er würde sich so sehr wünschen, dass etwas Neues anfängt. Er weiß, dass er sich dafür bewerben müsste. Aber die Hürde ist hoch. »Ich bin raus, was Bewerbungen angeht«, sagt er. Und sich selbst anzupreisen – »Oh, ich bin Ihr Mann! Ich bin toll! Ich kann alles!«, das sei noch nie sein Ding gewesen.

Nach vier Wochen mit 100-Prozent-Kurzarbeit kündigt ihm seine Chefin genauso spontan an, dass er nun wieder auf voller Stundenzahl aus dem Homeoffice sei. Wie lange das nun gehen wird, weiß er nicht. On-off, on-off – Christian mag das Leben als Schalter nicht.

An diesem Donnerstag hat Sait frei. Er darf am Wochenende arbeiten, endlich mal wieder. Die Dienste sind wegen der Zuschläge begehrt. »Aber sie können nicht alle immer nur sonntags einsetzen«, sagt Sait.

Heute fährt er Auto, einen BMW in güldenem Metallic-Ton mit Automatik-Schaltung und Ledersitzen, hingebungsvoll gepflegt. Im vergangenen Jahr hat er den Wagen gebraucht gekauft, 15 Jahre läuft der Motor schon. Wenn alles gut geht, sagt Sait, fährt das Auto die Familie noch einmal in den Urlaub. Falls man irgendwann wieder unbeschwert reisen kann. Bis dahin bleibt ihm immerhin die Laube. 3000 Kleingärten reihen sich im Berliner Nordwesten nicht weit vom gerade geschlossenen Flughafen Tegel entlang schnurgerader Wege. Die Kolonien heißen »Gemütlichkeit« oder »Gute Hoffnung«. Die Hecken sind meist blickdicht, die Zäune durchgängig und die Zufahrten verkehrsberuhigt. Natürlich gibt es Gartenzwerge und schwarz-rot-goldene Deutschlandflaggen, die über den Grundstücken wehen. Aber auch eine türkische Fahne ist zu sehen, eine kroatische, eine mit Piratensymbol und sehr viele, das scheint der gemeinsame Nenner zu sein, mit dem Berliner Stadtwappen. Seit elf Jahren ist Sait Laubenpieper. Für 4000 Euro hat er das kleine Steinhäuschen gekauft, nicht wissend, dass Gips in der Fassade verarbeitet war und Schutt unter der Rasenfläche lag. Aber das ist längst behoben.

Sait mag es ordentlich. Über die wilde Blumenpracht einer Nachbarin rümpft er die Nase. Auf dem Weg trifft er einen Freund, einen Ex-Security-Mann, der nach schwerer Krebskrankheit erwerbsunfähig ist. Er hat in den Corona-

Wochen für seine Töchter ein Baumhaus gezimmert, das die Mädchen stolz zeigen wollen. Aus dem Meer türkischer Wörter am Gartenzaun ragt immer wieder eine Insel hervor: »Kantensteine«. Die beiden Männer sprechen über die optimale Rasenanlage. Sait hat im Frühjahr vertikutiert und nachgesät. Aber der viele Klee stört ihn. Er hat ihn immer wieder gezogen. »Das war ein Fehler, wie ich jetzt weiß. Wenn du eine Pflanze rausziehst, kommen zehn nach.«

Auf seiner Parzelle führt Sait durch die Gemüsebeete. Zwiebeln hat er, Kartoffeln, Paprika und einen Kräutergarten. Im Gewächshaus, das er in diesem Frühjahr aufgestellt hat, stehen kniehoch die Tomatenpflanzen. Bald wird der Kirschbaum auf der Wiese Früchte tragen. An einem Holzgerüst rankt der Wein. Sait liebt es, die Blätter für Freunde und die Familie mit allerhand Leckerem zu füllen. Er setzt sich auf die graue Hollywoodschaukel, neben ihm der Grillkamin. Auf dem Nachbargrundstück gackern und scharren ein paar Hühner. Aber Landlust kommt trotzdem nicht so recht auf, denn lauter noch rauscht der Verkehr. Direkt hinter dem Holzzaun, der Saits Beete begrenzt, liegt die Berliner Stadtautobahn.

»Man gewöhnt sich daran«, sagt Sait. Er höre die Autos kaum noch. »Aber die Hühner…« Er hätte so gern zahme Tauben gehabt. Aber das lehnte der Schrebergarten-Vorstand ab. »Warum darf der jetzt Hühner halten?«, fragt Sait. »Ich verstehe den Unterschied nicht.«

Sait wirkt schwermütig an diesem Tag.

»Manchmal frage ich mich, warum ich weitermache, Julia«, sagt er.

»Mit der Arbeit?«, frage ich.

»Nein«, sagt er, »mit dem Leben. Wofür mache ich das alles?«

Sait wippt ein bisschen hin und her in der grauen Schaukel. Ich trinke von dem Kaffee, den er mir mit der Senseo-
Maschine zubereitet hat. Sein blaues T-Shirt spannt über
dem Bauch. Das Haar ist frisch rasiert. Aus irgendeinem
Grund denke ich an Karlsson vom Dach und seinen immer-
frohen Ausspruch: »Ich bin ein grundgescheiter und gerade
richtig dicker Mann in seinen besten Jahren.« Von ganzem
Herzen wünsche ich Sait etwas von dieser Zuversicht. Wir
sprechen über Privates, das nicht hierhergehört.

»Ich bin so müde«, sagt Sait.

Ich frage: »Was müsste sich im Land ändern, damit du
dich wieder wohler fühlst?«

Sait entwirft aus dem Stegreif ein Reformprogramm mit
drei Punkten:

Erstens: »Wir müssten offiziell das Geld bekommen, das
wir verdienen«, sagt er. »Unter 1800, 1900 Euro netto sollte
man nicht arbeiten müssen. Damit könnte man im Rahmen
bleiben. Damit müsste man sich keine Sorgen machen. Jetzt
frage ich mich: Sollst du die Stromrechnung zu spät zahlen
oder die Autoversicherung? Es reicht nicht. Das geht uns
allen so.«

Punkt zwei: »Die Lehrer sollten den Kindern mehr beibringen.« Er versuche zu unterstützen, wo er könne, sagt
Sait. Aber seit die beiden in den höheren Klassen sind, ist das
schwierig geworden. »Die Kinder lernen in der Schule zu
wenig. Das Niveau im Unterricht ist mir zu niedrig. Manchmal habe ich das Gefühl, mein Kind geht mit leerem Kopf
zur Schule und kommt mit leerem Kopf wieder.« Was, fragt
sich Sait, können die beiden mit diesem Wissen werden?
»Wir haben von unseren Eltern noch gehört: Wenn du groß
bist, kannst du da anfangen oder dort. Jetzt mache ich mir
Sorgen, wo meine Kinder landen werden.«

Und zuletzt, sagt Sait, wünsche er sich, dass die Menschen friedlicher miteinander umgehen. »Die Aggressivität ist zu groß. Die Menschen haben zu wenig Respekt.«

»Siehst du eine Partei, die diese Ziele vertritt?«

»Nein.«

»Wählst du?«

»Nein. Nicht mehr.«

Als ich die Interview-Aufnahme wieder abspiele, höre ich das Gackern der Hühner, den Lärm der Autobahn, aber auch einen in Teilen etwas anstrengenden Vortrag zur Notwendigkeit des Wählens, den ich Sait an dieser Stelle gehalten habe. In der Demokratie zähle jede Stimme. Wenn er wählen würde, hätte er die Chance, etwas zu verändern. So schenke er seine Macht nur weg. Beim erneuten Hören frage ich mich: Glaube ich das wirklich?

Sait und ich gehen die Parteien durch, die zur Wahl stehen. »Tante Merkel«, wie er sagt, will er nicht. FDP und Linke spielen keine Rolle. Den Grünen, das ist interessant, gesteht er als Einzigen zu, für ein größeres Ziel zu kämpfen: für die Rettung des Planeten. Er versteht, warum man die wählt. Aber »diese Ökosachen« seien nichts für ihn.

»Was ist mit der SPD?«, frage ich. »Wäre das nicht die Partei, die sich darum kümmert, dass es Menschen wie dir und deinen Kollegen, also den Arbeitern, besser geht?«

»Ach, Julia«, sagt er. Und ich höre, dass ich auf ihn in diesem Moment äußerst naiv wirke.

»Die SPD ist mit Gerhard Schröder den Bach runtergegangen. Die SPD hat die Niedriglöhne doch erfunden.«

»Das verzeihst du ihr nicht?«

»Nein.«

»Könnte sie sich so ändern, dass du ihr wieder vertraust?«

»Das Problem ist doch«, sagt Sait, »man sollte nicht vom

Essen kotzen müssen. Wenn man einmal etwas gegessen hat und einem passiert das, möchte man es nicht wieder essen. Und so ist es bei mir und der SPD: Ich habe einmal gekotzt und möchte das nicht wieder erleben.«

Im Cockpit der Regierung

Wolfgang Schmidt

Saits Worte im Kopf und auf Papier, fahre ich ins Bundesfinanzministerium. Ich treffe, wie ich meinem jüngeren Sohn am Morgen erklärt habe, die rechte Hand von Olaf Scholz, seinen Staatssekretär Wolfgang Schmidt. Scholz und Schmidt sind seit fast zwei Jahrzehnten die siamesischen Zwillinge sozialdemokratischer Macht. Seit 2001 ist Olaf Scholz Berufspolitiker. Er war Innensenator in Hamburg, Generalsekretär der SPD, Bundesarbeitsminister, Erster Bürgermeister von Hamburg, Bundesfinanzminister und Vizekanzler. Seit 2002 steht Wolfgang Schmidt entlang dieser Strecke an seiner Seite. Er diente ihm als Referent und Büroleiter, war sein Planungschef und Staatsrat für Internationale Beziehungen in Hamburg. Als Scholz als Finanzminister nach Berlin zog, kam Schmidt mit. Jetzt versucht er, Olaf Scholz ins Kanzleramt zu geleiten.

Die rechte Hand eben. Mein Sohn fand das lustig. Dass ich mit einer Hand sprechen wollte, ohne Puppe drauf. »Warum sagt man nicht ›die linke Hand von Olaf Scholz‹«, fragte er. »Was hat die Hand gesagt?«, würde er am Abend scherzen.

»Wir haben über Sait gesprochen«, werde ich ihm antworten. »Ah«, wird er sagen. Er weiß, dass ich mich seit Monaten immer wieder mit dem U-Bahn-Reiniger in den

Bahnhöfen der Stadt treffe. »Kann er Sait helfen?«, wird er fragen.

Eine gute Frage. Aber keine, die so einfach zu beantworten ist, hängen an ihr doch mindestens so viele weitere Fragen, wie rechte und linke Hand zusammen Finger haben.

Kann der Staatssekretär und bestens vernetzte Sozialdemokrat Saits Lage verbessern? Welchen Einfluss hat die Politik auf ein Leben wie seins? Sind Menschen wie Scholz und Schmidt mitverantwortlich für den Niedergang der *working class*, weil ihre Partei, die SPD, in den entscheidenden Jahren des Umbruchs nicht als Schutzmacht an der Seite der Arbeiter und Angestellten stand, deren Löhne wegsackten, deren Aufstiegschancen schwanden? Oder haben sie durch ihren politischen Einsatz Schlimmeres verhindert?

Wer hat wen aufgegeben? Die SPD Menschen wie Sait? Oder er diese Partei, deren Wahlergebnisse seit Jahren langsam in Richtung Bedeutungslosigkeit sacken, deren Stammwähler unter 60 Jahren so rar geworden sind, dass ihnen fast ein Treffen unter Corona-Regeln erlaubt werden könnte?

Ich schließe mein Rad an und laufe über den weiten Hof auf den Eingang des sandfarbenen Gebäudes in der Wilhelmstraße zu, in dem das Bundesfinanzministerium seinen Sitz hat. Jedes Mal, wenn ich hier bin, fühle ich mich klein angesichts der fast achtzig Jahre deutscher Geschichte, die in diesem Bau konserviert scheinen. Das teils fünf-, teils siebenstöckige Flügelgebäude mit seinen gefühlt kirchhohen Gängen und Hallen war Prestigebau der Nazis, mit mehr als 2000 Innenräumen und fast sieben Kilometern Flur steinernes Zeugnis ihres Größenwahns, Hermann Görings Machtzentrum.

Nach der Befreiung Berlins war das Haus Hauptquartier

der sowjetischen Militärverwaltung, 1949 wurde hier die Verfassung der DDR in Kraft gesetzt und damit die Teilung Deutschlands vollzogen. Im Innenhof zeigt das sozialistische Wandgemälde »Aufbau der Republik« die vermeintlich glückliche Arbeiterklasse der DDR. Propaganda. Heute trägt der Platz den Namen »Platz des Volksaufstandes von 1953«, Erinnerung daran, dass die Arbeiter am 16. und 17. Juni hierherzogen, eine Senkung der Arbeitsnormen forderten, freie Wahlen und ein Ende der sowjetischen Marionetten-Regierung.

1990 zog das Finanzministerium zunächst mit einer Außenstelle ein, der Rest des Hauses wurde der Treuhand überlassen, die von hier Tausende DDR-Firmen prüfte und dann meist abwickelte. Ein Grund dafür, dass von den 500 größten deutschen Unternehmen nur ein gutes Dutzend seinen Sitz im Osten des Landes hat, ein Baustein in der hohen Vermögensmauer, die Ost und West trennt. Seit der Ermordung des ersten Präsidenten der Treuhandanstalt, Detlev Rohwedder, trägt das Gebäude zum Gedenken seinen Namen. 1999 zog das Finanzministerium endgültig von Bonn nach Berlin.

Seitdem kümmerten sich Hans, Peer, Wolfgang, Peter und jetzt eben Olaf von hier aus um die deutschen Finanzen. So fremd mir die Herren in den Serien aus den 1980er-Jahren vorkamen, die ihren Gattinnen gönnerhaft die Scheine zusteckten: Es scheint in Deutschland noch immer so zu sein, dass Geld als Männersache gilt.

Ich melde mich an der Pforte, desinfiziere die Hände und werde zu Wolfgang Schmidt geführt. Als ich im dritten Stock auf den ledernen Wartesesselchen Platz nehme, im Zug der Luft, die durch die aus Corona-Gründen geöffneten Fenster strömt, merke ich, dass es an diesem Tag nicht das Wissen um die Geschichte allein ist, welches das Ego schrumpfen lässt, sondern auch der Zauber der politischen Macht, der im Moment hier wirkt. Die Krise ist die Zeit der Exekutive, der Ministerien. »Wir haben elf Gesetze in drei Tagen gemacht«, wird mir später eine, die dabei war, von diesem Rausch der Staatsverantwortung erzählen. Und Olaf Scholz, der von sich sagt, er sei unerschrocken und bereit, Entscheidungen zu treffen, hat sich von Beginn an in die vorderste Linie derer begeben, die das Land in diesen Monaten der Ungewissheit zu steuern gedenken.

An diesem Tag verhandelt der Koalitionsausschuss das, was wenige Stunden später verabschiedet und öffentlich werden wird, das, wie es in den Newsrooms des Landes heißen wird, »130 Milliarden Euro schwere Konjunkturpaket«. Darin wird die Senkung der Mehrwertsteuer liegen, der Familienbonus, Geld für Investitionen in Digitales, aber – deutsche Zeitenwende – mal nicht in Autos. Es wird dafür viel Lob von Ökonomen und Kommentatoren geben, und natürlich hatte dabei auch, und damit Ende der Metapher, Olaf Scholzens rechte Hand, Wolfgang Schmidt, seine Finger im Spiel.

Genau wie bei der Bereitstellung des Erste-Hilfe-Koffers mit Kurzarbeitergeld, Soforthilfen für Kleinbetriebe und dem Stabilisierungsfonds für großere. Auf der Homepage des Finanzministeriums ist zu lesen: »Beim Schutzschild für Beschäftigte, Selbstständige und Unternehmen handelt es sich um das größte Hilfspaket in der Geschichte der Bundesrepublik. Der Umfang der haushaltswirksamen Maßnahmen beträgt insgesamt 353,3 Milliarden Euro und der Umfang der Garantien insgesamt 819,7 Milliarden Euro.« Dazu kommt der deutsche Anteil am 500 Milliarden Euro umfassenden »Recovery Fund«, einem Fonds, aus dem die Wiederbelebung der europäischen Wirtschaft bezahlt werden soll. Nicht eingerechnet die Milliardenbeträge an Staatshilfen, die in den weiteren Wellen der Pandemie nötig sein werden.

Zum Vergleich: Der Marshallplan, mit dem Amerika europäischen Volkswirtschaften nach dem Zweiten Weltkrieg wieder auf die Beine half, hatte ein Volumen von 13 Milliarden Dollar, das entspräche einem heutigen Wert von etwa 130 Milliarden. Es sind die Tage der »Bazooka«, wie Olaf Scholz sagte. Mit Wumms ballert man von hier Milliarden raus, um die drohende Wirtschaftskrise zu lindern.

Da kommt Schmidt, grauer Bart, Anzughose, Hemd. Auf den ersten Blick wirkt der Ende 40-Jährige wie immer. Auf den zweiten aber erkennt man in den glasigen, leicht geröteten Augen die Erschöpfung durch die vergangenen harten Wochen.

Schon im Normalbetrieb arbeitet Schmidt viel. Er sagte mal von sich, dass er seine vertragliche 41-Stunden-Woche mittwochs erledigt habe, dass er in der Regel mit vier, fünf Stunden Schlaf auskäme. Jetzt aber musste er sein ohnehin schon grenzwertiges Pensum noch mal erhöhen. »Es war oft so, dass ich weit nach Mitternacht, zum Teil um zwei Uhr in der Früh, aus dem Büro raus bin. Während Deutschland im Homeoffice war, habe ich mein Leben im Büro verbracht, weil es nicht anders ging.« Schmidt hat bereits etliche Krisen mitgemacht, Finanz- und Wirtschaftskrise, die Staatsschuldenkrise der Griechen, 2015, als die Zahl der Geflüchteten sprunghaft stieg. Diesmal aber sei die Krise extremer, weil unwägbarer, aber zugleich allumfassend.

»Wird Ihnen Ihr Einsatz gedankt werden?«, frage ich.

»Nö«, sagt er. »Aber innerlich habe ich das Gefühl, dass ich mit den anderen Leuten hier gemeinsam mitgeholfen habe, dass dieses Land nicht abgeschmiert ist.«

Schmidt ist ein Staatsdiener, und sicher nicht der schlechteste. Er ist ein schlauer Mensch, ökonomisch gebildet, belesen. Er kennt Branko Milanović, talkt mit Nobelpreisträger Joseph Stiglitz, mit Marcel Fratzscher und vielen anderen deutschen Top-Ökonomen schaltet er sich in diesen Wochen regelmäßig per Videoschalte zusammen. Er ist zuverlässig, ein angenehmer Gesprächspartner, ein begnadeter Kontaktepfleger.

Aber Schmidt ist auch ein Scholz-Diener. Wenn die Sprache auf den Finanzminister kommt, wird sein Staatssekretär ein wenig eindimensional. In meinem Transkript werde ich später mehrmals »Werbeblock Olaf Scholz« an die Passagen schreiben, in denen Schmidt betont, wie früh Scholz Dinge als richtig erkannt habe (Mindestlohn), wie unmissverständlich er den anderen deutlich gemacht habe, dass sie auf dem Holzweg seien (Scholz' Einsatz für gebührenfreie Kitas in Hamburg), wie klar seine Vision für eine bessere Zukunft sei (»Deshalb hat Olaf sein Buch *Hoffnungsland* genannt«).

Ich weiß, wie wesentlich die hyperloyalen Menschen in der zweiten Reihe sind. Die Rücken-Freihalter, die Problem-Erlediger, die – zumindest nach außen – Alles-richtig-Finder. Macht – egal, ob in Unternehmen, in Behörden oder in der Politik – funktioniert nicht ohne sie. Der *Spiegel* schreibt: »Im Berliner Betrieb sind Leute wie Schmidt unverzichtbar. Gerhard Schröder hatte Frank-Walter Steinmeier. Angela Merkel ihre Büroleiterin Beate Baumann. Scholz hat Schmidt.«

Gerade sind ganz okaye Scholz-Tage. Die bohrenden Fragen zum Versagen der Finanzaufsicht bei den Betrügereien des DAX-Unternehmens Wirecard werden erst in den kommenden Wochen lauter werden, genau wie die zu Olaf Scholzs Verhalten während des Cum-Ex-Steuerraubs, den

Hamburger Privatbanken mitorganisierten. Gerade sind die Zufriedenheitswerte des Finanzministers und künftigen Kanzlerkandidaten gut, niedriger als die von Angela Merkel, klar, aber über denen von Robert Habeck, immerhin.

Ich denke an Christian, der, anders als Sait, immer wählt, weil er es wichtig findet; der aber, auch anders als Sait, keine großen politischen Visionen hat außer dem Wunsch nach Stabilität. Seine Probleme mit der Firma, glaubt er, wird die Politik nicht lösen können.

»Man sollte nicht so viel eingreifen in den Lauf der Dinge«, sagt er. »Ich finde es schwierig, Bundeskanzler zu sein. Das wäre nichts für mich. Du musst immer Präsenz zeigen, immer Entscheidungen treffen. Nimm Corona: Keiner wusste, was ist, und trotzdem musstest du entscheiden. Deutschland ist wirklich gut da durchgekommen.«

Aber Christian rechnet das nicht Olaf Scholz an, sondern der Chefin. Er mag Angela Merkel, weil er der Meinung ist, dass sie das Land professionell verwaltet. Er hat ihretwegen immer für die CDU gestimmt und wird, falls der Nachfolger ihm nicht massiv missfällt, das auch weiter so tun.

Es ist das Dilemma, das die SPD häufig bejammert. Ihre prima Regierungsarbeit werde vom Wähler nicht honoriert. Auch jetzt, in der Krise, steigt zwar die Zufriedenheit mit Scholz, aber die SPD klebt bei miesen 15 Prozent in den Umfragen, die CDU dagegen ist auf fast 40 entschwebt. Doch dieser Punkt wird erst TOP 3 meines Gesprächs mit dem Staatssekretär werden.

Ich erzähle Schmidt von Alexandra, Christian und Sait. »Alle drei haben das Gefühl, ihnen ist ein wirklicher wirtschaftlicher Aufstieg, eine sichere Laufbahn trotz harter Arbeit nicht geglückt.«

»Recht haben sie«, sagt Schmidt. »Das ist einer der

Gründe, warum ich Sozialdemokrat bin. Die drei sind die klassischen Beispiele dafür, dass man sagt: Es ist echt noch was zu tun. Zehn Millionen Menschen in Deutschland bekommen weniger als 12 Euro. Wenn das Leistungsversprechen ›Du strengst dich an, und dann kommst du klar‹ so erkennbar gebrochen wird, dann ist nachvollziehbar, dass die Leute sauer sind. Das ist für mich der Grund zu sagen: Wir brauchen 12 Euro Mindestlohn. Und wenn du die Entwicklung der Vermögen hinzunimmst, wird deutlich, dass nicht nur die drei keine Möglichkeit hatten, Vermögen aufzubauen. Das sind die Herausforderungen. Und daneben geht es auch um Respekt vor jeder Arbeit und die gesellschaftliche Anerkennung.«

Kenntnisreich analysiert Schmidt die letzten vier Dekaden: »Die Einkommensentwicklung in den unteren Lohngruppen ist rückgängig oder stagnierend. Die ganze Ungleichheitsforschung weist darauf hin.« Er zählt die Gründe auf: Globalisierung, Migration, Zerstückelung von Unternehmen. »Du hast nicht mehr die klassischen Aufstiegskarrieren. Bei der Post die Zusteller, die dann irgendwann Vorarbeiter werden konnten.« (Hat auch er die »Monster AG« gesehen?) »Jetzt hast du die Subunternehmen, die massiv untereinander konkurrieren und ihren Arbeitnehmern keinen Aufstieg mehr bieten. Die zentrale Forderung mussen bessere Löhne sein. Löhne, mit denen du klarkommst.«

Ich nicke. Große Einigkeit bis hierher. Wir schwelgen ein bisschen in Erinnerung an die westdeutschen 1980er-Jahre. »Das Leben der unteren Mittelschicht schien damals einfacher«, sage ich. »Es hat nur ein Elternteil gearbeitet. Man hatte den Eindruck, Anteil am steigenden Wohlstand zu haben. Es war kein permanenter Kampf.«

Er nickt. Weiterhin Eintracht. Nun war aber die SPD seit

Beginn der 1980er-Jahre, falls ich richtig gezählt habe, zwanzig Jahre an der Regierung beteiligt, eine Partei, die sich immer als Schutzmacht dieser Menschen verstanden hat.

»Wie konnte das dann passieren?«, frage ich.

»Ich wehre mich dagegen, dass man sagt, die SPD ist schuld«, sagt Schmidt. »Manche Dinge sind nicht zu ändern. Die verschärfte Globalisierung hat den Lohndruck in den Industriegesellschaften extrem verstärkt. Du hast die gleiche Geschichte über die Clinton-Jahre in den USA, du hast sie in Frankreich, in Schweden, in Großbritannien. Es war ein historischer Zufall, dass die sozialdemokratischen Parteien zu dem Zeitpunkt an der Regierung waren, als die neue Phase der Globalisierung begann.«

Nichts als historisches Pech also?

Es spricht für Wolfgang Schmidt, dass er sein Büro von einer jungen Ökonomin leiten lässt, die den älteren Sozialdemokraten diese Opfer-der-Geschichte-Story nicht durchgehen lässt: die Münchnerin Philippa Sigl-Glöckner, die vom Magazin *Forbes* auf die Liste der »30 unter 30« im Bereich Finanzen gesetzt wurde, die bei der Weltbank arbeitete und die Regierung von Liberia beriet. Als ich sie, Wochen später, zum Gespräch treffe, wird sie sagen: »Wir hatten uns alle antrainiert, in einem bestimmten Rahmen zu denken«, einem Rahmen, den der Begriff »neoliberal« markiert. Auch viele Verantwortliche in den Ministerien hatten das eigene Denken durch diesen festen Rahmen beschränkt.

Sie wird mir das Buch *The Globalist* des Wirtschaftshistorikers Quinn Slobodian empfehlen, der auf gut 400 Seiten in aller Ausführlichkeit nacherzählt, wie dieser Rahmen nach dem Ersten Weltkrieg zuerst von Ökonomen wie Friedrich von Hayek und Wilhelm Röpke gezimmert wurde, angetrieben von der Angst, nationale Demokratien könnten durch

Zölle oder Kapitalkontrollen die Weltwirtschaft, dieses nach Ansicht der Ökonomen fast zauberhafte Wesen, stören. Slobodian schreibt: »Die Politiker gewöhnten sich daran, auf die Weltwirtschaft zu verweisen, um sich für Kürzungen von Sozialleistungen und Umstrukturierungen zu rechtfertigen. Es kam ihnen gelegen, schulterzuckend auf einen äußeren Zuchtmeister zeigen zu können, wann immer sie einen weiteren Bestandteil des Nachkriegsarrangements kappten.«

Aber wir seien keine Geiseln der Verhältnisse, wird Sigl-Glöckner mir sagen. Saits Lohn zum Beispiel sei änderbar. »Dort wäre es relativ simpel. Das Land Berlin kann entscheiden, an wen es die Aufträge vergibt. Der Staat kann gute Standards auf dem Arbeitsmarkt setzen, gerade bei den sozialen Dienstleistungen. Der Staat kann auch für die unteren Lohngruppen die Sozialleistungen übernehmen, damit denen mit niedrigen Einkommen mehr Geld bleibt.« Wir könnten, fährt sie fort, ein wesentlich stabileres System haben, weil diese höheren Nettolöhne dann auch den Konsum im Land antreiben würden und wir mehr für die heimische Wirtschaft produzieren und weniger exportieren würden. »Denn wenn wir superviel exportieren, was kommt am Ende dabei raus?«, fragt sie. »Dann landet Cash zum Beispiel auf dem Konto von einem Family Office, und die legen es in amerikanischen Vermögenswerten an. Die investieren es in irgendeinen Immobilienfonds, der in Berlin oder München die Preise weiter treibt. Das ist wenig sinnvoll. Wenn du aber das Geld stattdessen in soziale Dienstleistungen investierst, bekommst du die, und du bist weniger abhängig von außen.« Sie setzt zum Finale an: »Wir können viele Dinge anders machen. Wenn wir gut wüssten, was unser Ziel wäre und wo wir genau hinwollen, dann wäre vieles machbar.«

Hätte, könnte, wäre. An jeder Möglichkeitsform hängt in Schmidts Büro natürlich die Frage an die, die in den letzten Jahren Verantwortung trugen: Warum habt ihr es nicht anders gemacht?

Man habe reagiert, entgegnet Wolfgang Schmidt. Die SPD habe in den vergangenen zehn Jahren dafür gesorgt, dass der Sozialstaat ausgebaut, der Mindestlohn eingeführt wurde. »Die normalen Leute, die jeden Tag aufstehen, sich anstrengen, die haben die SPD an ihrer Seite.«

Ich sage: »Die Botschaft scheint nicht angekommen.« Und mir schießen auch sofort ein Dutzend gute Gründe durch den Kopf: Wie kann es dann sein, dass in einem Land, in dem die SPD an der Seite der *working class* steht, das Bildungssystem noch immer Arbeiterkinder so schlecht fördert? Wieso wird Arbeit stärker besteuert als Kapital? Warum werden große Erbschaften steuerlich verschont? Wo sind die Programme, die der ärmeren Hälfte dazu verhelfen, zumindest ein bisschen Reserven für schlechte Zeiten aufzubauen? Wo war die Bundespolitik, als die Mieten stiegen?

Wolfgang Schmidt wird all diese Einwände kennen. Deshalb frage ich stattdessen: »Darf ich etwas vorlesen?« Es sind die Seiten über den Besuch in Saits Schrebergarten.

Ich lese bis zum Schluss, bis zu seinem vernichtenden Urteil über die SPD: »Man sollte nicht vom Essen kotzen. Wenn man einmal etwas gegessen hat und einem passiert das, möchte man es nicht wieder essen. Und so ist es bei mir und der SPD: Ich habe einmal gekotzt und möchte das nicht wieder erleben.«

Wolfgang Schmidt schweigt.

»Ist Sait unfair?«, frage ich.

»Nee, aber es ist traurig. Er ist ein klassischer Sozialdemokrat, und was er sich wünscht, ist ein klassisches sozialdemokratisches Programm. Dass er so enttäuscht ist, hat natürlich damit zu tun, dass der Eindruck erweckt wurde, dass wir diese Leute nicht mehr im Blick hatten oder sogar verraten haben.«

»Er wird nicht damit leben können, dass ihr sagt: Lieber Sait, schuld war die Globalisierung, und die traf zufällig die SPD in Regierungsverantwortung.«

»Nein«, sagt Wolfgang Schmidt. »Das kannst du nur nach vorne auflösen. Wir müssen ihm deutlich machen: Wir sehen die Probleme. Wir arbeiten dran. Wenn man seine drei Punkte anhört: Das ist ja realistisch. Das Vertrauen zu verlieren, das geht so schnell, aber es zurückzugewinnen ist ein so unendlich langer Prozess. Wir müssen unseren Job besser machen, damit er wieder sagt: Es sind meine Leute. Wenn er merkt, dass die SPD sich dafür einsetzt, dann sagt er vielleicht: Okay, ich esse doch noch mal.«

Vielleicht müsste er aber auch wissen, was auf dem Teller liegt, und es mögen.

Ich denke an den kalten Novemberabend, als mich Wolfgang Schmidt ins Atrium des Willy-Brandt-Hauses eingeladen hatte, in dem die imposante Statue des gleichnamigen SPD-Messias steht. Dort fand das große Finale im Kampf um den Parteivorsitz statt, ausgespielt zwischen den beiden Siegerpaaren nach 23 Regionalkonferenzen: Klara Geywitz und Olaf Scholz sowie Frank-Walter Borjans und Saskia Esken. Ich weiß noch, dass ich voller Vorfreude und auch ein bisschen angespannt im Bus gen SPD-Parteizentrale fuhr. Ging es doch um nichts weniger als darum, herauszufinden, wie Anna Mayr nach ihrem Besuch aller Vorentscheidungen in der Zeit schrieb: »Welche zwei Bewerber, welches Team könnte in fünfzig, sechzig Jahren neben Willy stehen, bronzegegossen?«

Ich mag Duelle. Trump vs. Clinton. Macron vs. Le Pen. Sogar Merkel vs. Schröder. Steinbrück vs. Schulz. Alles gesehen.

An diesem Abend kickte man nun zwei gegen zwei, ein Geisterspiel, nur vor ein paar Journalisten und SPD-Mitgliedern. Ein Vorhang hing faltig über einem Metallgestell, drei Scheinwerfer sorgten für Flutlicht-Atmosphäre, vier Wassergläser standen bereit. Hinter den Pulten für die Kombattanten der Schriftzug: »Unsere SPD – Jetzt entscheiden wir die Zukunft«.

Kurz vor der Anstoßzeit die Meldung: Der Internetstream liegt brach. Serverprobleme auf der Webseite. In diesem Moment entwich die Spannung. Sie sollte sich den ganzen Abend nicht wieder aufbauen. Denn zum Duell traten vier ähnlich alte Menschen an, drei in Schwarz gekleidet, eine in Rot, die aus mir nicht erklärlichen Gründen alle ziemlich mies gelaunt wirkten.

Man spielte damals in vier Vierteln à 15 Minuten. Eine Stunde Duell. Ein bisschen Machtkampf war es, sicherlich. Scholz verteidigte die Erfolge der Koalition und verlangte, dass man sich über sie freue. Die SPD werde, mahnte er, »nur wenn sie als Partei vernünftig agiert, bei Wahlen Erfolg haben«. Professionell machte er das. Die anderen piksten ihn hier und da, maulten am Klimapaket herum, an der Grundrente, am Netzausbau. Einmal wandte Scholz' Partnerin Klara Geywitz daraufhin ein: »Vorsicht an der Bahnsteigkante«, was ja immer stimmt.

Aber mich berührte gar nichts. Ich hörte keine Erzählung einer modernen Sozialdemokratie, die über das alte »Markt gegen Staat« hinausging, keine Vision, die den großen Worten »Jetzt entscheiden wir die Zukunft« gerecht geworden wäre, nix, was Sait wieder an den SPD-Teller hätte locken können.

Es war nicht ganz leicht gewesen, Wolfgang Schmidt auf die Frage »Wie war dein Eindruck?« zu antworten. In unserem ersten langen Gespräch hatte er bereits versucht, für den auch an diesem Abend aufgeführten Pragmatismus mit Haltung zu werben. Mich machte es schon damals kirre, weil er die ökonomische Unwucht zugunsten der Vermögen und zuungunsten der *working class* zuvor detailliert beschrieben hatte, aber bei der Frage nach den Gegenmaßnahmen das ganz kleine Karo wählte. Politik, sagte er schon da, hieße, Probleme Stück für Stück zu verbessern, Meter für Meter, meist Zentimeter für Zentimeter. Aber reicht das? Verlangt der Umbruch der letzten Jahrzehnte nicht entschiedeneres Dagegenhalten? Lässt sich die Kluft in den Vermögen, die Ungleichheit im Bildungssystem, die Unwucht zugunsten wohlhabender Älterer wirklich mit dem Verstellen von ein paar Schräubchen beseitigen? Deutschland ist in den vergangenen Jahren von seiner politischen Klasse gut und vernünftig verwaltet worden, besser als viele andere Länder. Aber lässt sich eine Gesellschaft wirklich in eine bessere Zukunft steuern, wenn vor allem dafür gesorgt wird, dass die nächste Tagesetappe gut verläuft? Müsste man nicht viel mehr darüber reden, wo man am Ende hinwill?

Zurück ins Staatsekretärsbüro, in den Moment der Krise, von der Wolfgang Schmidt sagt, es sei für Westdeutschland die schwerste seit dem Zweiten Weltkrieg, wenngleich noch niemand das Ausmaß bemessen könne. »Es fühlt sich an wie bei Kapitän Picard auf der Brücke der ›Enterprise‹ nach einer Sternenschlacht. Wir brauchen einen Schadensbericht«, sagt er. Noch wisse man nicht, was wie stark beschädigt sei. »Kriegen wir das hin, dass wir als Gesellschaft durchhalten, oder nicht? Meine Hoffnung ist: Ja. Dann wäre der Schaden, wären die Kosten geringer.«

Wir reden jetzt schon weit über eine Stunde. Draußen vor der Tür scharrt ein Unternehmensvertreter mit den Füßen. Er will seine schwere Lage beklagen. Wie so viele. Wolfgang Schmidt weist auf einen der zahlreichen hohen Stapel auf seinem Schreibtisch, Briefe von Unternehmern aus allen möglichen Branchen. »Die lese ich nachts«, sagt er. »Da sind furchtbare Schicksale darunter«, Menschen, die in der Krise jede Lebensgrundlage verloren hätten. »Aber bei manchen denkst du auch: Leute, ihr habt jahrelang nach Steuersenkungen gerufen, mit großer Staatsverachtung. Und jetzt sollen Menschen wie Sait oder Alexandra mit ihren Steuergeldern euren entgangenen Unternehmensgewinn zahlen? Das ist ernsthaft euer Vorschlag?«

»Wer wird den Preis für die Bewältigung der Krise zahlen?«, frage ich.

»*First things first*«, sagt Wolfgang Schmidt. »Wir sind noch mitten im Sturm.«

Dann zählt er auf: Man wird Schulden machen, natürlich, der immer funktionierende Wechsel auf die Zukunft. Gerade sind deutsche Anleihen so attraktiv, dass der Staat keine Zinsen zahlen muss, sondern sogar Geld damit verdient, aber zurückzahlen wird man sie trotzdem müssen, in zehn, fünfzehn, fünfzig Jahren, dazu kämen Steuern, er finde zum Beispiel die Haltung, den Solidarzuschlag auch für die oberen 10 Prozent abschaffen zu wollen, völlig falsch, sagt Schmidt. Es seien die Instrumente, die man auch nach der Wiedervereinigung nutzte, als die Kosten aus Steuermitteln und über die Sozialkassen beglichen wurden, also in erster Linie von denen, die arbeiten und konsumieren.

Nach dem Zweiten Weltkrieg war das anders. Da verabschiedete die Regierung unter Konrad Adenauer das Lastenausgleichsgesetz und verpflichtete Vermögende für dreißig

Jahre, rund 1,5 Prozent ihres Vermögens abzutreten. Wie die Wirtschaftswissenschaftlerin Charlotte Bartels gemeinsam mit Kollegen in einer Studie schreibt, sorgte der Lastenausgleich dafür, dass Deutschland über Jahrzehnte gleicher wurde. Die Vermögen der Superreichen schrumpften um wenige Prozentpunkte. Mit den Einnahmen aber konnten Entschädigungsfonds für die gefüllt werden, die im Krieg fast alles verloren hatten.

»Wäre das auch jetzt eine Variante?«, frage ich.

»Ich habe mir dazu noch keine vertieften Gedanken gemacht«, sagt Schmidt. Er verweist nur darauf, dass die SPD sich auf ihrem Bundesparteitag entschieden habe, eine Vermögensteuer nach schweizerischem Vorbild umsetzen zu wollen. Auch als Picard fliegt er auf Sicht.

Ich denke an das Gespräch mit Marcel Fratzscher und frage auch Schmidt: »Sind Ihnen Initiativen für ein deutsches Giving Pledge bekannt? Vermögende, die sagen: Danke, Deutschland, wir hatten gute Jahre, jetzt geben wir ab?«

Schmidt antwortet, auch die Reichen würden erst abwarten und schauen, wo sie am Ende der Krise landen werden.

»Bislang klopfen die Vermögenden des Landes nicht an und fragen: Wofür braucht ihr in der Krise Geld? Wir sind da?«

»Das wäre schön. Aber das habe ich noch nicht erlebt.«

Er sagt, sobald wir den Schaden an unserem Raumschiff erhoben hätten, müssten wir darüber reden, wer die Gewinner in der Krise waren. Die Ladengeschäfte, die kleinen Selbstständigen zum Beispiel seien alle Mieter. Wenn der Staat einspringt, kämen deren Vermieter, die Fonds, die Investmentgesellschaften, die Grundeigentümer gut durch die Krise. »Wir müssen die Debatten darüber führen, wie

auch sie beteiligt werden. Aber das wird kein Akt der Barm-
herzigkeit sein, sondern ein politisches Ringen.«

»*The future is unwritten*«, sagt Schmidt am Ende.

Ist die Zukunft wirklich offen?

HERBST

Das neue Normal ist auch nicht besser als das alte

Ein Jahr ist es her, dass ich Alexandra und Richard zum ersten Mal besucht habe, dass ich zu ihnen spaziert bin, an der Einfamilienhaus-Parade am Hang entlang, vorbei an dem Schild: »Bitte die Hunde nicht an die Bäume pinkeln lassen«. Nur ein Jahr ist das her, aber es war doch in einer ganz anderen Welt. Wir wissen inzwischen alle, dass der Ausnahmezustand nicht im April endete, nicht im Juni und auch nicht im September. »Die Pandemie ist eine Jahrhundert-Gesundheitskrise, deren Auswirkungen bis in die kommenden Jahrzehnte zu spüren sein werden«, so die Angst einflößende Prognose der Weltgesundheitsorganisation im Spätsommer.

Täglich verfolge ich die Meldungen zu den wirtschaftlichen Folgen der Corona-Krise und versuche zu ergründen, ob die ökonomischen Kurven eher dem optimistischen »V«-Verlauf gleichen werden, wonach auf den steilen Abstieg ein schneller Aufstieg folgen würde, oder U-ähnlich, also mit längerer Talsohle, oder ob wir uns mit dem pessimistischen »L« abfinden werden müssen – runter und nie wieder rauf – oder aber mit dem langwierigen »W«, einer Jahre währenden Achterbahnfahrt aus Abstürzen und Aufstiegen. Ich lese – noch eine Variante –, dass sich die US-Wirtschaft bereits in Form eines K entwickle. »Das heißt:«, schreibt die *Zeit*, »Für einen Teil der Amerikaner geht es bereits wieder aufwärts, etwa für die Beschäftigten in der Finanz- oder Technologiebranche. Sie stellen den oberen Arm des Buchstaben dar. Einem weit größeren Teil jedoch drohen Arbeitslosigkeit und Schulden.« Das sei der untere Arm des K.

Im Sommer 2020 sinken die Bruttolöhne in Deutschland. Schlecht. Die Zahl der Erwerbstätigen geht runter. Auch blöd. Aber nicht so stark wie vermutet. Die Stimmung der Unternehmen, im Frühjahr furchtbar, wird besser. »Frühindikatoren« deuten eine Erholung an, vermelden die Statistiker vorsichtig.

Im Herbst korrigiert Wirtschaftsminister Peter Altmaier die Konjunkturprognosen nach oben. Statt minus 6,3 Prozent geht er nun von einem Rückgang um 5,8 Prozent aus. Deutet sich da ein zartes »V« an? Altmaier wirkt relativ euphorisch. Allerdings wäre auch das noch immer ein Rekordeinbruch.

Im Erdgeschoss von Karstadt wird ein Extratisch mit den Corona-Büchern der Ökonomen aufgebaut, die nun erscheinen. Sie sind meist weiß mit roter und schwarzer Schrift – oder haben das Foto eines Mannes auf dem Cover, das einen denken lassen soll: Wow! Kluger Kopf!

Clemens Fuest, der Präsident des ifo Instituts, schreibt in seiner Pandemie-Analyse: »Die Coronakrise ist ein wirtschaftlicher Schock, dessen Ausmaß alles in den Schatten stellt, was die Weltwirtschaft seit dem Zweiten Weltkrieg erlebt hat.« Marcel Fratzscher, in der Bewertung wirtschaftspolitischer Maßnahmen oft uneins mit Fuest, notiert in seinem Buch: »Die Pandemie hat die tiefste weltweite wirtschaftliche Depression seit dem Zweiten Weltkrieg ausgelöst.« Scheint also zu stimmen.

Inmitten dieses Schocks sitzt Christian auf der Terrasse eines vietnamesischen Cafés. Der Herbstregen prasselt auf die Markise über seinem Kopf, und er scheint all den fallenden

Graphen zum Trotz, all den miesen Prognosen zuwider in erster Linie sehr froh zu sein, dass die Firma nun endlich das Vertragsverhältnis beendet hat. Christian ist arbeitslos, nein, freigestellt, um genau zu sein.

Der Sommer war für ihn eine erneute Tortur. Urplötzlich hatte ihn die Firma aus dem Homeoffice ins Büro zurückbeordert. Da saß er allerdings allein, fast alle Kollegen arbeiteten weiter von daheim. Bei den Telefonkonferenzen fühlte er sich mehr und mehr ignoriert. Er hatte den Eindruck, dass die Chefin ihm Aufgabe um Aufgabe entzog. Am Ende habe er nicht einmal mehr Sammelmails versenden können. Später wird er im Internet Gerichtsentscheidungen lesen, die das, was ihm passierte, als Mobbing bezeichnen. Aber erst mal hat er nur das Gefühl, mürbe gemacht zu werden. »Ich bin immer schlechter draufgekommen, depressiv geworden«, sagt er. »Es war kein Leben mehr. Ich ging arbeiten, war dort allein, und nach Dienstschluss lag ich mit Schmerzen auf der Couch.«

Eines Abends, es war ein Donnerstag, kam er aus dem Isolationsoffice nach Hause, und sein Körper streikte endgültig. Sein Rücken zog sich zusammen. Die alten Wunden, würde der Küchenpsychologe sagen. Doch diesmal handelte Christian anders als zuvor. Er biss nicht mehr die Zähne zusammen. Er schluckte nicht die erneuten Demütigungen. Sechs Kollegen hatten seine Abteilung im letzten halben Jahr bereits verlassen. Die Büro-Familie, in die er nach dem »Vorfall« immer zurückkehren wollte, war doch längst zerbrochen.

An diesem Abend entschloss sich Christian, Corona-Krise hin, Sicherheitsbedürfnis her, zur Flucht. Am nächsten Tag ging er nicht ins Büro, blieb unentschuldigt fern, wie es heißt. »Ich wollte, dass sie mir kündigen, dass ich endlich raus bin. Mir war in dem Moment alles egal. Selbst wenn das Arbeitsamt mich gesperrt hätte. Mir war klar, ich gehe nicht mehr zurück.«

Am Sonntag schrieb er der Chefin, dass das Verhältnis zerrüttet sei. Die Firma schwieg. Er meldete sich krank. Die Firma ließ das vom medizinischen Dienst der Krankenkasse überprüfen. Der aber bestätigte Christians Krankmeldung. Mit Unterstützung des Arbeitnehmer-Hilfevereins gelang es Christian schließlich, einen Aufhebungsvertrag durchzusetzen. »Ein Arbeitnehmer hat zum Glück so viele Rechte in Deutschland«, sagt Christian. Er sei nun erst mal »unbeschreiblich erleichtert«.

Ein halbes Jahr lang wird die Firma sein Gehalt weiterzahlen. Christian hat sich Zeit für einen Neustart erkämpft. Einen Monat will er nun Pause machen. Den Körper entspannen, zu Kräften kommen. Er will sich täglich verabreden, Sport machen, abnehmen, mit dem Rauchen aufhören. Er muss noch üben, nicht mehr »wir« zu sagen, wenn er von der Firma spricht. Er muss noch lernen, die Stunden zu füllen, die er sonst mit Arbeit verbrachte. Er hat Hörbücher entdeckt, die Mittelalterromane von Rebecca Gablé, den ersten Teil der Honigtot-Reihe. Er hat sich Wolle gekauft und Topflappen gehäkelt, der Einsteigerklassiker, und einen Fuchs.

Tja, und dann will er, muss er 16 Jahre nach dem letzten Mal wieder einen Weg in eine neue Firma finden. Er will Bewerbungsstrategien erproben, sich fortbilden, er ist flexibel, was Branche und Bezahlung angeht. Noch immer der perfekte Mitarbeiter. Aber Christian hat von Freunden gehört, dass viele Unternehmen die Mitarbeiterauswahl nur noch per Skype vornehmen und die neuen Kollegen direkt ins Homeoffice senden. »Die Menschen sind isolierter«, sagt

er. »Das Arbeitsleben ist durch Corona noch mal anstrengender geworden.« Eine neue Bürofamilie auf Distanz zu
finden wird schwierig werden. Im Moment gelingt es ihm,
dennoch daran zu glauben.

Alexandra klingt müde, als dieser Sommer endet. Sie versucht, die Folgen der Pandemie so zu beherrschen, wie sie
bislang ihr ganzes Leben gemeistert hat: mit Planung, Disziplin und Durchhaltevermögen.

Richard und sie haben das Pensum noch mal erhöht, um
die Familie durch die Pandemie zu steuern. Sie haben sich
an zwei weiteren Musikschulen beworben und noch ein paar
mehr Schüler ergattern können. Wieder sind es nur Hono-
rarstellen, dabei warten an einer der Musikschulen Kinder
eineinhalb Jahre auf einen Klavierplatz. »Da könnte man
euch doch fest einstellen«, sage ich, obwohl ich die Entgegnung nach einem Jahr der Gespräche mit Alexandra längst
kenne. »Die Städte wollen die Nebenkosten für uns nicht
übernehmen«, sagt sie dann auch sofort.

Auch der Samstag ist nun ein voller Arbeitstag. Viermal pro Woche sind die Vormittage zudem mit Alexandras
Zusatzjob in der Altenbetreuung belegt. 2,5 Stunden kümmert sie sich um die Einkäufe und den Haushalt der Senioren, dann eilt sie nach Hause und kocht für den Abend vor,
um dann, am Mittag, zu ihrer eigentlichen Tätigkeit in den
Musikschulen aufzubrechen. »Es ist sehr anstrengend«, sagt
Alexandra. »Aber was soll ich machen?«

Längst ist das Geld knapp. Die Rücklagen, die Notgroschen, die Ersparnisse für den Urlaub sind aufgebraucht.
Und die Kostenuhr lief auch den Corona-Sommer über
weiter. Die Wände des Musikzimmers waren verschim-
melt. Das meiste haben sie selbst gemacht, aber am Ende

brauchte es doch zwei Handwerkersitzungen, um den Putz aufzutragen.

Dann war Richards Klarinette marode. 800 Euro zahlten sie für die Generalüberholung. Jonas hat endlich ein eigenes Zimmer bekommen. Die Trockenwände haben sie selber gebaut. Im Raum stehen ein Bett und ein Tisch – alle anderen Möbel, die sie eingeplant haben, Regale zum Beispiel, können sie sich gerade nicht leisten.

»Wie blickst du auf das nächste halbe Jahr?«

»Es wird harte Arbeit«, sagt Alexandra. »Ich werde viel arbeiten, um Geld zu verdienen.« Aber das kennt sie, das ist sie gewohnt. Sorge macht ihr, dass sie nicht weiß, ob Anstrengung allein dieses Mal reichen wird, weil die Bedrohung unkalkulierbar scheint.

Alexandra unterrichtet nun wieder komplett offline. Sie freut sich, die Schüler wiederzusehen, viele zum ersten Mal seit fünf Monaten. Manche sind gut durch die Zeit gekommen, um manche macht sie sich Sorgen. Sie haben die Noten komplett vergessen, wirken verunsichert, verloren. »Es ist sehr schwierig für sie, ins normale Leben zurückzugehen.«

Hier, in Nordrhein-Westfalen, müssen die Kinder in der Schule ab der fünften Klasse den ganzen Tag über ihre Masken tragen. Auch während des Unterrichts. Ministerpräsident Armin Laschet, im Frühjahr der große Lockerer, der Möbelhäuser und Bars gar nicht rasch genug wieder öffnen konnte, zeigt sich nun, ausgerechnet bei den Kindern, besonders streng. Alexandra schmiert jetzt abends Wundsalbe auf die Entzündung hinter Jonas' Ohrläppchen – die Spur des Maskengummis. Ein Klavierschüler musste absagen. Er hat Migräne, erbricht, hat Panik davor, den ganzen Tag mit Gesichtsschutz in der Klasse zu sitzen.

In der Musikschule gelten andere Regeln. Alexandra trägt die Maske auf den Fluren und wenn sie sich über einen Schüler beugt, um etwas zu erklären. Sonst nicht. Die Kinder sitzen ohne Mund-Nasen-Bedeckung im Musikraum.

Pro Woche unterrichtet Alexandra nun 65 Schüler. 65 potenzielle Pianisten. 65, die Honorar einbringen. Aber auch 65 mögliche Infektionsquellen. Eine Schülerin hat gerade abgesagt. Sie sitzt in Quarantäne, weil es in ihrer Klasse einen Corona-Fall gab. An der Schule eines anderen Schülers auch. »Das fängt jetzt so langsam an, und es wird sich wieder verbreiten«, sagt Alexandra. »Das macht mir Angst. Wenn wir gesund bleiben, ist es okay. Dann können wir arbeiten und Geld verdienen. Aber wenn ich krank werde, weiß ich nicht, wie ich dann weiterkomme, weil ich dann kein Geld bekomme. Wenn ich schwer krank werden sollte, wer soll dann meine Kinder versorgen? Das ist meine Angst.«

Die Angst steht mit ihr am Schultor, wenn sie die Kleine bringt und sieht, wie die Kinder zwar brav ihre Maske tragen, die Eltern aber in Grüppchen oben ohne zusammenstehen und quatschen. Die Angst ließ sie neulich irritiert auf die langen Bänke in einem Biergarten blicken, auf denen die Menschen dicht an dicht saßen, als wären die Corona-Viren in der Sommerluft geschmolzen. Die Angst sorgt dafür, dass sie sich keineswegs freut, als die Maskenpflicht in Jonas' Schule im September aufgehoben wird. Die Angst lässt sie zögern bei der Entscheidung, ob sie Jonas nun zum Klarinettenwettbewerb in Italien anmelden soll. Das Stipendium ist bewilligt. Sie sieht, wie ihr Sohn leidet, weil er seit Monaten nicht mehr auf die Bühne darf, nicht mehr mit anderen gemeinsam musiziert, nicht weiß, wann er seinen Weg, für den er so geackert hat, weitergehen kann. »Aber wir können uns eine Ansteckung nicht leisten«, sagt Alexandra.

»Wir können es uns nicht einmal leisten, in Quarantäne zu gehen.«

Vor der Pandemie hatte Alexandra Sorge um die Zukunft, war wütend wegen ihrer Verträge, hatte die Hoffnung, Jonas auf einen glorreichen Weg führen zu können. Die Angst nun ist neu. Und es ist ganz so, wie Michel de Montaigne es schon im 16. Jahrhundert formulierte: »Die Angst übersteigt alle anderen Beeinträchtigungen an Heftigkeit.«

Als ich zum vorerst letzten Treffen mit Sait am Mittag in die U-Bahn steige, liegt ein alter Mann auf einer Sitzbank, auf der Seite schlafend, in zerrissener Kleidung, am Fuß aufgesprungene Haut, schon lange verkrustete Wunden. Die Hose hält nicht mehr. Der Hintern des Mannes ist nackt, schon wieder einer. Ich gehe vorüber, ein bisschen hilflos, ein bisschen abgestumpft wie all die, die nach mir kommen. Die meisten Fahrgäste tun so, als wäre nichts, und schieben sich durch in den anderen Wagenteil. Manche schauen irritiert. Eine Mutter, zwei kleine Kinder an der Hand, steigt gleich wieder aus. Eine junge Frau, in der Hand ein Tetra-Pak Hafermilch, stellt sich neben die Bank, den Blick möglichst nie vom Handy-Display nehmend. Der Einzige, der etwas tut, ist einer, der ebenfalls sein Hab und Gut auf dem Rücken trägt. Er schimpft erst vor sich hin: »Ist doch eklig«, dann versucht er, Hilfe zu holen, und brüllt beim nächsten Halt in den Bahnhof hinein: »Hier liegt ein Halbnackter rum!« Aber einen Zugabfertiger, der reagieren könnte, gibt es nicht mehr.

Immerhin weckt sein Schrei den Alten. An der nächsten Station schlurft er, noch immer entblößt, aus dem Wagen. Eineinhalb Stunden später werde ich ihn vor einem ganz anderen Bahnhof noch einmal wiedertreffen. Auch da noch mit nacktem Po. Das Bild wird in meinem Kopf bleiben. Und ich denke daran, dass Saits Gedächtnis bis zum Rand gefüllt sein muss mit solchen Momentaufnahmen des Elends.

Sait und ich stellen die Becher mit dem Kaffee zwischen uns auf den Handlauf der Treppe, die runter in den U-Bahn-Tunnel führt. Eigentlich gäbe es Nachrichten, die zuversichtlich stimmen könnten. Saits Tochter hat einen sehr guten Abschluss geschafft und eine Ausbildung zur Zahnarzthelferin begonnen. Er ist gesund geblieben. Und dann gab es noch diesen Termin in den Räumen der Gewerkschaft, als Sait, sein zuständiger Sekretär und ich uns auf Abstand gegenübersaßen. Gerade sei das neue Vergabegesetz des Landes Berlin in Kraft getreten, verkündete die Gewerkschaft. Eine sehr gute Nachricht, denn der Senat habe sich verpflichtet, den Mindeststundenlohn für öffentliche Aufträge in Berlin künftig auf 12,50 Euro brutto zu heben. Die gute wirtschaftliche Entwicklung in Berlin solle bei den Menschen ankommen, versprach die zuständige Wirtschaftssenatorin der Grünen, Ramona Pop. Nach menschlichem Ermessen müsste Saits Lohn also bald steigen. »Da sollten bald 12,50 Euro die Stunde stehen«, kündigte der Sekretär an.

In Sait erwachte kurz eine ungewohnte Zuversicht: »Damit kannst du einen Schritt mehr machen!«, freute er sich. »Wenn du morgens aufstehst, hast du dann vielleicht Lust zu arbeiten.«

Aber schnell obsiegte wieder seine Grundskepsis. »Abwarten«, entgegnete er mir in den Wochen danach jedes Mal, wenn ich ihn auf die guten Aussichten ansprach.

Sait scheint nicht mehr daran zu glauben, dass es am Ende des Tunnels auch Licht geben, dass ein Weg nicht nur hinab-, sondern auch hinaufführen kann. Er hat sich in den wärmeren Monaten viel in seinen Schrebergarten zurückgezogen, hat Reportagen auf DMAX geschaut, Filme über Goldgräber, Diamantensucher, Glücksritter. Er ist nicht auf den üblichen großen Festen der Verwandtschaft gewesen. Seine Frau hat immer noch große Sorge, er und die Kinder könnten sich anstecken.

Sait weiß nicht, was er davon halten soll, was überhaupt von den Dingen, die gerade passieren, zu halten ist. Er wirkt wieder melancholisch, gar verloren. An vieles glaubt er schon längst nicht mehr: an die Politik, an eine Wende zum Besseren, dass seine täglichen Mühen irgendwann belohnt werden. Nun scheint er entschieden zu haben, alles in Zweifel zu ziehen.

»Die Menschheit ist verrückt geworden«, beginnt er das Gespräch. Diese Krankheit sei doch dubios. Erst sollte Corona bis April andauern, dann bis zum Sommer, nun bis weit in den Herbst, vielleicht für immer. Da stimme doch etwas nicht. »Was ist Corona?«, fragt er. »Wie weist man es nach?«

»Ein Virus«, sage ich. »Man findet in der Laborprobe das Erbgut.«

»Hast du es gesehen?«, will er wissen. »Unter dem Mikroskop? Ich nicht.«

»Ich auch nicht«, sage ich. »Aber viele Wissenschaftler.«

Sait lacht. Es klingt wie »Ja, ja« oder »Bla, bla«. Dann wird er ernst.

Auf eine Weise glaube er ja auch, dass es die Krankheit gebe, sagt er. Er ist in diesem Sommer nicht in die alte Heimat gefahren. In seinem Dorf in der Türkei beklagt eine Familie gerade drei Tote, die an Covid-19 gestorben sein sollen. Der Vater, ein Oberarzt, seine Frau und die gemeinsame Tochter. Ein Bekannter, der eigentlich für vier Monate dort bleiben wollte, sei überstürzt nach Deutschland zurückgekehrt. Aus Furcht, habe er Sait gesagt. Zu viele Menschen würden in der Region sterben, und die Toten dürfte man nicht einmal bestatten. Ein Bagger sei gekommen und habe ein Loch für die Corona-Leichen ausgehoben. Zehn Jahre lang dürften sie nicht ins Familiengrab umgebettet werden. »Auf eine Weise glaube ich, dass es das Virus gibt«, wiederholt Sait. »Aber auf eine andere Art und Weise nicht. Wir werden doch verarscht, wir werden immer verarscht.«

»Wer sollte ein Interesse daran haben, sich Corona auszudenken?«, frage ich.

»Die Wirtschaft«, sagt Sait.

»Aber viele Unternehmen machen doch Verluste.«

»Nicht alle«, hält er dagegen. »Wir haben nie Desinfektionsmittel gekauft. Aber jetzt habe ich bestimmt schon 200 oder 300 Euro für die Scheiße bezahlt. Meine Frau wäscht jeden Tag, wenn die Kinder von der Lehre kommen, deren Sachen. Die müssen sofort duschen. Das kostet doch alles.«

»Die Desinfektionsmittelindustrie ist nicht so mächtig, dass sie eine weltweite Pandemie erfinden kann«, wende ich ein.

Sait weicht aus. »Die Krise musste sein«, sagt er. »Es passiert doch alle zehn bis 15 Jahre eine Krise. Nun war diese dran. Die Menschheit wird immer verrückter. Der Zusammenhalt immer weniger.«

Er erzählt von Freunden, deren Ehen während der Pandemie-Monate zerbrochen sind. Von einem Kollegen, der wieder angefangen hat zu trinken und nun arbeitslos ist. »Und die Preise steigen weiter.«

War der Frust über all das, was schlechter geworden ist, lange nur eine Facette von Saits Persönlichkeit, scheint er ihn nun ganz im Griff zu haben.

Alexandra hatte am Ende des Gesprächs etwas müde

gelacht und gesagt: »Ein Virus hat alles auf den Kopf gestellt. 180 Grad.«

»Trifft das zu?«, frage ich Sait, »hat Corona dein Leben, hat die Pandemie uns alle verändert?«

Sait schüttelt den Kopf. »Das Einzige, was sich verändert hat, ist, dass mehr Dreck dazugekommen ist. Die Masken! Ich sammle am Tag 300 bis 400 Masken ein. Manchmal sind es 30, 40 auf einem Bahnhof, die lose hin und her fliegen.«

Vermutlich haben beide recht. Es hat sich alles geändert und dann doch wieder nichts.

Vor dem neuen Bäcker in unserer Straße reiht sich die Schlange derer, die für ihren 2,70-Euro-Cappuccino anstehen, an Sonntagen einen halben Block entlang. Man könnte die 45 Minuten Wartezeit nutzen, um einen Rich-Kid-Comic zu zeichnen: zwei junge Bärtige in Trenchcoats, eine Rothaarige, deren Augen verloren in die Weite blicken, eine andere mit Yoga-Matte. Es sind die, die sich das Viertel leisten können, die gut durch die Krise kommen. Schnösel, denke ich. Genau wie wir, inzwischen Warteposition fünf.

Längst steht jeder wieder fest auf seinem Platz. Wir Privilegierten, die wir im Frühjahr brav für unsere Krisenhelden applaudierten und bekümmert über ihre niedrigen Löhne sprachen, sind nun wieder *busy* in den Medien, den Agenturen und Start-up-Läden – oder einfach damit beschäftigt, mit Papas Geld ein Yoga-Studio oder eine Boutique zu eröffnen. Sait hatte doch recht, denke ich an schlechten Tagen, natürlich sind sie längst wieder vergessen – die Menschen der *working class*, die den Laden am Laufen halten. Die Kassiererinnen und Wareneinräumer berichten, wie ihnen mies gelaunte Maskengegner feucht ins Gesicht schimpfen.

Mit ganz kleinem Karo wurde der Corona-Bonus für

Pflegende eingeteilt: Erst hieß es, die Beschäftigten in der Altenpflege bekommen einen, die in Arztpraxen und Krankenhäusern nicht. Dann beschloss man, rund ein Viertel der Klinikpfleger doch zu berücksichtigen. Geht es noch knickriger?

Und als unter den Arbeiterinnen des Schweineschlachters Tönnies die Corona-Infektionen hochschnellten, äußerte der Ministerpräsident des Landes Nordrhein-Westfalen zunächst kein Mitgefühl für die besonders hart schuftenden Menschen, kümmerte sich nicht um sie und ihre Familien, sondern klang wie Manfred am »Zapfhahn«-Tresen, als er sagte, der Ausbruch habe nichts mit NRW zu tun, sondern sei aus Rumänien eingeschleppt. Clemens Tönnies dagegen, der in den letzten Jahrzehnten geschätzte 1,5 Milliarden Euro Vermögen aus den Menschen, die für ihn arbeiten, herausgepresst hat, beantragte, dass der Staat die Löhne seiner Arbeiter, die in Quarantäne saßen, erstatten solle.

Ich komme gar nicht nach, all die Risse und Reizungen zu protokollieren, die in der Pandemie die ohnehin schon überdehnten Bänder weiter strecken.

Die große Drift

Markus Grabka, der Vermögensforscher, hat endlich seine Datenlücke schließen und mit seinem Team knapp hundert Haushalte von Millionären und Multimillionären befragen können. Sein »Sample P«, wie er die Untersuchung nennt, beweist nun, was Grabka schon lange ahnte: Die Ungleichheit der Vermögen ist wesentlich größer als bislang in den Statistiken angegeben.

»Das reichste Prozent der Bevölkerung vereint rund

35 Prozent des Vermögens auf sich, zuvor war man von knapp 22 Prozent ausgegangen«, heißt es in der Studie.

35 Prozent. Damit stößt Deutschland fast in die Dimension der USA vor, wo die Superreichen rund 40 Prozent des Gesamtvermögens halten. Ein Wert, der hier unzählige besorgte Kommentare zu den vermeintlich »feudalen Verhältnissen« in Amerika veranlasste.

»Es entspricht nicht unserem Selbstbild, dass die Ungleichheit der Vermögen fast so groß ist wie in den USA«, sage ich, als ich wieder in Grabkas Forscherkammer sitze.

Er lacht. »Tja, das ist wohl so. Aber es ist in vielen Bereichen so. Nehmen Sie die soziale Mobilität. Auch da denken viele, dass ein Wechsel zwischen den Schichten noch relativ gut möglich ist. Aber in den Daten sieht man, dass wir eher so immobil wie die USA sind und weit entfernt von der Mobilität in den skandinavischen Ländern.«

67, 35, 20 sind nun die neuen Kennziffern der weltweit rekordverdächtig großen Ungleichheit der Vermögen in Deutschland: 67 Prozent, also zwei Drittel der Vermögen, liegen beim reichsten Zehntel der Bevölkerung; 35 Prozent beim obersten Prozent, 20 Prozent gehören der ganz, ganz kleinen Gruppe der Hochvermögenden, den obersten 0,1 Prozent.

Grabkas Daten helfen auch, Deutschlands Super-Reiche zu charakterisieren. Es sind in der Regel – selten war diese Floskel angemessener – alte weiße Männer. Wer in Deutschland Vermögen hat, ist häufiger männlich, alt und hat seltener einen Migrationshintergrund als der Rest der Bevölkerung. Und noch etwas zeigt die Befragung: Geld macht relativ glücklich. Denn die Vermögenden sind deutlich zufriedener als der Rest. Vermutlich werden sie das auch bleiben.

Während das Statistische Bundesamt in diesem Herbst vermeldet, dass die vom Arbeitgeber gezahlten Löhne der Niedrigverdiener um 7,4 Prozent gesunken sind, haben sich die Aktienkurse, deren Einbruch zu Beginn der Pandemie noch *breaking news* war, rasch wieder erholt und sind längst wieder auf dem Niveau des Vorjahres angelangt. Es ist wohl so, wie der Ökonom Clemens Fuest schreibt: »Wer seine Ersparnisse breit in Aktien und Anleihen angelegt hat, hat sicherlich Papiere im Depot, die in der Coronakrise zu den Verlierern zählen, aber vermutlich auch einige Gewinner.«

Im »Zapfhahn« steht Reza Eskafi nun meist an seinem eigenen Spielautomaten, wenn ich zum Frühkaffee vorbeischaue. Die meisten Gäste sind noch immer nicht wiedergekommen. »Es bleibt dabei: 70 Prozent Rückgang«, sagt Eskafi.

Immerhin, vorne links am Tresen sitzt einer der Treuen und ist schon auf Betriebstemperatur.

Ob Eskafi mitbekommen habe, dass die Berliner Bausenatorin Kathrin Lompscher zurückgetreten sei, fragt er.

»Wer?«, will Eskafi wissen. Und los geht's:

»Lompscher!« Der Gast wird lauter. »Weißte doch, wa? Die mit dem Mietendeckel.« Noch lauter: »Endlich weg, die Ost-Perle. Die Blöde! Weg, die Scheiße!«

Ich zucke zusammen. Reza aber, guter Wirt, weiß, was die Leute hören wollen, und sagt: »Müller macht auch nicht mehr lange« – und meint den Berliner Bürgermeister.

Der Gast zieht nun jeden Laut in die Länge und intoniert genüsslich: »BER-Versager. Große Fresse, aber von nichts eine Ahnung.«

Mich stört, wenn Politiker so haltlos, so maßlos beschimpft werden. Noch mehr schmerzt allerdings, wenn die Regierenden den Pöblern so saubere Vorlagen liefern wie der Berliner Senat im Streit um den Karstadt-Bau.

Denn die Holding des Milliardärs Benko hat, so scheint es, die Pandemie genutzt, um das Ringen um die Zukunft des Karstadt-Hauses am Hermannplatz für sich zu entscheiden. Anfang des Sommers war bekannt geworden, welche Filialen das Unternehmen schließen wollte. Die in Dessau war dabei, aber auch sechs Filialen in Berlin. Bei vieren aber gelang die Wende. Karstadt erklärte sich bereit, die Filialen im Wedding, in Tempelhof, Wilmersdorf und Lichtenberg für mindestens drei Jahre erhalten zu wollen. »Shop-Shop-Hurrah!«, jubelte die *Berliner Zeitung* und lobte Bürgermeister Müller und Wirtschaftssenatorin Ramona Pop für die Karstadt-Rettung.

Der Preis allerdings war hoch: Die Stadt versprach, alle Bauvorhaben von Signa von nun an konsequent zu unterstützen: die umkämpften Hochhäuser am Ku'damm, den 130-Meter-Turm am Alexanderplatz und eben auch den Abriss und die Wiederauferstehung des 1920er-Jahre-Warenhauses am Hermannplatz mit Dachterrasse, Wohnungen und Geschäften. Anscheinend war plötzlich egal, was die gewählten und eigentlich zuständigen Politiker in den Bezirken eingewandt und dagegengehalten hatten. Offener wird selbst am Kottbusser Tor nicht gedealt. »Kotau vor dem Kapital?«, titelte die *B.Z.*

Später, an einem der letzten sonnigen Tage, werde ich genau diese Frage zu Baustadtrat Florian Schmidt tragen, dem durch den Deal Entmachteten. Ich werde im Bezirksamt auf dem Flur warten, den Blick irritiert auf einen Pappkarton gerichtet, aus dem blaue Tüten mit Einmalmasken quellen, darüber an der Wand ein Foto mit der Zeile: »Weihnachten auf dem Gendarmenmarkt«. Ich werde dann hören, wie Florian Schmidt die Frage bejahen und daraufhin beklagen wird: »Signa hat das Momentum genutzt, dass man Angst vor einer Rezession durch Corona hatte und Arbeitsplätze bedroht schienen.« Clever habe Signa sich in diesem Augenblick geholt, was man schon lange wollte. Und die Politik habe bereitwillig geliefert.

»Das ist schon absurd«, wird Schmidt sagen. Es sei »ein Deal, der Züge von Illegalität hat – die Koppelung von Arbeitsplätzen dort gegen Baurecht hier«. Er hätte sich gewünscht, dass die zuständigen Verhandler dem fordernden Unternehmen entgegnet hätten: »Es gibt Tabus. Es gibt Dinge, die machen wir nicht.« Hat man aber nicht. Und weil sich die Berliner Linkspartei kurz darauf bei einem Landesparteitag gegen den Deal ausspricht, ihr Bausenator ihn aber eigentlich mitrealisieren muss, droht der Streit um das Warenhaus am Hermannplatz zum größeren Problem für die Landesregierung zu werden.

Aber all das spielt an diesem Morgen im »Zapfhahn« kaum eine Rolle. Reza Eskafi schiebt sich einen Hocker zurecht und setzt sich. Er senkt die Stimme. Heute, zum ersten Mal, regt er sich auch auf. Ganz leise und nicht über den drohenden Abriss. Da ist er längst Fatalist. In drei Jahren soll der anstehen, so steht es in den Zeitungen. Von Karstadt direkt hat er als Mieter noch keine Infos bekommen. Drei Jahre sind seit Beginn der Pandemie kein Zeitraum mehr, den er zu beherrschen meint. »Ich bin zu beschäftigt mit der eigenen Existenz«, sagt er. »Wenn ich überlege, ob ich in drei, vier oder fünf Monaten aufhören muss, dann denke ich nicht an die drei Jahre.« Nein, er will auf etwas anderes hinaus.

Während des Lockdowns hat Karstadt die Mietzahlungen eingestellt. Manche Kommunen, so hört man, vermieten

Karstadt die Immobilien zu Freundschaftspreisen von kolportierten drei Euro pro Quadratmeter, um die Warenhäuser zu halten. Die Gehälter der Mitarbeiter zahlte der Staat erst via Kurzarbeitergeld und dann, als Karstadt die Insolvenz im Schutzschirmverfahren beantragt hatte, via Insolvenzgeld der Bundesagentur für Arbeit. Als genüge das noch nicht, versuchte man erst, Staatshilfe zu bekommen, und dann, als das nicht gelang, überlegte man sogar, wie das *Manager Magazin* berichtete, Schadensersatzansprüche gegen »die öffentliche Hand« durchzusetzen. Die Journalisten zitieren einen Galeria-Manager mit den Worten: Der »Insolvenzverwalter wolle im Namen von Karstadt ›Entschädigungen für den Lockdown‹«. Eine groteske Forderung und offensichtlich der Versuch, zu testen, wie weit man gehen kann. »Das unterstreicht nicht die Seriosität«, klagt einer der Verhandler aufseiten des Staates. Dieses Geld wird Benko wohl nicht bekommen, aber allein die Bundesagentur für Arbeit wird ihm Millionen Euro für Kurzarbeitergeld und die Transfergesellschaften der geschlossenen Filialen zahlen.

Reza Eskafi ist dünnhäutig geworden in diesen Wochen. Als ich ihn fragte, ob er in den Sommermonaten verreist war, lachte er gezwungen: »So etwas kann ich mir nicht mehr leisten. Das ist vorbei.«

Nun springt er plötzlich von seinem Hocker auf und stapft zum Spielautomaten, weil ein junger Mann dort hockt und eine Flasche Wasser in der Hand hält. Getränke müsse er bei ihm kaufen, mahnt Eskafi. Als er wieder sitzt, formuliert er seinen Vorwurf: Während er das unternehmerische Risiko trage und in der Pandemie seine Rücklagen aufbrauche, um irgendwie durchzuhalten, bis es irgendwann wieder aufwärtsgehe, täte René Benko genau das nicht. »Und warum nicht?«, fragt mich Eskafi. Vielleicht weil er nur ein kleiner »Zapfhahn«-Wirt sei und kein Investor mit geschätzten fünf Milliarden Euro Kapital? Und müsste es nicht eigentlich andersherum sein?

Es ist dieselbe Anklage, die auch Alexandra zu Beginn dieses Corona-Herbstes führt. Im Mai, als alles Ersparte verbraucht war, hatte Richard nach langem Überlegen die Soforthilfe des Landes für Freiberufler beantragt. Das Wirtschaftsministerium Nordrhein-Westfalen hatte in den Regularien geschrieben, dass Soloselbstständige das Geld für Betriebsausgaben verwenden dürfen, aber auch eine Pauschale in Höhe von 2000 Euro für Lebenshaltungskosten, ein fiktiver Unternehmerlohn. Schon zwei Tage nach Antragstellung war das Geld da, 9000 Euro insgesamt, und Alexandra sehr erleichtert.

Inzwischen aber sind sie aufgefordert worden, die Hilfe bis Ende des Jahres wieder zurückzuüberweisen. Die Pauschale für die Lebenshaltungskosten galt nur für Anträge, die im März und April eingingen. Alexandra empfindet das als Strafe dafür, dass sie, ganz fair, erst um Hilfe baten, als die eigenen Rücklagen aufgebraucht waren. Und weil ihre Einnahmen in Höhe von 6500 Euro ihre Betriebsausgaben – etwa genauso viel in den Monaten seit Mai – deckten, erging der Bescheid, dass ihnen nichts zustehe. »Es interessiert keinen, dass wir von den 6500 Euro Einnahmen nicht nur unsere Betriebskosten, sondern auch noch Essen oder unseren Kredit bezahlen müssen«, sagt Alexandra.

Mittlerweile gibt es ein neues Programm des Landes, die »Überbrückungshilfe Plus«. Soloselbstständige sollen für maximal drei Monate 1000 Euro Unternehmerlohn erhalten. Aber die Anträge müssen über Wirtschaftsprüfer oder Steuerberater laufen. Alexandra hat gehört, dass die Kosten dafür pauschal bei 1000 Euro liegen sollen. Das zuständige Ministerium schreibt mir, es sei nicht bekannt, ob dieser Betrag so zuträfe, aber bestätigt, dass das Geld für die Berater nicht erstattet werde, sollte die Bitte um Soforthilfe abgelehnt werden. Genau davor hat Alexandra Angst. Sie beantragt jetzt nichts mehr.

»Unsere große Lehre aus der Corona-Zeit ist, dass man nur auf sich selbst zählen kann«, sagt sie. »Alles andere ist nichts wert.«

Umso gereizter registriert sie die hohen Milliardensummen, die den Größeren, den Lauteren, den Gierigeren überwiesen werden. Die Lufthansa bekommt zum Beispiel neun Milliarden Euro Staatshilfe.

Staaten wie Dänemark und Frankreich haben die Unterstützung aus Steuermitteln an die banale Forderung gekoppelt, dass die Unternehmen keine im Land verbuchten Erträge in Steueroasen verschieben dürfen, sprich, dass keine Steuergelder an Steuervermeider ausgezahlt werden. Ökonomen wie Marcel Fratzscher fordern zudem, dass Firmen, die Staatshilfen erhalten, weder Dividenden noch Manager-Boni auszahlen dürften. Die Verlockung sei sonst zu groß, dass Gewinne privatisiert, die Verluste jedoch vergemeinschaftet würden. Aber: »Die Bundesregierung war viel zu lax und großzügig, indem sie kaum Bedingungen für Staatshilfen gestellt hat«, schreibt Fratzscher.

Ansonsten hätte die Lufthansa beispielsweise wohl keine Milliarden erhalten dürfen. Nach Angaben der Nichtregierungsorganisation Frag den Staat hat sie nämlich 92 Tochtergesellschaften in Steueroasen, darunter eine in Malta, die es mit zwei Angestellten auf sagenhafte 200 Millionen Euro Gewinn bringt. Adidas erhält über zwei Milliarden Euro vom Staat, obwohl das Unternehmen allein im Jahr 2019 zwei Milliarden Euro Gewinn machte. Oder die TUI:

Sie bekommt rund drei Milliarden Euro Staatshilfe. Dabei hätten die Eigner durchaus eigene Reserven. Der Touristikkonzern gehört zu knapp einem Drittel einem russischen Oligarchen, einer spanischen Hoteliersfamilie und einem ägyptischen Milliardär. Sie alle scheinen nicht so die Lust zu verspüren, in der Krise erst mal ins eigene Portemonnaie zu greifen. Besser, die Allgemeinheit zahlt. Wie bei René Benko.

Es ist acht Uhr morgens, als ich auf dem Weg zum »Café Einstein« die Straße überquere, die die Reiseführer euphemistisch »Boulevard Unter den Linden« nennen. Das »Einstein«, die gute Stube des politischen Berlin, ist schon gut gefüllt. Die Corona-Pause für Tête-à-Tête-Gespräche zwischen Politikern, Journalisten und Lobbyisten scheint beendet.

Hinten rechts sitzt Björn Böhning, kurzes schwarzes Haar, Anzug, Anfang vierzig erst, aber schon immer irgendwie da in diesem Berliner Betrieb. Er war Juso-Chef, Leiter der Grundsatzabteilung unter dem Berliner Bürgermeister Klaus Wowereit, dann Chef der Senatskanzlei. Seit 2018 ist er Staatssekretär im Bundesministerium für Arbeit und Soziales. Er managt die Corona-Krise mit, sagt er. Wolfgang Schmidt, Olaf Scholz' rechte Hand, hat uns verabredet, damit ich meine Fragen zu Karstadt stellen kann.

Ich stelle vor allem die eine, die Eskafi umtreibt. Wie kann es sein, dass der Wirt des »Zapfhahns« unten im Karstadt seine Reserven aufbraucht, während der Inhaber mit Milliarden-Puffer oben erwartet, dass der Staat den einen oder anderen steuerfinanzierten Schutzschirm über Karstadt aufspannt?

»René Benko hat als Eigner von Karstadt ja schon Verluste ausgehalten«, beginnt Böhning. Und wir fahren im

Gespräch eine Runde Rolltreppe von der Vergangenheit des Warenhauses – Nostalgie-Ort der Bundesrepublik – in die Zukunft: fraglich, ob das Modell jenseits der Filet-Standorte überleben wird. Weshalb Böhning den Deal des Berliner Senats übrigens gut findet: Es sei doch nicht schlecht, dass Benko die Filetlagen noch veredeln wolle, Investitionen in die Zukunft brauche der Konzern. Nun gut. Kehren wir zurück in die Gegenwart, zu Reza Eskafi auf seinem Hocker hinter dem »Zapfhahn«-Tresen. Warum, frage ich noch einmal, braucht zwar Reza Eskafi seine Rücklagen in der Krise auf, aber René Benko bleibt verschont?

»Die Frage kann man sich stellen«, sagt Böhning. »Die Geschäftsmodelle sind andere. Das eine ist ein inhabergeführtes Geschäft, zu dem oft der Anstand eines ehrbaren Kaufmanns gehört. Benko ist ein Investor. Er ist seinem Shareholder Value verpflichtet und hat eine ganz andere Loyalität seinem Unternehmen gegenüber. Karstadt ist erst mal ein Name im Portfolio. Das ist ein neuer Kapitalismus.«

Es ist der Kapitalismus derer im Heißluftballon. Ich stelle auch Böhning die Frage, die ich an Marcel Fratzscher und Wolfgang Schmidt gerichtet hatte: »Inwiefern melden sich jetzt Vermögende, die gute Jahre hatten, bei Ihnen und fragen: Wo können wir in der Pandemie helfen? Was können wir tun?«

»Null«, sagt auch Böhning. »Da meldet sich niemand. Soweit ich die Krise mitmanage, hat niemand gefragt: Braucht ihr was?«

Es heißt immer, Covid-19 sei für Menschen mit Vorerkrankungen besonders gefährlich. Nun zeigen sich unsere: die sozialen Ungleichheiten, die Kluft zwischen Kapital und Arbeit zum Beispiel, das Auseinanderdriften der Lebenswelten derer, die viel, und derer, die wenig haben, aber auch die wirtschaftliche Unwucht zwischen den Generationen. Die mangelnde Robustheit des Bildungssystems, das denen, die keinen guten Start haben, viel zu selten Aufstieg ermöglicht hat. Das ungelöste Problem, wie die Dinge bezahlt und bemessen werden sollen, die der Markt nicht regelt: Fürsorge zum Beispiel, die Pflege von Kindern und Alten. Wie lange werden die Bänder, die uns Stabilität verleihen sollen, trotz der hohen Belastung in der Pandemie noch standhalten?

Ich denke an Fin Bartels. Zweieinhalb Jahre nach seinem Achillessehnenriss schienen in diesem Sommer Fuß und Bein endlich geheilt, und er dribbelte über die rechte Außenbahn, vorbei an zwei Gegenspielern, schob den Ball überlegt in die Mitte, von wo Ludwig Augustinsson ihn ins Tor drosch. 2:1 in der 94. Minute. Bartels hatte Werder Bremen vor dem Abstieg in Liga zwei bewahrt. Werders Nummer 22 feierte mit den Kollegen auf dem Rasen. Ich lag jubelnd auf dem Teppich. Kurz schien alles wie früher. Aber nach dem Riss reichte es nicht mehr auf Dauer für die Erste Liga. Es war eine Nacht des geschenkten Fußballglücks für Werder, Bartels und mich, aber es war trotz allem nur die Relegation gegen Heidenheim. Kurz darauf verabschiedete sich Fin Bartels per Video. Werder verlängerte seinen Vertrag nicht. Er wechselte zurück zu seinem Heimatverein Holstein Kiel.

Wir alle könnten sicherlich auch nach der Pandemie trotz der lädierten Bänder noch eine ganze Weile weiterspielen. Sogar die USA, das Land, das die Muskeln und Sehnen, die die Gesellschaft zusammenhalten, in den letzten Jahren so sehr strapaziert hat wie kaum ein anderes Industrieland, schleppen sich ja noch über das globale Spielfeld. Aber wollen wir das? Sollten wir nicht den Schock und den Schreck der letzten Monate nutzen, um darüber nachzudenken, wie wir es besser machen können?

In seinem schmalen Essayband *Ist heute schon morgen?*, einem der ersten Bücher über die Pandemie, schreibt Ivan Krastev: »Die Welt wird eine andere sein, nicht weil unsere Gesellschaften einen Wandel wollen oder weil ein Konsens über die Richtung des Wandels besteht, sondern weil wir einfach nicht mehr zurückkönnen.« Was er meint, ist: Selbst wenn jeder längst wieder an seinem Platz steht, selbst wenn die, die U-Bahnhöfe reinigen, mit kargem, und die, die Steuerlöcher finden, mit fürstlichem Lohn bedacht werden, hat sich unser Blick darauf trotzdem geändert.

Krastev zitiert die Filmemacherin und Aktivistin Astra Taylor, die sagt: »Die Reaktion auf die Coronavirus-Pandemie hat eine einfache Wahrheit offenbart: So viele politische Maßnahmen, von denen uns unsere gewählten Repräsentanten lange erklärt haben, sie seien unmöglich und nicht umsetzbar, waren schon immer durchaus möglich und umsetzbar. [...] Dies ist eine nie da gewesene Gelegenheit, nicht einfach nur die Pausentaste zu drücken und den Schmerz zeitweilig zu lindern, sondern die Regeln auf Dauer zu ändern.«

Wie wäre es denn, wenn wir wirklich versuchen würden, die Risse zu heilen, statt nur notdürftig zu flicken – bis sie irgendwann den Belastungen, die kommen werden, gar nicht mehr standhalten?

Eine Bekannte von mir, passionierte Läuferin, riss sich vor einiger Zeit das Kreuzband. Die Ärzte entnahmen Sehnen aus ihrem Oberschenkel, um das zerstörte Gewebe nachzuformen. Wichtiger aber war, dass sie trainierte, um Muskeln aufzubauen, die so kräftig waren, dass sie die Arbeit des kaputten Bandes mitübernahmen und das Bein stabilisierten. Sie schuftete hart, aber es klappte. Am Ende hielt das Knie auch einen Marathon lang, und sie lief mit 3 Stunden 20 Minuten schneller als zuvor.

Der Soziologe Andreas Reckwitz schreibt in seinem Band *Das Ende der Illusionen*: »Die nivellierte Mittelstandsgesellschaft war eine patriarchale Gesellschaft, die auf dem klassischen Modell der Kleinfamilie mit dem Mann in der Ernährerrolle und der Frau als Hausfrau basierte.« Und weiter: »Diese nivellierte Mittelstandsgesellschaft gibt es nicht mehr, und doch ist sie erstaunlich lebendig: als nostalgische Erinnerung und sogar als normatives Modell, auf das Linke wie Rechte gleichermaßen Bezug nehmen.«

Nachdem ich in Dutzenden Episoden zurück in die 1980er-Jahre gereist bin, kann ich voller Überzeugung sagen: Mich treibt keine Sehnsucht nach dieser Welt, in der, wie Andreas Reckwitz schreibt, die Gesellschaft dem Einzelnen zwar ein Leben mit »verhältnismäßig egalitärem« Standard bot, in der aber auch die »soziale Kontrolle und die kulturelle Homogenität« hoch waren, in der die »Diskriminierung sexueller und ethnischer Minderheiten« nicht die Ausnahme, sondern die Regel war. Nein, wie gut, dass die Möglichkeiten, das eigene Glück zu finden, mittlerweile vielfältiger sind. Wir sollten deshalb nicht dem hinterhertrauern, was vergangen ist, sondern uns vornehmen, mit aller Mühe, die dafür notwendig sein wird, etwas Neues, Robusteres zu schaffen.

Der Oxford-Ökonom Paul Collier schreibt dazu: »Um in einer Weise zu funktionieren, die jedem ermöglicht, ein erfülltes, gelingendes Leben zu führen, braucht eine Gesellschaft ein starkes Gefühl gemeinsamer Identität«, eine geteilte Geschichte, könnte man ergänzen, ein Bild von der eigenen besseren Zukunft.

Bei allem Schrecken war das vielleicht der Zauber, der den Wochen im März und April innewohnte: dass Menschen erlebt haben, dass sie gemeinsam etwas erreichen können. Die allermeisten brachten klaglos Opfer, rissen sich zusammen, stellten die eigenen Interessen zurück, weil sie ein übergeordnetes Ziel hatten – den Kampf gegen das Virus oder, noch pathetischer ausgedrückt, das Ringen um jedes einzelne Leben, egal wie viele Jahre es schon währte. Vielleicht könnten wir mit derselben Entschlossenheit den Kapitalismus vor sich selbst retten, ihn zähmen, ihn zurück in die Realwirtschaft holen, ihn aus den Fängen derer befreien, die ihn in den vergangenen Jahren von Exzess zu Exzess getrieben haben.

Lohnen würde es sich doch. Klar, theoretisch mag der Bruder unseres Wirtschaftssystems, der Sozialismus, faszinierender sein. Aber tatsächlich mit ihm leben? Schwierig. Ich möchte keinem Staat unterworfen sein, der mir vorschreibt, was ich zu tun habe, wovon ich träumen soll, wie viel ich besitzen oder konsumieren darf. Die Idee, dass jede die Freiheit hat, zur Autorin des eigenen Lebens zu werden, ist unübertroffen. Ich mag den Wettstreit und die Belohnungen am Ende. Das Problem ist nicht das Spiel, sondern dass es nach offensichtlich unfairen Regeln gespielt wird. Jeder Wettstreit wird schal, wenn immer dieselben gewinnen. Vielleicht könnten die, die in den letzten Jahren immer mit zwei Würfeln würfeln durften, einfach mal ein paar Runden aussetzen.

Irgendwann im Frühjahr, als ich spätabends wie eine Süchtige Sondersendungen schaute, um das Geschehen zu erfassen, wurde in einem Beitrag ein Paar auf dem Balkon ihrer Wohnung im Prenzlauer Berg gezeigt und von der Reporterin auf der Straße gefragt, wie es ihnen gehe. Schön sei es, antworteten sie, so ruhig. Sie hätten endlich Zeit, alle Bücher vom Stapel zu lesen. Ich, damals etwas angespannt, Kinder, Job, wenig Zeit, wie gesagt, schimpfte vor der Mediathek sitzend vor mich hin. »Sollen sie doch lesen. Aber ich möchte bitte meinen Alltag zurück.«

Ich habe seitdem noch oft an die beiden gedacht. Es gab ja auch zahllose Texte, die ihren Gedanken fortspannen. Die Pandemie habe uns endlich zur Ruhe gebracht. Sie habe uns gelehrt, uns auf das Wesentliche zu beschränken. Unseren naturzerstörenden Konsum gestoppt. Das ist alles richtig. Aber genau wie mich, die ich Zeitnot empfand, das Lob der Ruhe, das die vermutlich ohnehin Zeitreichen sangen, empörte, würden wohl auch Sait, Alexandra und Christian den Aufruf zum Verzicht, zu einer Wende zum Weniger, wie es die *Zeit* nannte, empörend finden.

Anna Mayr, die als Kind von Langzeitarbeitslosen aufwuchs, schreibt in ihrem Buch *Die Elenden*, sie beobachte »eine Entwicklung mit Erstaunen und leichter Furcht: die Verherrlichung des Verzichts«. Verzicht auf Fleisch, Verzicht auf Erdbeeren im Februar, Verzicht auf Langstreckenflüge. Schließlich würden all diese Vorschläge meist von denen vorgebracht, die all dies schon Dutzende Male genossen hätten. In ihrer Kindheit allerdings sei alles Verzicht gewesen: »Ich verzichtete auf die Abi-Reise nach Spanien, ich verzichtete auf neue Kleidung. Meine Familie verzichtete auf ein Auto, auf Urlaub sowieso, verzichtete auf Avocados, verzichtete auf eine Wohnung, in der es ein Elternschlafzimmer gibt.«

Nein, der Aufbau des neuen Muskels wird scheitern, wenn weiterhin die, denen es gut geht, den anderen predigen, den Gürtel enger zu schnallen, die Ansprüche runterzuschrauben, sich mit weniger zufriedenzugeben. Es müsste – einmal nur – andersherum laufen: Die, mit denen es das Wirtschaftssystem in den letzten Jahren so gut gemeint hat, müssten die Gewichte stemmen, müssten die Wende zum Weniger nicht von anderen verlangen, sondern selbst beginnen, als eine Art Verzichtsavantgarde. Die im Heißluftballon könnten vielleicht den Anfang machen – ein bisschen was abgeben, ein bisschen runterkommen; nicht auf Bodenhöhe, aber auf Sichtweite. Sie könnten Mieten senken, Sonderabgaben akzeptieren, mit niedrigerer Rendite leben.

Die, deren Löhne und Einkommen in den letzten Jahren extrem gestiegen sind, könnten sich in Tarifrunden und Gehaltsverhandlungen bescheiden, damit Sait mehr erhalten und ihnen endlich wieder näher rücken könnte. Und schließlich könnten auch die Vermögenden unter den Älteren zu etwas gedrängt werden, das sie seit 1968 immer wieder behauptet, aber in Bezug auf die Rente nicht wirklich gelebt haben: Solidarität.

Vielleicht könnten das die ersten drei Trainingseinheiten des neuen Muskels sein?

EPILOG

Längst hat der Pandemie-Winter begonnen. Er werde schwer, mahnte Angela Merkel Anfang November 2020 im Bundestag. »Vier lange schwere Monate. Aber er wird enden.«

Manchmal, wenn ich die Menschen der *working class* treffe, die ich nun seit mehr als einem Jahr begleite, habe ich den Eindruck, dass das für sie nicht gilt. Ihre Lage – ein paar Zentimeter über dem Abgrund – wirkt wie eingefroren. Schon viel zu lange warten sie auf einen Frühling, der daran grundsätzlich etwas ändern wird.

Alexandra schickt mir Wochen nach Merkels Rede ein Foto mit einem Auszug aus dem Koalitionsvertrag der schwarz-gelben Landesregierung in Nordrhein-Westfalen. Darin heißt es: »Viele Musikschulen in unserem Land werden mit einem zu hohen Anteil an nicht festangestellten Lehrkräften betrieben. Wir finden Wege, die personelle Situation an den Musikschulen zu verbessern.«

Sehr eifrig scheinen sie nach diesen Wegen nicht gesucht zu haben. Weit mehr als die Hälfte der Legislaturperiode ist schon vorbei, ohne dass sich für Alexandra und Richard etwas zum Guten gewendet hätte. Schriftlich teilt mir die Landesregierung mit, dass die Musikschulen ja in der Regel von den Städten und Gemeinden unterhalten und bezahlt würden, der Einfluss des Landes daher gering sei. Aber ab 2021 werde man 6,5 Millionen Euro »zur Erhöhung des Anteils sozialversicherungspflichtiger festangestellter Lehrkräfte an Musikschulen« zuschießen. Klingt erst mal üppig. Legt man aber die Summe auf die 180 Musikschulen des

Landes NRW um, wären das pro Standort rund 36 000 Euro, nicht mal eine ganze Stelle. Der Kreis der Glücklichen wird so groß nicht sein. Ob Alexandra und Richard dabei sein werden?

Erst mal sind sie darauf eingestellt, in den nächsten Monaten die Zähne noch fester zusammenbeißen zu müssen, als sie es ohnehin seit Jahren machen. Sie arbeiten, so viel es irgendwie geht: der Zusatzjob, dazu Schüler um Schüler, wochenweise online, dann wieder offline mit Maske und Lüftung und Abstand. Sie sparen entschlossen, um die Soforthilfe zurückzahlen zu können. »Wenn ich einkaufen gehe und sehe: Oh, 30 Prozent, weil die Sachen nur bis morgen haltbar sind, dann nehme ich die. Keine Ausgaben für Kleidung oder so.«

Bald habe der Große Geburtstag, sagt Alexandra am Telefon. Die Geschenke würden kleiner ausfallen als sonst. »Er versteht das voll und ganz und verlangt auch nichts.« Viel schwerer wiege für ihn, dass nun wieder Konzerte abgesagt würden, Wettbewerbe, Auftritte. Die Kollateralschäden der Pandemie-Bekämpfung schmerzten Jonas ganz besonders.

Alexandra versucht dann, ihn und sich mit der Erinnerung an die goldene Woche im Oktober zu trösten. Sie hatten einmal alle Bedenken beiseitegeschoben und sind – finanziert von Jonas' Stipendium – doch nach Norditalien gereist, um Jonas seinen ersten großen internationalen Auftritt zu ermöglichen. Die Stadt in der Nähe von Venedig sei ohne die üblichen Touristen menschenleer gewesen, schließlich sei dort die Mehrzahl der Häuser längst in Ferienapartments und Zweitwohnsitze umgewandelt, erzählt Alexandra. »Ungewöhnlich, aber auch schön«, diese verlassene Stadt. »Bei dem Wettbewerb gab es ein tolles Sicherheitskonzept. Wir kamen nicht in den Saal ohne Temperaturmessung, überall Desinfektionsmittel. Wir haben erlebt, dass die Italiener sehr diszipliniert waren. Egal, wo: Maske überall und Abstand.« Jonas schlug sich prima auf der Bühne. Kurz war alles gut.

Schon auf der Rückfahrt holte die Realität sie wieder ein. Norditalien war zum Risikogebiet erklärt worden. Die Pension in Bayern, die sie für den Zwischenstopp gebucht hatten, durfte sie nicht mehr beherbergen. Also übernachteten sie kurz vor der Grenze in Österreich. Die letzte Etappe sei sie gefahren, und Richard habe durchgehend telefoniert, um herauszufinden, wo sich die Familie denn nun testen lassen könnte. Man schickte sie zum Flughafen in München, aber dort hieß es: Test nur mit Ticket! Ihr Hausarzt lehnte ab. Schließlich klappte es am Kölner Hauptbahnhof. Bis das Ergebnis da war, lebten sie in Quarantäne. Alexandra hatte natürlich alles vorgeplant. »Ich hatte Essen zu Hause gebunkert, und unsere Nachbarin hat uns Milch und Wasser besorgt.« Die Tests waren negativ. Die Reise »das Beste, was in letzter Zeit passiert ist«. Aber eben auch: »Wahrscheinlich erst einmal die letzte Möglichkeit, zu reisen und solch ein Konzert zu haben.«

Jonas sei seit der Rückkehr niedergeschlagen. Auch in der Schule habe er, der vor der Pandemie doch immer gut zurechtkam, nun Schwierigkeiten. Er lerne zu Hause, Stunde um Stunde, trotzdem seien die Noten schlecht. Weinend habe ihr Sohn kürzlich mit einer Fünf in Englisch am Tisch gesessen. »Wir versuchen alles, dass er nicht in ein schwarzes Loch fällt«, sagt sie. »Er will jetzt Livestream-Konzerte von zu Hause aus machen.« Deshalb hat Alexandra das Klavier stimmen lassen, damit es auch gut klingt. Eine der wenigen unaufschiebbaren Ausgaben.

»Wird das nächste Jahr besser, Alexandra?«

»Das weiß ich nicht. Man hofft.« Ich bilde mir ein zu hören, wie sie den Kopf hebt, den Rücken strafft, als sie tapfer anfügt: »Hauptsache, es wird nicht schlechter werden.«

Im Karstadt Dessau haben sie begonnen, Plakate aufzuhängen, »Großer Sortimentsabverkauf«, steht darauf. »Alles reduziert« und »Wir schließen«.

Als ich Reza Eskafi zum letzten Mal besuche, ist er gerade dabei, den »Zapfhahn« auf die nächste Zwangspause, die diesmal »Lockdown light« genannt wird, vorzubereiten. »Kühlung aus, Wasser abstellen, Wertsachen mitnehmen, und dann heißt es: ›Tschüs, auf Wiedersehen‹«, beschreibt er die triste Prozedur, die ihm und seiner Frau nun wieder bevorsteht. Immerhin wird der Staat drei Viertel seines Umsatzes aus dem Vorjahreszeitraum ersetzen. »Und danach?« Eskafi hebt die Schultern. Der Großteil der Gäste sei nicht zurückgekehrt. Sie schrieben Nachrichten, sendeten Videos, das ja. Aber davon kann er auf Dauer nicht leben.

Christian hat sich erst mal eingeigelt. Noch hat er keine der Bewerbungen, die er sich vorgenommen hatte, verschickt. »Ich habe es verschoben«, sagt er. »Weil ich merke, dass ich noch gar nicht so weit bin.« Ein schlechtes Gewissen habe er deswegen nicht, schließlich habe er seit seinem 16. Lebensjahr durchgearbeitet.

Obwohl er sich sicher ist, dass die Entscheidung, die Firma zu verlassen, richtig war, erwischt er sich immer wieder dabei, wie er durchspielt, wie es jetzt wohl wäre, wenn er noch dort arbeiten würde. Wäre er noch im Homeoffice? Hätte er die Hündin in die neuen, kleineren Büroräume mitnehmen dürfen? Was wären seine Projekte?

Seine Chefin hat sich nicht noch mal bei ihm gemeldet. Manchmal packt ihn ob der Stille kalte Wut, und er überlegt, dem Unternehmen eine hundsmiserable Bewertung im Internet zu hinterlassen. »Noch zwinge ich mich, es nicht zu tun. Aber ich merke, dass man so eine lange Zeit nicht einfach wegschieben kann. Das wird immer dazugehören in meinem Leben. Noch verarbeite ich alles, was geschehen ist.«

Das allerdings gelänge ihm an vielen Tagen außerordentlich gut, sagt er. Er mache Sport, gehe jeden Tag mit der Hündin in den Wald. Sein Rücken sei fast schmerzfrei, fast wie vor den Verletzungen.

»Ich genieße, dass ich Sachen für mich machen kann. Das hatte ich vernachlässigt, weil die Firma alles dominiert hat.« Wenige Tage später schickt er mir ein Foto seiner ersten selbst gestrickten Socke.

Und Sait? Es ist die Nachricht, die mich in diesen an schlechten Neuigkeiten nicht armen Wochen am traurigsten stimmt: Sait hat recht behalten mit seinem Pessimismus. Meine chronische Zuversicht dagegen war unbegründet.

Nach menschlichem Ermessen würde Sait bald 12,50 Euro verdienen, den Vergabemindestlohn des Landes Berlin. Mit dieser frohen Botschaft hatte die Gewerkschaft ihn im Sommer beglückt. Monate sind seitdem verstrichen.

»Wie ist der Stand?«, frage ich ihn beim letzten Kaffee, den wir inzwischen beide zum Wärmen brauchen, vor der S-Bahn-Station.

»Immer noch 10,80 Euro«, antwortet Sait. »Das ist eine Schauspielerei! Das ist doch ein Dreck, was die uns erzählen. Am Anfang hat mir die Gewerkschaft Mut gemacht und gesagt, ich wäre bald bei über 12 Euro. Aber das wird nie passieren.«

So scheint es tatsächlich in diesen Tagen. Mehrfach hatte ich bei der Gewerkschaft nachgefragt und war immer vertröstet worden. Anfang November aber teilte man mir dann im Gespräch mit, dass es in der Tat »eine Problematik« mit dem Vergabemindestlohn gäbe. Dieser gälte nicht rückwirkend, sondern nur für neue Verträge – und die Ausschreibungen ließen auf sich warten. »Unser persönlicher Eindruck ist, dass seit Inkrafttreten des Gesetzes auch – mit Hintergrund Corona – wenig ausgeschrieben wird, sondern alte Verträge verlängert werden«, hieß es. Zudem habe man mittlerweile herausgefunden, dass der Vergabemindestlohn im Falle der BVG nicht wie bei anderen Aufträgen schon ab 10 000 Euro, sondern erst ab gut 200 000 gälte.

»Besteht dann nicht die Gefahr, dass Unternehmen Aufträge stückeln, um die Grenze von 200 000 Euro nicht zu überschreiten?«, fragte ich.

Die Gewerkschafter schwiegen kurz, um dann zu antworten: »Ja. Das ist die große Gefahr, dass Unternehmen diese Regelung umgehen könnten.« Es sei nun nicht ausgeschlossen, dass es lange dauert, bis Sait tatsächlich bei 12,50 Euro Lohn landen würde.

Es war also verfrüht, Sait im Sommer Hoffnungen zu machen. Und auch wenn die Gewerkschaft in diesem Fall nicht viel mehr ist als die Überbringerin der schlechten Nachricht, war das ein Fehler. »Sait wird enttäuscht sein.«

»Ich versuche, solche schlechten Nachrichten dann immer damit zu verknüpfen, dass Wut und Frust in Aktivität gewandelt wird«, entgegnete der Gewerkschaftssekretär, ganz pädagogisch. »Man sollte sich nicht auf die Politik verlassen, sondern sein Schicksal selbst in die Hand nehmen und sagen: Wir haben hier eine Gruppe, die Gewerkschaft, und kämpfen gemeinsam dafür.«

»Hmm«, sagte ich und ahnte, dass dieser Schöpfe-Kraft-aus-Widerständen-Appell sein Ziel bei Sait verfehlen würde.

Und in der Tat. »Politiker und Gewerkschafter, die haben einen großen Mund«, schimpft Sait. »Erst bieten sie uns alles an. Und dann? Wenn von zehn Versprechungen nur eine gehalten würde, da wäre ich schon glücklich.«

Ich verstehe ihn.

»Langsam kriege ich die Verzweiflung, Julia«, sagt er. »Die Verzweiflung ist da.«

Um ihn rum, so sein Eindruck, bräche alles weg. Die Stimmung in der U-Bahn erreiche ständig neue Tiefpunkte. Er kenne inzwischen mehrere Covid-Kranke, und plötzlich hat er, der vor Wochen noch an eine Verschwörung der Desinfektionsmittelindustrie glaubte, doch Angst vor Ansteckung. Er nähme, weil er Asthmatiker sei, nun vorsorglich Antibiotika, sagt er.

In seinem Umfeld häufen sich Fälle derer, die ihre Arbeit verlieren. Sait erzählt von einem Kumpel, der in einem Hotelrestaurant einen Vertrag als Oberkellner gehabt habe. »Sie haben ihn reinbestellt. Er: ›Die renovieren. Bestimmt gibt es was zu verschenken. Willst du was? Gartenstühle?‹« Sait bat ihn um Fotos, um entscheiden zu können. Kurz darauf habe der Freund dann auch ein Bild geschickt: »Es war das von seiner Kündigung.«

Die Situation daheim sei angespannt. Die vier hockten in der Wohnung, dauernd liefe das Fernsehen. Alle hätten sie zugelegt, des vielen Essens wegen. Sein Sohn mache in der Enge Stress, sagt Sait, und seine Frau könne den Druck der außergewöhnlichen Lage kaum mehr ertragen. »Es geht ihr scheiße. Sie traut sich nicht raus, geht nur zur Arbeit. Sie liest Nachrichten auf ihrem Handy und dreht durch. Wenn du mit ihr redest, wird sie immer lauter, und wenn du ihr das sagst, dann weint sie.«

Als ich später die Aufnahme des Interviews wieder abhöre, spüre ich, dass ich diesen Moment nur schwer aushalte, dass ich mich dagegen sträube, dass unser Gespräch auf diese Art und Weise endet, dass ich – welch Irrwitz – von Sait Trost erhoffe, indem ich frage: »Was gibt dir Hoffnung? Worauf freust du dich, wenn der Winter nun anbricht, Sait?«

»Mein Ofen«, sagt Sait. »Ich habe einen neuen Ofen im Garten. Einen Allesbrenner mit einem Backofen drin, und ich freue mich auf das, was ich darin zubereiten werde.«

DANK

Ich danke in erster Linie *Alexandra*, *Sait* und *Christian* für ihr Vertrauen und die vielen, vielen Stunden, die sie mit mir gesprochen haben – unter der Bedingung, dass in diesem Buch nicht ihr wirklicher Name zu lesen sein wird. Sie haben bewiesen, wie man trotz widriger Umstände den Kopf hochhält und die Arbeit erledigt, die getan werden muss.

Ich danke den vielen anderen, die die Zeit und den Mut hatten, ihren Teil der Geschichte der *working class* zu erzählen, insbesondere meinem Vater, der mir von der Zeit berichtet hat, in der der Aufstieg der *working class* seine Lebensgeschichte war. Und all denen, die mir mit Informationen, Kontakten und wesentlichen Ergänzungen weitergeholfen haben. Es braucht unzählige Teile, um ein Puzzle zu legen.

Ich danke Kathrin Liedtke, meiner Lektorin, die das Buch – wie immer – mit Geduld, Zuversicht und klarer Meinung begleitet hat, sowie dem ganzen Team des Berlin Verlags und Felicitas von Lovenberg. Über sie alle gibt es ausschließlich Lobendes zu sagen.

Ich danke der Agentur Graf, vor allem Franziska Günther, die nicht nur, aber auch auf Waldwegen in Brandenburg, als das ganze Land ein Hotspot war, immer Rat wusste. Ihr Hinweis, trotz meiner westdeutschen 1980er-Jahre-Kindheit den Osten nicht zu vernachlässigen, war wesentlich.

Ich danke dem Team von »docupy« dafür, dass ich mit euch, den besten Kolleginnen, den filmischen Schmuckschuber mit »Ungleichland«, »Heimatland« und »Neuland« füllen durfte.

Ich danke Charlotte Bartels, Timm Bönke, Nora Nagel, Torsten Padberg, Christian Rabhansl, Thomas Schnedler, Andreas Spinrath und Dennis Stratmann dafür, dass sie den Text in seinen vielen Stadien gelesen und mir geholfen haben, nach bestem Wissen Fehler und Unschärfen zu eliminieren. Wo das trotz aller Sorgfalt nicht gelungen sein sollte, liegt die Verantwortung allein bei mir.

Und schließlich und von ganzem Herzen danke ich Tom und den Jungs. Vor allem in diesem Jahr war zu Hause der wichtigste Ort. Ich bin so froh darüber, dass ich dank euch ein so gutes habe.

Und wenn die Welt sich wieder dreht, hoffe ich, mit möglichst vielen von euch bei Reza Eskafi im »Zapfhahn« anstoßen zu können.

LITERATUR

Vor allem, immer wieder:
George Packer, *Die Abwicklung. Eine innere Geschichte des neuen Amerika*, S. Fischer, Frankfurt 2004

Sowie dessen literarisches Vorbild:
John dos Passos, *Das große Geld*, Rowohlt Verlag, Hamburg 2020

Aber auch:
Bov Berg, *Auerhaus*, Blumenbar Verlag, Berlin 2015

Massimo Bognanni, *Middelhoff. Abstieg eines Star Managers*, Campus Verlag, Frankfurt am Main 2017

Paul Collier, *Sozialer Kapitalismus. Mein Manifest gegen den Zerfall unserer Gesellschaft*, Siedler Verlag, München 2019

Gerald Davis, *The Vanishing American Corporation. Navigating the Hazards of a New Economy*, Berrett-Koehler, Oakland 2016

Anette Dowideit, *Die Angezählten. Wenn wir von unserer Arbeit nicht mehr leben können*, Campus Verlag, Frankfurt am Main 2019

Aladin El-Mafaalani, *Mythos Bildung. Die ungerechte Gesellschaft, ihr Bildungssystem und seine Zukunft*, Kiepenheuer & Witsch, Köln 2020

Marcel Fratzscher, *Die neue Aufklärung. Wirtschaft und Gesellschaft nach der Corona-Krise*, Berlin Verlag, Berlin/München 2020

Clemens Fuest, *Wie wir unsere Wirtschaft retten. Der Weg aus der Corona-Krise*, Aufbau-Verlag, Berlin 2020

Daniel Goffart, *Das Ende der Mittelschicht. Abschied von einem deutschen Erfolgsmodell*, Berlin Verlag, Berlin/München 2019

Olivia Golde, *Karstadt waren wir*, Trottoir Noir, Leipzig 2020

David Graeber, *Bullshit-Jobs. Vom wahren Sinn der Arbeit*, Klett-Cotta, Stuttgart 2018

Brooke Harrington, *Capitals without Borders*, Harvard University Press, Cambridge 2016

Hans-Jürgen Jakobs, *Wem gehört die Welt? Die Machtverhältnisse im modernen Kapitalismus*, Knaus, München 2016

Ivan Krastev, *Ist heute schon morgen? Wie die Pandemie Europa verändert*, Ullstein Verlag, Berlin 2020

Sven Kuntze, *Die schamlose Generation. Wie wir die Zukunft unserer Kinder und Enkel ruinieren*, C. Bertelsmann, München 2014

Steffen Mau, Lütten Klein, *Leben in der ostdeutschen Transformationsgesellschaft*, Suhrkamp Verlag, Berlin 2019

Anna Mayr, *Die Elenden. Warum unsere Gesellschaft Arbeitslose verachtet und sie dennoch braucht*, Hanser Berlin, Berlin 2020

Branko Milanović, *Die ungleiche Welt. Migration, das eine Prozent und die Zukunft der Mittelschicht*, Suhrkamp Verlag, Berlin 2016

Branko Milanović, *Capitalism, alone. The future of the system that rules the world*, Harvard University Press, Cambridge 2019

Robert Misik, *Die falschen Freunde der einfachen Leute*, Suhrkamp Verlag, Frankfurt am Main 2019

Robert Putnam, *Our Kids. The American Dream in Crisis*, Simon & Schuster, New York 2016

Lutz Raphael, *Jenseits von Kohle und Stahl. Eine Gesellschaftsgeschichte Westeuropas nach dem Boom*, Suhrkamp Verlag, Frankfurt am Main 2019

Andreas Reckwitz, *Das Ende der Illusionen. Politik, Ökonomie und Kultur in der Spätmoderne*, Suhrkamp Verlag, Frankfurt am Main 2019

Emmanuel Saez, Gabriel Zucman, *Der Triumph der Ungerechtigkeit. Steuern und Ungleichheit im 21. Jahrhundert*, Suhrkamp Verlag, Frankfurt am Main 2020

Jochen Schmidt/David Wagner, *Drüben und drüben. Zwei deutsche Kindheiten*, Rowohlt Verlag, Reinbek bei Hamburg 2014

Richard Sennett, *Der flexible Mensch. Die Kultur des neuen Kapitalismus*, btb bei Goldmann, München 2001

Richard Sennett, *Handwerk*, Berlin Verlag, Berlin 2007

Richard Sennett, *Zusammenarbeit. Was unsere Gesellschaft zusammenhält*, Hanser Berlin, Berlin 2012

Quinn Slobodian, *Globalisten. Das Ende der Imperien und die Geburt des Neoliberalismus*, Suhrkamp Verlag, Berlin 2019

Philipp Ther, *Das andere Ende der Geschichte. Über die Große Transformation*, Suhrkamp Verlag, Berlin 2019

Achim Wambach und Hans Christian Müller, *Digitaler Wohlstand für alle. Ein Update der sozialen Marktwirtschaft ist möglich*, Campus Verlag, Frankfurt am Main 2018

»Eines der letzten großen Tabus in Deutschland«

WDR

Julia Friedrichs

Wir Erben

Warum Deutschland ungerechter
wird

Piper Taschenbuch, 336 Seiten
ISBN 978-3-492-30899-1

Deutschland wird in den nächsten Jahren ungerechter werden. Denn das nächste Jahrzehnt wird die Dekade der Erben. Drei Billionen Euro werden ihren Besitzer wechseln. Die
Nachkriegsgeneration, in der alten Bundesrepublik zu Wohlstand gelangt, wird ihr Vermögen an die Kinder und Enkel
weitergeben – ein Vermögenstransfer, wie er noch nie stattgefunden hat. Und trotzdem wird über kaum ein Thema so
beharrlich geschwiegen wie über dieses. Julia Friedrichs hat
Erben und Vererbende getroffen und sie gefragt: Was wird die
nächste Generation mit dem Erbe anfangen? Wie werden sie
sich durch das Geld der Alten verändern? Und wie das Land?

Leseproben, E-Books und mehr unter **www.piper.de**

PIPER